MODERN MILITARY DICTIONARY

MODERN MILITARY DICTIONARY

ENGLISH-ARABIC
ARABIC-ENGLISH

by

MAHER S. KAYYALI

HIPPOCRENE BOOKS
New York

Second edition, 1990.
Fourth printing, 2004.

ISBN 0-7818-0243-1

For information, address:
HIPPOCRENE BOOKS, INC.
171 Madison Avenue
New York, NY 10016

First published by the Arab Institute for Research and Publishing,
Carlton Tower, Sakiet El-Janzeer, Beirut-Lebanon.

Published in the United States of America by Hippocrene Books, Inc., in 1991 by arrangement with Third World Centre, 13 Prince of Wales Terrace, London W8.

Printed in the United States of America.

CONTENTS

DEDICATION

This book is dedicated to the living memory of my late brother Dr. Abdul-Wahab Said Kayyali (1939 - 1981) founder of the Arab Institute for Research and Publishing and Third World Centre, in admiration of his knowledge, courage and patriotism and in appreciation of his commitment to the aspirations of his people and the Arab nation.

ACKNOWLEDGEMENT

This book took one year to compile. I have had a great deal of help in the preparation of the manuscript, for which I am most grateful.

First I must thank Mr Rashad Bibi for his invaluable assistance throughout the project. Special gratitude is due to Brigadier General Nabil Kuraytem for checking the final proofs. I should also mention with thanks the help of many friends and colleagues in the Arab Institute for Research and Publishing especially Dr Assad Razzouk, Lamis Kayyali, Mona Dayeikh, Hikmat Mashmoushi, Sumayya Hariri, Mounir Hammoudi, Samira and Amal Daher.

Finally I am indebted to my wife Sawsan for her assistance and patience while I was compiling the work early every morning, in odd hours and risky circumstances.

Despite the great help extended by these and many other people, I accept sole responsibility for any errors or shortcomings that may be found in this dictionary.

Maher S. Kayyali

PREFACE

Every field of human activity develops its own terms and jargon, and the military field is no exception.

To arrive at a commonly accepted language in any field of activity is no mean task, but achievement will never be accomplished if the effort is not started. It is in this sense that the present offering is made in the field of military science. There will be many users or readers of this dictionary ready to voice criticism and disagreement: fine, if this prompts them to send forward their constructive alternative for inclusion in a revised edition. By this means the acceptable dictionary will one day be achieved.

The problems of compiling the dictionary have been formidable. First, how far should the net be cast - where does military matters begin and end? To interpret it too literally would create too wide a canvas. In the context of a literature embracing many disciplines, it seems evident that a wide interpretation would imply terminology having no boundaries. A more restrictive view has therefore been taken so the dictionary attempts to include:

(a) Fundamental military terms, normally associated with military matters and theory.
(b) The more significant and commonly used terms from each of the specialist areas, such as politics, history, technology and personnel.
(c) Terms describing military techniques, though with no attempt to cater for the specialist.
(d) Terms from such allied subjects as economics, law, statistics and sociology, in as far as they are closely associated with military matters.

This brief description of the framework of the dictionary may help to explain why some words have been included and others omitted. The object has not been to collect and define as many terms as possible: terms which can be found in standard or commercial dictionaries have in the main been discarded since there is no point in unnecessary duplication. In some instances, alternative definitions are given so that the user can select the interpretation fitting most closely to his needs.

Beirut - Jan 1986

ABC atomic, biological and chemical weapons الأسلحة الذرية والجرثومية والكيميائية

aberration زيغ (انحراف الضوء)

ablating material مادة ازالة الحرارة (بالتبخر أو بالسيولة)

ablative مستذاب

abort إلغاء

about turn الى الخلف در

absent without leave غائب بدون إذن

absolute altimeter مقياس الارتفاع المطلق

absolute altitude ارتفاع مطلق

absolute angular momentum الزخم الزاوي المطلق

absolute coordinate system نظام الاحداثيات المطلق

absolute pressure الضغط المطلق

absolute temperature درجة الحرارة المطلقة

absolute zero الصفر المطلق

absorbed dose جرعة ممتصة

accelerating pump مضخة التسارع

acceleration تسارع

accelerometer مقياس التسارع

accent لهجة ، نبرة ، توكيد

acceptor متقبل

accessible سهل المنال

accessories لواحق

accessory case صندوق التوابع (صندوق المسننات في صدر المحرك لتشغيل الاجهزة الاضافية)

accessory defence دفاع اضافي

accident report تقرير حوادث

accommodation مأوى ، تجهيز ، تكييف

accordion folding طي المظلة (طريقة لطي المظلة)

accounts حسابات

accumulator مركم : حاشدة أو بطارية مختزنة ؛ ممتصّ للصدمات .

accuracy of fire دقة توجيه النيران

ache-hour ساعة الصفر

achromatic system نظام لالوني

ackerman system نظام اكرمان (نظرية التوجيه في الاليات)

acoustic excitation اثارة صوتية

acoustic radiation pressure ضغط اشعاع صوتي

acoustic velocity سرعة صوتية

acquire يلتقط

acquisition التقاط ، اكتساب

acquisition and tracking radar رادار التقاط وتتبع
action at halts العمل عند التوقف
active فعّال ، ايجابي ، نشيط
active air defence دفاع جوي فعّال
active electronic measures اجراءات الكترونية فعالة
active guidance توجيه فعال
active homing عودة مباشرة
active jamming تشويش فعّال
active radar homing توجيه راداري فعّال
active satellite ساتل (قمر صناعى) نشيط
active tracking system نظام تتبع نشيط
actual practice against/on enemy رماية حقيقية على العدو
actual time of departure وقت المغادرة الفعلي
actuating system نظام التحرك
actuator مشغل
actuator spring نابض التشغيل (نابض الارجاع الرئيسي في السلاح)
adapter مُوَفِّق ، مُكَيِّف
adaptive control system نظام سيطرة توافقي
additional allowance علاوة اضافية
adhesive tape شريط لاصق
adjustable قابل للتعديل
adjustable spanner مفتاح شد (مفتاح انجليزي)
adjusted elevation ارتفاع معدل
administrative area منطقة ادارية (المنطقة الخلفية التي توضع بها الوحدات الادارية في مسرح العمليات)
adminstrative estimate تقدير موقف اداري
administrative exercise تمرين اداري
administrative map خريطة ادارية
administrative officer ضابط ادارة
administrative order امر اداري
adminstrative plan خطة ادارية
advance party جماعة المقدمة
advanced airfield base مطار ، قاعدة جوية متقدمة
advanced guard حرس امامي
advanced patrol دورية متقدمة
advanced position موقع متقدم
advanced section قسم امامي (اسلحة الاسناد)
advanced speed سرعة التقدم
advanced trainer طائرة تدريب متقدم
advanced warning انذار مسبق
advisory route ممر اجتيازي
aerial, antenna هوائي
aerial combat reconnaissance استطلاع لغرض القتال الجوي
aerial delivery (resupply) container حاوية الامداد الجوي
aerial survey مسح جوي
aeroballistic missile مقذوف جوي
aeroballistics القذافة الجوية
aerobatics العاب جوية
aerodrome, airport مطار
aerodrome level pressure الضغط الجوي على المدرج
aeronautical chart خريطة الملاحة الجوية
aeronautical information section قسم معلومات الملاحة الجوية
aerodynamic braking كبح بالحركية الهوائية
aerodynamic coefficient معامل الحركة الهوائية

aerodynamic heating تسخين بالحركية الهوائية
aerodynamics الحركية الهوائية
aerodynamic vehicle مركبة هوائية
aeroelasticity مرونة هوائية
aerofoil شكل انسيابي
aeronautical satellite قمر صناعي للملاحة الجوية
aerospace defence دفاع الفضاء
aeronautics الطيران
aerostromedicine الطب الفضجوي
aerothermodynamic border الحد الجوي للحرارة الاحتكاكية (حد انعدام حرارة الاحتكاك في الجو على علو (١٠٠ ميل)
aerothermoelasticity المرونة الحرارية الهوائية (مرونة الهيكل تحت تأثير الحرارة والحركية الهوائية)
aerozine 50 ايروزين ٥٠ (وقود سائل للصواريخ)
after burning حرق ثانوي ، لاحق
aide memoire مفكرة
aileron جنيح ، زعنفة
aiming position موضع التسديد
air attack هجوم جوي
air base قاعدة جوية
air bleeding تسريب الهواء
airborne محمولة جوا أو منقولة جوّاً = مجوقلة
airborne alert حالة الاستعداد بالجو
airborne data acquisition system منظومة التقاط بيانات محمولة جوا
airborne early warning انذار جوي مبكر
airborne integrated reconnaissance منظومة استطلاع متكاملة محمولة جوا
airborne interceptor radar رادار اعتراض

airborne troops قطعات منقولة جوا = مجوقلة
airborne warning and control system منظومة انذار ومراقبة محمولة جوا وتسمى الاواكس (awacs)
airbrake كابح جوي او مكبح هوائي
air-breathing rocket صاروخ متنفس (صاروخ يستعمل الهواء في الجو)
air bridge جسر جوي
air cadet طالب بكلية الطيران
air carrier طائرة نقل
air combat maneuver مناورة قتال جوي
air command and control squadron سرب قيادة ومراقبة
air conditioned مكيف للهواء
air control center مركز سيطرة جوي
air cooler مبرّد للهواء
air corridor ممر جوي
aircraft (AC) طائرة
aircraft bomb dispenser موزع قنابل الطائرات
aircraft cannon ammunition ذخيرة مدفع الطائرة
aircraft carrier حاملة طائرات
aircraft performance اداء الطائرة
aircraft rockets, missiles صواريخ الطائرة
air crew طاقم الطائرة
air cushion وسادة هوائية
air defence دفاع جوي
air defence data center مركز بيانات الدفاع الجوي
air defence early warning انذار مبكر للدفاع الجوي
air defence area sector منطقة دفاع جوي
air defence artillery مدفعية الدفاع الجوي

air defence command قيادة الدفاع الجوي
air defence commander قائد الدفاع الجوي
air defence data center مركز بيانات الدفاع الجوي
air defence direction centre مركز توجيه الدفاع الجوي
air defence headquarters مقر قيادة الدفاع الجوي
air defence identification zone قطاع التمييز في الدفاع الجوي
air defence operation centre مركز عمليات الدفاع الجوي
air defence radar control مراقبة رادار دفاع جوي
air defence supression missile مقذوف موجه مضاد لاسلحة الدفاع الجوي
air drag مقاومة هوائية
airdrop اسقاط جوي
air electronic warfare حرب الكترونية جوية
air effort جهد جوي
airforce base قاعدة قوات جوية
air frame هيكل طائرة
air fuel ratio نسبة الهواء الى الوقود (نسبة الوقود الى الهواء بالوزن في المزيج)
airglow توهّج ليلي
air head رأس جو
air head line خط رأس جو
air intake مدخل الهواء .
air interdiction منع جوي
air launch اطلاق جوي
air launched cruise missile صاروخ او مقذوف جوي
air launched decoy missile صاروخ تمويه جوي

air liaison officer ضابط اتصال جوي
air lines خطوط جوية
air lock انسداد هوائي
airlog عدّاد المسافة الهوائية
air logistic support اسناد اداري جوي
air mission intelligence report تقرير استخبار مهمة جوية
airman جندي جوي
air munitions ذخيرة القوى الجوية
air movement column رتل التنقل الجوي
air observer راصد جوي
air sea rescue انقاذ بحري بواسطة طائرة
air navigation ملاحة جوية
air note ملاحظة طيران
air photography تصوير جوي
air photographic reconnaissance استطلاع جوي تصويري
airport مطار
air raid غارية جوية
air route ممر جوي
air reconnaissance استطلاع جوي
air search radar رادار للاستكشاف الجوي
air ship مركبة جوية
air space فضاء جوي
air speed السرعة في الهواء (سرعة الطائرة بالنسبة الى الهواء حولها)
air start التشغيل بالهواء
air supply تموين جوي
air support اسناد جوي
air support request طلب المساندة الجوية
air supremacy, superiority تفوق جوي
air target هدف جوي
air test اختبار جوي (للطائرة)
air to air firing رماية جو / جو

air to air live رماية حية جو / جو
air to to air missile صاروخ جو / جو
air to ground firing رماية جو / ارض
air to ground live رماية حية جو / ارض
air to surface جو / سطح
air traffic control centre مركز مراقبة جوية
air transport نقل جوي
air umbrella مظلة جوية
air valve صمام هواء
alarm bell جرس انذار
alarm blast صفارة انذار
alert انذار
alignment محاذاة ، تراصف
all clear انتهاء الانذارَ
allocation تخصيص
allotment تعيين
alloy خليط ، سبيكة
alpha rays اشعة ألفا
allround defence دفاع جميع الجهات
all-up weight الوزن الاجمالي
alternate position موقع بديل (خلف الخطوط)
alternating current تيار مناوب
atternation تناوب
alternation mechanics اجراءات التبديل
alternator مولد التيار المتناوب
altimeter مقياس الارتفاع
alto cumulus ركام متوسط
alto stratus سحاب طبقي متوسط
ambush كمين
ambush patrol دورية كمين
ammeter اميتر (جهاز لقياس التيار الكهربائي بالامبير)
ammunition ذخيرة
ammunition depot مستودع ذخيرة
ammunition distributing point نمطة توزيع الذخيرة
ammunition point نقطة ذخيرة
ammunition supply point نقطة تموين الذخيرة
amnesty العفو العام
ampere امبير (وحدة قياس التيار)
ampere-hour امبير - ساعة
ampere-turn امبير - دورة
amphibian برمائية
amphibious برمائي
amplifier مضخم ، مكبّر
amplification تضخيم ، تكبير ، توسيع
amplification factor عامل التضخيم
amplify يضخم يكبّر
amplitude modulation تعديل السعة (للموجة) او تضمين السعة
analogue مشابه ، نظير ، مماثل
aneroid كبسولة لا هوائي (كبسولة مفرغة من الهواء تستعمل لقياس التأثير بالضغط الجوي)
angle of approach indicator مؤشر زاوية الاقتراب
angle of attack زاوية الهبوب (للهواء)
angle of incidence, descent زاوية السقوط
angle of lag زاوية التخلف
angle of lead زاوية السبق
angular distance البعد الزاوي
angular velocity سرعة زاوية
animal transport نقل حيواني
annealing تلدين
annual range practice تمرين رماية سنوي
annular wheel مسننة طوقية (دائرة معدنية ذات تسنين داخلي)

annulus طوق ، حلقة
anode مصعد
antenna هوائي
anti aircraft مضاد للطائرات
anti-aircraft artillery مدفعية مضادة للطائرات
anti aircraft executive officer ضابط تنفيذ مقاومة الطائرات
anti aircraft operations centre مركز العمليات المضادة للطائرات
anti-ballistic missile قذيفة دفاعية موجهة نحو اعتراض قذيفة منطلقة في الجو وتدميرها
anti-clockwise عكس عقارب الساعة
anti clutter مزيل التشويش (رادار)
anti freeze (fuel) (وقود) مقاوم للتجمد
anti freezing oil زيت مقاوم للتجمد
anti friction مقاوم للاحتكاك
anti-handling device جهاز مضاد للرفع
anti knock مقاوم للخبط (مواد تضاف للوقود لضمان اكمال عملية الاختراق داخل الاسطوانية)
anti penetration مضاد للاختراق
anti penetration force قوة مضادة للاختراق
anti-personnel bomb قنبلة ضد الاشخاص
anti radar مضاد للرادار
antiseptic مطهر
anti submarine مضاد للغواصات
anti tank (gun) (مدفع) مضاد للدبابات
anti tank obstacle عائق للدبابات
anti tank regiment كتيبة مقاومة للدبابات
anti tank trench خندق مضاد للدبابات
anti tank weapon سلاح مضاد للدبابات
anvil سندان
apex رأس ، قمة ، ذروة ، اوج

apogee منطقة الأوج
application practice رماية تطبيقية
appreciation (situation) تقدير (الموقف)
approach formations تشكيلات الاقتراب
approach march مسير الاقتراب
appulse قران (اجرام سماوية)
apron موقف الطائرات (ساحة المطار)
archives المحفوظات ، السجلات
arc welding لحم بالكهرباء
area correlation ارتباط المساحات
area defence دفاع منطقة
area shelled, bombing منطقة مقصوفة
area target هدف منطقة
area weapons الاسلحة ذات الانتشار
armature ذراع (عمود الدوار) (عمود الانتاج في المولد)
armature control التحكم بالعمود الدوار
armature reaction رد فعل الذراع
arming cable سلك التسليح (للمظلة)
armoured personnel carrier حاملة افراد مدرعة
arrester hook خطاف التوقيف
arrow head رأس سهم
artillery fire plans خطط رمي المدفعية
artillery intelligence استخبارات المدفعية
artillery map خريطة المدفعية
armour piercing خارق للدروع
armour protection حماية مدرعة
armoured cruiser طراد مدرع
armoured division فرقة مدرعة
armoured recovery vehicle مركبة اصلاح مدرعة
artillery observer مراقب مدفعية
«arms up» قدم سلاحك

army form نموذج جيش
army front جبهة جيش
army group مجموعة جيوش
army maintenance area منطقة صيانة للجيش
army school of cookery مدرسة طهاة الجيش
army service area منطقة خدمات للجيش
artillery observer مراقب مدفعية
aspect ratio معدل امتداد
assault اقتحام ، إنقضاض ، هجوم
assault position وضع الاقتحام
assaulting case حالة الاقتحام
assaulting distance مسافة الاقتحام
assaulting troops قطعات الاقتحام
assembly position موضع الاجتماع
assistant chief of staff. administration مساعد رئيس هيئة الاركان والادارة
assistant director of supply and transport مساعد مدير التموين والنقل
assuming متغطرس
assumption of command تَسَلُّم القيادة
assumption of losses افتراضات الخسائر
assymetric landing هبوط غير متوازن
asteroid كويكب
astrodynamic انسيابي
astronaut رائد فضاء
astronavigation ملاحة فلكية
atom ذرة
atmometer مقياس التبخر
atomic bomb قنبلة ذرية
atomic warfare حرب ذرية
atomizer مرذاذ
atmosphere جو
atmosphere entry الدخول الجوي

atomization ترذيذ
attached-type parachute مظلة ذات حبل واق
attachement الحاق
attack aircraft طائرة هجوم
attack formation تشكيل الهجوم
attention انتباه
attenuation توهين ، ترقيق ، تخفيف
attrition, war of حرب الاستنزاف
audio frequency تردد سمعي او ذبذبة سمعية
authorized commander قائد مفوّض
authorized officer ضابط مفوّض
auto ignition temperature درجة الاشتعال الذاتي
auto pilot طيار آلي
automatic data processing system النظام الاوتوماتي لمعالجة البيانات
automatic direction finder موجد اوتوماتي للاتجاه
automatic flight control system منظومة تحكم آلي في الطيران
automatic ejector قذاف آلي
automatic frequency control الضبط الاوتوماتي للتردد
automatic fire رمي آلي
automatic gain control ضبط الكسب تلقائيا (المحافظة على نتائج أي نظام بطريقة تلقائية)
automatic loader معبىء تلقائي
automatic pilot طيار اوتوماتي
automatic rifle بندقية آلية
automatic volume control مُنظّم اوتوماتي للصوت
automatic weapons اسلحة اوتوماتيكية
automation الاوتوماتية

auto mitrailleuse رشاش ذاتي الأمد
automatic oil زيت سيارات
auxiliary bore sight جهاز تسديد مساعد
auxiliary engine محرك مساعد
auxilliary external fuel وقود إضافي
auxiliary power unit وحدة طاقة ثانوية
auxilliary propelled weapons اسلحة ذات دفع اضافي
average speed معدل السرعة
aviation medicine طب الطيران
avionics الكترونيات الطيران
axis, axle محور
azimuth السمت

B

B-bomber	قاذفة
back axle	محور خلفي
back blast	انفجار خلفي
back firing	اشتعال مبكر (للوقود)
back flash	وميض خلفي
back sight	سدادة خلفية
back-type parachute	مظلة الظهر
backward bearing	اتجاه خلفي
backwoodsman	رجل الغابات
bacteriological warfare	الحرب الجرثومية
balanced reserve	احتياط متوازن
balanced supply	تموين متوازن
balanced support	استناد متوازن
bail out	قذف بالمظلة
bakery	مخبز ، فرن
balance of power	توازن دولي
ball bearing	حاملة كريات
ballast	صابورة ، ثقل موازنة
ball joint	وصلة كروية
ballistic cartridge	اطلاقة باليستية
ballistic drive	دفع قذافي
ballistic missile	قذيفة موجهة (ذاتية الدفع)
ballistic missile defence	دفاع المقذوفات الصاروخية
ballistic path	مسار قذافي
ballistic weapon	سلاح قذافي
ballistics	علم المقذوفات / مقذوفات
ballistic cartridge	اطلاقة باليستية
ballistite	طلقة دفع
balloon reflection	عاكس يحمله منطاد
ballute	جهاز انزال
band passfilter	مرشح امرار حزمة
bandwidth	عرض الحزمة
bank of cylinders	قاعدة اسطوانات
banner target	هدف تدريب
barbed wire	سلك شائك
barbed wire obstacle	عائق اسلاك شائكة
barber kit	عدة الحلاق
barge	صندل ، قارب مسطح
barochamber	غرفة الضغط
barometric (pressure)	الضغط الجوي
baroswitch	مفتاح الضغط
barrage	سدّ ، حاجز
barrage balloon	منطاد دفاع سلبي
barrage of fire	غلالة نيران
barrage jamming	حاجز تشويش
barotrauma	اصابة تعيير الضغط
barrack	ثكنة
barrel	سبطانة ، أسطوانة ، برميل
barrel group	مجموعة السبطانة

barrel length	طول السبطانة
barrier	حاجز
barrier minefield	حقل ألغام حاجز
barrier plan	خطة الموانع
base defence	دفاع القاعدة
base repairs	تصليحات القاعدة
base	قاعدة
baseball stitch	غرز متباعدة
base supply depot	مستودع تموين القاعدة
basic design	التصميم الاساسي
basic combat training	تدريب القتال الاساسي
basic intelligence	استخبارات أساسية
basic research	بحث اساس
basic training	تدريب اساسي
basic unit training	تدريب الوحدة الاساسي
basic war plan	خطة الحرب الأساسية
bastard file	مبرد متوسط الخشونة
basting stitch	غرزة تسريج
battalion	كتيبة
battalion signalling officer	ضابط اشارة الكتيبة
battery	بطارية ، حاشدة
battery charging	شحن البطارية
battery fire	رمي البطارية (المدفعيّة)
battery terminals	اقطاب البطاريات
battle	معركة
battle cruiser	طرّاد قتال
battle map	خريطة المعركة
battle formation	تشكيل المعركة
battle group	مجموعة قتال
battle inoculation	تطعيم المعركة
battle position	موضع المعركة
battle procedures	اجراءات المعركة
battle ship	بارجة
battalion	كتيبة
bayonet	حربة (اسلحة)
bayonet drill	تدريب او تعليم بالحراب
bayonet fix	تثبيت الحراب
bayonet standard	حامل الحربة
beach commander	آمر الساحل
beach defence	دفاع الساحل
beach head	رأس الساحل او الشاطىء
beach-head line	خط رأس الساحل
beach intelligence	استخبارات الساحل
beach party	جماعة الساحل
beach reconnaissance	استطلاع الساحل
beaching	جنوح
beacon	مرشد ملاحي
beacon ***stealing***	تشويش داخلي
beacon tracking	تتبع ملاحي
beam attack	هجوم زاوي
beam power tube	صمام الحزمة القوية
beam riding	توجيه شعاعي
bearing	حاملة (قطعة معدنية على شكل اسطوانة تستخدم لحمل عمود المرفق)
bearing clock (loading)	دليل الاتجاه
bearing point	نقطة تحميل
bearing resolution	تحليل الاتجاه
bearing surfaces	أسطحة حاملة
beat frequency oscillator	مذبذب التردد التضاربي
bel	وحدة بل لقياس القدرة
belly landing	الهبوط على بطن الطائرة
belt	حزام
bench drill	ثقّابة منضدية
bench run	تشغيل اختباري
bench shears	مقص منضدي

bench vice ملزمة منضدية
beta rays اشعة بيتا
between perpendicular بين عامودين
bevel gear ترس مخروطي
beyond repair غير قابل للاصلاح
bias تحيز
bias construction خياطة مائلة (للمظلة)
big bird بيغ بيرد
bilge pump مضخة النزح
binary notation تدوين ثنائي
binary system نظام ثنائي
binder ربط
biographical intelligence استخبارات حياة الافراد
binder knot عقدة حزم
binoculars منظار ثنائي
bioastronautics علم الاحياء الفضائي
biodynamics الديناميكا الحيوية الحرب
biological (bacteriological) warfare الحرب البيولوجية
biomedicine الطب الحيوي
biometrics علم القياس الحياتي
bipod ركيزة للمدفع
blank charge حشوة صوتية
pistolet مسدس صغير
black box الصندوق الاسود (يوضع في الطائرات لتسجيل الملاحة)
blackout تعتيم
black out marker light مؤشر تعتيم (نور خافت)
blank ammunition ذخيرة خلبية (مراسم)
blank charge حشوة صوتية
blast عصف ، انفجار عنيف ، لغم
blast of a gun عصف المدفع

bleeder resistance مقاومة نازفة
blind bombing قصف أعمى (عشوائي)
blind charge -حشوة عمياء
blind flying طيران اعمى
blind hole خرق غير نافذ
blind landing هبوط اعمى (دون استعانة بالأجهزة)
blind shell قذيفة عمياء
blinking beacon مرشد غماز
blister gaz غاز كاوي
blitzkrieg حرب خاطفة
blockade حصار
block buster قنبلة قادرة على تدمير تجمّع سكني في مدينة
blow-by تهرب الضغط
blower نافخ
blunt كليل ، ضعيف ، واهن
boat زورق
boat group جحفل الزوارق
boat tail عقب القذيفة
bobbing تموّج أو تعرج راداري مخبوءة ومفخخة
body بدن
bogies عجلات ، درجات
boiler مرجل
boiling water ماء مغلي
bolt ترباس ، زتاج ، مزلاج ، مسمار لولبي
bomb قنبلة
bombardment قصف
bombardment photography تصوير القصف
bomblet قنبلة صغيرة
bomb line خط القصف
bomb- proof واقٍ من القنابل

bomb rack	حامل القنابل
bomb sight	جهاز في الطائرة للتسديد والتصويب
bomb release line	خط اسقاط القنابل
bomb reconnaissance	استطلاع قنابل
bomb release line	خط اسقاط القنابل
bombing angle	زاوية القصف
bomber (plane)	قاذفة (طائرة)
bombing height	ارتفاع القصف
bombing report	تقرير قصف
bonding	ترابط
bonnet	غطاء (المحرك)
booby-trap	شرك الغفلة ، قنبلة مخبوءة ومفخخة
boom	ذراع (الرابعة)
boost	يعزز
boost pressure	ضغط معزز
boost rocket	محرك صاروخي معزز
booster	معزز ، مُقَوٍّ ، منشط
booster charge	حشوة ابتدائية
booster engine	طيران معزز
boosted flight	طيران معزِّز
boot	صندوق السيارة الخلفي
bore	جوف
bore-cylinder	قطر الاسطوانة
bore length	طول التجويف
bore out	خرط
bore straight gauge	مقياس استقامة الجوف
boresighting	معايرة التسديد او التسديد من الجوف
bottom dead center	النقطة الميتة السفلى في محرك الاحتراق
boundary	حدّ
boundary layer	طبقة متاخمة
bow	طرف المقدمة
bowline knot	عقدة منفرجة
box formation	تشكيل الصندوق (تشكيل حركات طيران)
boxed mallet	مدقة خشبية
bracket	جسر تثبيت
bracket bridge	جسر تثبيت
brake	كابحة ، مُوقِف
brake bank	طوق الكابحة
brake drum	طبلة الكابحة (اسطوانة معدنية بداخلها مجموعة الكابحة)
brake fluid	زيت الكابحة
brake horse power	القدرة الحصانية للكابح
brake lining	بطانة الكابحة
brake master cylinder	مضخة الكابحة الرئيسية
brake shoes	نعل الكابحة
braking	كبح
brass foil	رقيقة نحاسية
brazing	لحم بالنحاس الأصفر
break cord (thread)	حبل الانقطاع
breakdown maintenance	صيانة اضطرارية
breakdown voltage	جهد الانهيار
break-off altitude	ارتفاع نقطة التحول
break-off height	علو نقطة التحول
break-through	اختراق
break water	كاسر الأمواج
breather	منفّس
breech	مؤخرة ، مغلاق
breech block	كتلة المغلاق (مدافع)
breech bore gauge	مقياس فتحة المؤخرة (اسلحة)
breech loader	سلاح يملأ من المؤخرة

breech mechanism آلية تلقيم من الخلف
breech ring حلقية المؤخرة
bridge عبّارة ، جسر
bridge broken جسر بفجوة متحركة
bridge closed جسر مغلوق
bridge head رأس جسر
bridgelayer tank دبابة حاملة جسور
bridge open جسر مفتوح
brigade landing team فرقة انزال اللواء
broadcast-controlled air interception تقاطع جوي مسيطر عليه لاسلكيا
briefing ايجاز
brigade (tank-inf) لواء (مدرع ، مشاة)
brigade chief of staff مدير اركان اللواء
brigade commander قائد اللواء
brigadier عميد
brightness سطوع
brisance قوة القصم
brittle هش
brush فرشاة (في المولّد)
buffer مِهْماد ، مُخمِّد
buffer amplifier مضخم مكبّر
buffer friction cups مصدات
buffer key مفتاح المصدات (جهاز يعمل على اقفال المغلاق وتنظيم تقدم المدفع النهائي)
built-up areas مناطق مبنية
bulges نتوءات ، انتفاخات

bulk breaking point نقطة توزيع الحمولة
bulkhead حاجز
bullet رصاصة
bullet proof واقٍ من الرصاص
bullet trap مصيدة الرصاص
bulk loading تحميل بالجملة
bull's eye مركز الهدف ، صحيح الهدف
bullstrap حمالة الأخمص
bult الأخمص
bumpy وعر
bunker مخزن الوقود
bunt مناورة عسكرية شديدة
buoyancy دفع صعودي
burning duration مدة الاحتراق
burnout خمود ، انطفاء
burp gun سلاح متبحش
burst انفجار
burr مثقاب ، حافة خشنة ، قراضة
burst fire regulator جهاز تنظيم الرمي السريع للنيران
bus bar مساعد التوزيع
bush دغل
butt اخمص
buzzer طنّان (لتوقيت الشرارة)
by-pass تجاوُز ، ممر فرعي
by-passing procedure اجراء تجاوزي

C

cabin مقصورة ، حجرة
cadastral map خريطة تفصيلية
calibre عيار
caliper اداة قياس ذات فكين ، سماك
call mission مهمة تحت الطلب
call sign نداء
calorific value القيمة السعرية
calory سعر (وحدة قياس حرارية)
cam حدبة
camber احديداب
camera gun آلة تصوير المدفع
camouflage تمويه ، تعمية
camouflage cream طلاء تمويه
camouflage discipline نظام التخفية أو التمويه
camouflage materials مواد التخفية او التمويه
campaign حرب ، مغزاة ، حملة
camshaft عمود الحدبات
canard اشاعة كاذبة
canned rations اطعمة معلبة للجيش
canopy قبة (المظلة)
canopy release افلات المظلة
cap قلنصوة
capacitive reactance مفاعلة سعرية
capacitor مكثف ، جهاز يختزن شحنة كهربائيّة
capacity سعة
capias order أمر حجر
capitulation التسليم بشرط
captive test تجربة مقيدة (اختبار مقيّد)
capture تقييد (ميكانيكا) ، التقاط
caravan movement حركة القوافل
carbon bils regulator منظّم بصفائح كربونية
carbon dioxide extinguisher مطفئة ثاني اوكسيد الكربون
carbon tetrachloride pump مضخة كربون الكلوريد الرباعي
carbonising flame لهب كربوني
carrier حاملة
carburator المازج ، حارق الوقود
cargo parachute مظلة امداد
carpet bombing قصف مساحي
carriage حاضن
carrier wave موجة حاملة
carrying party جماعة نقل
carter analysis تحليل حفرة القنبلة
cartridge ظرف الطلقة
cartridge actuated device جهاز يشغل بالطلقة

cartridge in chamber	خرطوشة أو طلقة في مخزن الطلقات
cartridge guide	مجرى الطلقة
case-hardening	تقسية الغلاف
casmate	حجرة صامدة للقنابل ذات فتحات تطلق منها نيران المدافع
casing	غلاف الغواصة
cast	سبيكة مصبوبة
caster angle	زاوية الميل (للعجلات)
casting	سكب ، صب ، سبك
casualty clearing station	محطة اخلاء الخسائر
casualty collecting post	مركز تجميع الخسائر
casualty evacuation	اخلاء او نقل الخسائر
catapult	المنجنيق
catch operating rod	قضيب لاقط . مدكّ
cathode	المهبط
cathode-ray tube	صمام اشعة المهبط
causes of fire	مسببات الحريق
cease fire	وقف اطلاق النار
celestial	سماوي فلكي
celestial guidance	توجيه فلكي
celestial navigation	ملاحة فلكية
celestial sphere	الكرة السماوية
cell	خلية
center line	خط الوسط
centigrade	درجة مئوية
centimeter- gram- second	سنتمر / غرام / ثانية
centimetric radar	رادار سنتمتري
central bracing plate	صفيحة الربط المركزية
centralization	مركزية
centre of distribution	مركزي توزيع
centre of gravity	مركز الثقل
centre of percussion	مركز القدح
centre punch	وضع علامة المركز
centrifugal advance	تقدم بالطرد المركزي
centrifugal force	قوة طاردة مركزية
centrifuge	جهاز الطرد المركزي
ceramics	خزفيات ، فخاريات
ceremonial parade	عرض عسكري
cetane	سيتين (زيت لا لون له يكون في البترول)
cetane number	العدد الشبكي او السيتينيّ
chain reaction	تفاعل متسلسل
chain of command	سلسلة القيادة
chamber	غرفة ، مخزن أو حجرة
chamfering	ميلان
change lever	عتلة الرمي
characteristic curve	منحنى مميز
characteristics	خصائص
char d'assault	دبابة اقتحامية
charge	شحنة ، حشوة ، شرارة ، عبوة
charger case	مخزن ذخيرة
charging switch	مفتاح الشحن
charter	رحلة اضافية مؤجّرة
chassis	قاعدة أو هيكل
check point	نقطة تفتيش
chemical foam	رغوة كيماوية
chemical fuel	وقود كيماوي
chemical munition	ذخيرة كيماوية
chemical and biological warfare	حرب كيميائية وجرثومية
chest parachute	مظلة الصدر
chest strap	حزام الصدر
chief controler	كبير المراقبين
chief of staff	رئيس الاركان
chief provision officer	ضابط امداد
chip	رقيقة أو شريحة

chisel	ازميل
chivalry	الفروسية
chlorosulphuric acid mixture	مزيج الكلور وحامض الكبريتك
choke	مخنقة اسِدَاد
choke coil	لفيفة خانقة
choke coupling	وصلة الخانق
chord	وتر
chord line	وتر الجناح
chromiun	كروم
chuck	ظرف ، قابض ، رأس المخرطة
chute	مظلة
cipher telegram	برقية شيفرة أو رمز
circuit	دائرة كهربائية
circular error probable	الخطأ الدائري المحتمل
circular orbit	مدار دائري
circular velocity	سرعة دائرية
cirro cumulus	سحاب ركامي
cirro stratus	سمحاق طبقي
cistern	صهريج ـ خزان
civil defence	دفاع مدني
civil war	الحرب الأهلية
clamp	مشبك
class	فئة ، مرتبة ، صنف
classified documents	وثائق مصنفة
clean aircraft	حمولة محادية للطائرة
cleaning rod	قضيب التنظيف
clearance	فرجة (مسموح بها)
clearance volume	حجم حجرة الضغط
cleared route	طريق مطهر او منظّف
clearing station	محطة اخلاء
clinometer	مقياس الميل
clip	مشط الذخيرة
clock ray	تراجع الانكشاف (للدوريات)
clock work	حركة ساعيّة
clogged	مسدود
close air support	اسناد جوي قريب
close fitting plug	سدادة وثيقة التوافق
close formation	تشكيل قريب (احدى تشكيلات المقاتلات الجوية)
close quarters operation	عمليات القتال عن قرب
close reconnaissance	استطلاع عن قرب
close support	مساندة قريبة
closed circuit tv	دائرة تلفزيونية مغلقة
cloth table	قطعة قماشية يرسم عليها منطقة التمرين والمعركة
cluster	عنقود
cluster bomb	قنبلة عنقوديَّة
clutch	واصل فاصل
coach	مدرب رياضة
coast artillery	مدفعية السواحل
coast defence	بارجة الدفاع عن السواحل
coasting flight	طيران انسيابي
coaxial cable	اسلاك متحدة المحور
coaxial machine gun	رشاشة متحدة المحور
cocking handle	مقبض النصب
cocking rod	قضيب النصب
cockpit	حجرة الطيار
code designation	تسمية رمزية
cohesion	تماسك
coil	ملف
coil spring	نابض لولبي
cold launch	قذف بارد
coincidence	مطابقة
cold storage	تخزين بارد
collecting station	محطة تجمع
collective fire	رمي جماعي

collective security أمن جماعي
collective training تدريب جماعي
collector ring حلقة جامعة
collimation error خطأ التسديد
collision اصطدام
collusion تواطؤ ؛ مؤامرة
colonel عقيد ، مقدم
colour blindness عمى الوان
colour code رمز لوني
column formation تشكيل بالرتل
command report تقرير قيادة
combat aircraft طائرة قتالية
combat air patrol دورية قتال جوي
combat drill تدريب للمعركة
combat formation تشكيل قتالي
combat functions وظائف قتالية
combat intelligence officer ضابط استخبارات القتال
combat operation عملية قتالية
combat team فريق قتال
combat reconnaissance استطلاع المعركة
combat training تدريب قتالي
combat troops قطعات قتالية
combat zone منطقة قتال
combined operations عمليات مشتركة
combustibles محروقات
combustion احتراق
combustion chamber غرفة الاحتراق
comet مذنب نجم ذو ذنب
command قيادة
command alternation تبديل القيادة ، تناوب القيادة
command change تغير القيادة
command control قيادة المراقبة

command element عنصر القيادة
command vehicle مركبة قيادة
commander, commanding officer قائد
commander in chief القائد العام
commander's override control جهاز المراقبة
command guidance توجيه قيادي
commanding position مركز المراقبة
commanding officer القائد (الآمر)
command signal قيادة الاشارة
commissioned personnel مِلاك الضباط
commutable مبدل (التيار) قابل للاستبدال
company سرية
compass calibration معايرة البوصلة
compatible منسجم
compatibility انسجام
competition practice تمرين المباراة
completed انهاء الوضع في الخدمة
components مكونات
composite air defence battalion كتيبة دفاع جوي مختلطة
composite charge حشوة مركبة
composite explosions انفجارات متراكبة
composite ration مؤن مرزومة (للطوارىء)
compound winding لف مركب
compressibility قابلية الانضغاط
compression ratio نسبة الانضغاط
compression rings اطواق الانضغاط
compression stroke شوط الانضغاط
compression wave موجة ضغط
compressor ضاغطة
compromise weapons اسلحة التوافق
compulsory military service التجنيد الإلزامي
computator, comptometer آلة حاسبة ،
computer حاسب الكتروني ، حاسوب

communications control تحكم في المواصلات
concentric متّحد المركز
communication sattellite قمر اتصالات
communication zone منطقة مواصلات
commutator مبدل كهرباء
concave مقعر
concealed area منطقة مخفية أو محجوبة
concentrations تجمعات
concussion bomb قنبلة ارتجاجية
condenser مكثف
conductance, conductivity مواصلة
conduct of operations ادارة العمليات
conductor موصل
conduit انبوب اسلاك
cone (locking cone) مخروط (قفل المظلة)
confinement to barracks الحجز بالمعسكر أو داخل الثكنات
conic section قطع مخروطي
connecting rod ذراع الوصل
connecting rod cap وسادة ذراع الوصل
connecting trenches خنادق ايصال
connection وصل ارتباط
conning tower برج مصفح
consignment وديعة ، ارسالية
console منضدة تحكم
constant pressure burning احتراق ثابت الضغط
constant of gravitation ثابت الجاذبية
constituent مقوم
consumable قابل الاستهلاك
contact تماس
contact avoidance تجنب التماس
contact breaker قاطع التماس
contact lost فقدان الاتصال

contact report تقرير تماس
container حاوية ، خزان
contingency plan خطة طوارىء
continuity test اختبار الاستمرارية (كهرباء)
continuous wave radar رادار متصل الموجات
contours مناسيب
contractor cooling متعهد تبريد
control circuit دائرة التحكم
control grid شبكة التحكم
control of space السيطرة على الفضاء
control surface سطح التحكّم
control tower برج القيادة ، المراقبة
controller (air) مسيطر (جوي)
contro torpilleur مطاردة النسافات
convalescent center مركز نقاهة
conventional signs اشارات اصطلاحية
convergent divergent nozzle مسرب تجميع وتفريق
convergent nozzle مسرب تجميع
convex محدّب
convoy قافلة
convoy discipline انضباط القافلة
convoy guard حرس القوافل
cooking kit عدة الطهي
cooks training wing جناح تدريب الطهاة
coolant مبرد
cooling apparatus جهاز التبريد
cooling fins زعانف التبريد
cooling ring طوق التدريب
cooling system نظام التبريد
coordinates احداثيات
coordination line خط التنسيق
cordage حبال (السفينة)
cordite كورديت (نوع من المتفجرات الانبوبية)

core قلب ، جزء مركزي
core plug سداد مركزي
cornflour طحين
corona loss فقد التفريغ النهائي
corporal عريف
corps maintenance area منطقة صيانة الفيلق
corps sector قطاع أو مركز الفيلق
corrective maintenance صيانة تصحيحية
corrosion التآكل
corvette خافرة او سفينة حراسة صغيرة
cosine جيب التمام
cosmic كوني
cosmonaut رائد فضاء ،
cosmos الكون
cost and freight الكلفة والشحن
cost effectiveness مردود مادي
cost insurance and freight الكلفة والتأمين والشحن
cost price سعر التكلفة
cotter pin مسمار مشقوق
coulomb كولومب (وحدة قياس الشحنة الكهربائية)
count-down العدّ العكسي او التنازلي
counter attack هجوم مضاد
counter bombardment قصف مضاد
counter force قوة مضادة
counter insurgency operations عمليات مقاومة العصيان
countermeasure تدبير مضاد
counter military potential القدرة العسكرية المضادة
counterpoles أقطاب مضادة او متقابلة
counter silo مضاد للصوامع

counter sinking silo مقياس التخويشة
counter sinking تخويش اسطواني (ربط مسطحين بلولب بحيث يتم اخفاء سطحه)
counter sunk screw لولب غائر
counter surveillance مراقبة مضادة
counter weight ثقل موازن
coupler خطّاف ، جهاز ربط العربات
coupling ربطٌ ، وصْل
court martial مجلس عسكري
cover غطاء
covering operation عملية تغطية
covering position موقع تغطية
covering troops قطعات تغطية
cramped اكتظاظ
crane رافعة
crank ذراع تدوير
crank case علبة ذراع التدوير حوض المحرك)
crankcase dilution اختلاط (اختلاط الماء والزيت في علبة المرفق)
crankshaft ذراع تدوير
crew بحّارة ، ملاّحون
crew escape module كبسولة انقاذ الملاّحين
Crimean war حرب القرم
critical mass كتلة حرجة
critical moment اللحظة الحرجة
critical point نقطة حرجة
critical zone منطقة حرجة
cross-country march مسيرة عبر الضواحي
cross-feed valve صمام تزويد مصلب
crossing control organization منظمة ضبط العبور
crossing equipment معدّات او تجهيزات
crossing situation موقف العبور

cross modulation	تضمين متخالط
cross roads	تقاطع طرق
cross wind landing	هبوط متعاقد مع الريح
cruciform	صليبية الشكل
cruise missile	صواريخ طوافة
cruiser	طراد المطوّفة
cruising level	المستوى المناسب للطيران
cruising speed	سرعة التحليق بحراً وجوا
cryogenic	شديد البرودة
cryptography, cryptanlaysis	علم الشيفرة
crystal	بلور ، بلوري
cumulonimbus	سحب متراكمة
current limiter	محدد التيار
current regulator	منظم التيار
cushion back assembly	مجموعة وسادة الظهر
cushion seat assembly	مجموعة وسادة المقعد
cutoff	فصل التيار
cut-out	قاطع واصل (كهرباء)
cycle	دورة (٣٦٠ درجة)
cyclic rate	معدل الرمي النظري
cylinder	اسطوانية
cylinder block	كتلة الاسطوانة
cylinder capacity	سعة الاسطوانة
cylinder head	غطاء الاسطوانة
cylinder liner	قميص الاسطوانة
cylindrical	اسطواني

D

daily alarm انذار يومي
daily combat supply rate معدل تزويد المعركة اليومي
daily narrative الحدث اليومي
damage radius دائرة الاضرار
damper مخمّد
damping تخميد
dash panel لوحة العدادات
data معلومات ، معطيات
data collection جمع المعلومات
data link خط بيانات
data processing تحليل المعلومات
date time group خانة الوقت والتاريخ
day's march مسيرة يوم
D-day يوم بدء الهجوم
deactivated أخمد
dead axle محور خامد (لا يتم نقل الحركة اليه)
dead centre النقطة الميتة
dead centre bottom النقطة الميتة السفلى
dead centre top النقطة الميتة العليا
dead ground ارض ميتة
dead point center نقطة ميتة
dead reckoning تقدير الموقع أو حسبان الموضع
dead weight حمل ساكن
dead zone منطقة ميتة
debriefing استخلاص المعلومات
debris clearing ازالة الانقاض
debussing point نقطة نزول الجنود (نقطة نزول الجنود من الاليات)
decarbonising ازالة الكربون
decay تضاؤل
decay resistant مقاوم للتعفن
deceleration تباطؤ
deceleration chute مظلة التباطؤ
decentralization لا مركزية
deception خداع ، تضليل
deceptive electro counter measures اجراءات الكترونية مضادة خداعية
decibel (ديسيبل) (وحدة لقياس نسبة شدة الأصوات)
deck سطح
declaration of war اعلان الحرب
declination انحدار
decisive battle الموقعة الحاسمة
de-coding a cipher message حل رسالة بالشفرة
decompression ازالة الضغط
decontamination تطهير
decoupling فصل

decoy الخدع والتضليل
decoy warhead الرأس الحربي المضلل
deep penetration اختراق عميق
defence plans خطط دفاعية
defence دفاع
defence suppression القضاء على الدفاعات
defence works أعمال دفاعية
defensive area منطقة دفاعية
defensive electronics وسائل دفاع الكترونية
defensive fire نار دفاعية
defensive position موقع دفاعي
defensive warfare حرب دفاعية
definitize يحدد
deflagrate يفجّر (الانفجار الشديد المصحوب باللهب والقصف)
deflector جارفة
defoliant رذاذ كيميائي لتعرية أوراق - الشجر والنبات
defoliate يعرّي الغابات للحيلولة دون - اختباء القوات المعادية ومنعا للتمويه
degassing تطهير من الغازات
degeneration وهن (توليد القوة)
degree of sensitiveness درجة الحساسية
delay تعويق ، تأخير
deliberate defence دفاع مدبر
delivery capabality مواد التدمير
delivery point نقطة التسليم
delivery terms شروط التسليم
delta connection وصل ثلاثي
delta wing جناح مثلث
demands طلبيات ، مقتضيات
demilitarisation تجريد من السلاح
demodulation ازالة التضمين (استرداد الرسالة الصوتية من الموجة الحاملة)
demolition تخريب ، تدمير
demolition box صندوق تدمير
demolition charge حشوة تدمير
demolition guard حرس التدمير
demolition materials مواد التدمير
demonstration battalion كتيبة التطبيق
density كثافة
departure runway ممر اقلاع
deployment انفتاح (نشر القوات الى مواقع القتال (انتشار)
depolarization ازالة الاستقطاب
depressed trajectory المسار المنخفض
deprivation policy سياسة الحرمان
depth charge قنبلة الاعماق
depth gauge مقياس العمق
deputy director of desert operation نائب مدير عملية صحراوية
design تصميم
destroyer مدمرة
destroyer escort مدمرة حراسة
destruct اتلاف
detachment مفرزة
detector كاشف
detent حابسة ، ماسكة ، سقاطة
deterrence ردع
deterrent رادع
detonation تفجر (ميزان الوقود داخل الاسطوانة قبل وصول الشرارة)
detonator صاعق
development تطوير
deviation انحراف
device أداة ، وسيلة ، جهاز
diagram رسم بياني
dial indicator دوّالة (وسط كهربائي عازل)

diaphragm غشاء
dibber مقذوف التدمير مدرجات الاقلاع
dielectric عازل كهربائي (وسط كهربائي عازل)
dielectric constant ثابت العازل الكهربائي
diesel ديزل
differential gear مسننات تفاضلية
differentiation circuit دائرة تفاضلية (دائرة كهربائية ناتجها يتغير نسبيا مع الاشارة المعطاة لها)
diffractometer مقياس (مقياس اقطار الاجسام الصغيرة)
digital رقمي
digital computer حاسبة رقمية
dilute يخفف او يرقق السائل
dimensions أبعاد
dinghy, dingey زورق النجاة
diode صمام ثنائي
dipping sonar سونار غاطس
dipole antenna هوائي ثنائي القطب
dipstick سبار مقياس الزيت
direct current تيار مباشر ، تيار ثابت
direct fire رمي مباشر
direct fire support الدعم المباشر بالنيران
direct pressure الضغط المباشر
direct process اسلوب مباشر
direct tracking aiming التسديد المتتابع المباشر
direct laying position موضع التسديد
directional gyro الموجه الجيروسكوبي
direction finder موجة الاتجاه
direction of force اتجاه القوة
direction of landing اتجاه الهبوط
direction of lay اتجاه التسديد
direction of march اتجاه السير او الحركة
direction of rotation اتجاه الدوران
direction stake شاخص الاتجاه
disassemble يفك
disc قرص
discharge يفرغ ، يطلق النار او السراح
discharge nozzle فتحة القذف
discharging تفريغ
disconnect يفصل
discriminator مميز
disembarkation النزول من الباخرة
disengage يفك (الاشتباك)
dish طبق (هوائي الرادار)
dish center تجويف في المتصف
disinfectant مطهر
dismantle ينزع ، يجرد ، يفكك
dismounting area منطقة الترجل
dispatch rider ساع راكب
dispersive power قدرة التشتيت (ضوء)
displacement ازاحة ، عزل ، نقل
distance chart لوحة المسافات
distance covered المسافات المقطوعة
distance measuring equipment جهاز قياس المسافة
distance of burst مسافة الانفجار
distance of reconnaissance مسافة الاستطلاع
distort يشوه ، يحرف
distortion تشويه أو تحريف
distributer موزع
distributing نقطة التوزيع
distribution of load توزيع الحمولة
distribution of pressure توزيع الضغط
distribution point توزيع نقطة
district supply and transport officer ضابط

تموين ونقل المنطقة

diurnal march سير نهاري

divergent متباعد

dive انقضاض

divergent nozzle فوّهة منفرجة

division فرقة

divisions cuirassed فرق مدرعة

divisional staff اركان الفرقة

division maintenance area منطقة صيانة الفرقة

division rear boundaries الحدود الخلفية للفرقة

division sector قطاع الفرقة

docking التحام (مركبات الفضاء)

dockyard ترسانة بحرية

dog fighting نتال متلاحم مهارشة (جوا)

Doppler's effect ظاهرة دوبلر (اتحاد موجات صادرة مع موجات مرتدة عن جسم معين)

double action weapon سلاح مزدوج الفعل

double loading تلقيم مزدوج

double quick march هرولة

dove inverting prism منشور قلاب (للصور)

dovetail تعشيقة

dowel مسمار تثبيت

drafter's name اسم المنشىء (في البرقيات)

drain plug سداد تفريغ

drag مقاومة

draught غاطس السفينة

draw from stores السحب من المستودعات

drawing سحب

drift طاردة (قطعة من الحديد المبروم تستعمل لطرد الاجزاء المستعصية)

drill, punch منقب ، تمرين ، تدريب

drill book كتاب التدريب

drill formations تشكيلات التدريب

drill grenade قنبلة تدريب يدوية

drill ground ارض التدريب

drill hall قاعة التدريب

drill in the open country التدريب في العراء

drill uniform بزة التدريب

driven gear سير التدوير

driver-gunner سائق مدفعي

driver's hatch كوة السائق

drivers selection and training انتخاب السواقين وتدريبهم

drivers wing جناح السواقين

driving band طوق الدّفع

driving chain سلسلة التدوير

driving gear ترس التعشيق (للسيارة)

drogue chute مظلة توجيه (المظلة الابتدائية التي تسحب المظلة الرئيسية)

drone طائرة دون طيار

dropping zone منطقة الاسقاط

drop سقاط

drop tank (اسقاط خزان وقود تحمله الطائرة ويمكنها التخلص منه)

drop test تجربة انزال

drum برميل ، طبلة

dry-dock الحوض الجاف

dry rations ارزاق جافة

dry run تجربة عسكرية دون ذخيرة حية

dry sump حوض جاف

dry weight وزن بلا حمولة

dual-key system نظام المفتاح المزدوج

duct مجرى ، قناة

ductility قابلية التطريق او المط

dummy grenade قنبلة يدوية وهمية

duming message رسالة صورية
dummy parachute المظلة الدمية
dumping تكديس ، اغراق
duplexer جهاز مزدوج (دائرة تمكن من استعمال الهواء « للاستقبال »)
duty battalion الكتيبة المناوبة
duty controller المراقب المناوب
duty rosters قوائم الواجبات
dwell angle زاوية السكون (الزاوية التي يكون خلالها البلاتين في حالة اغلاق)
dynamic دينامي ـ حركي
dynamics الحركيات
dynamo دينامو (مولد التيار الثابت)
dynamometer ديناموميتر (جهاز فحص قدرة المحرك)
dynamotor محرك ، مولد
dynode دينود (صمام مفرغ يعمل كمذبذب او مضخم يصدر الكترونات ثانوية)

E

ejection capsule	قمرة القذف
ejection opening	فتحة القذف
ejection seat	كرسي النجاة
ejector pin	مسمار قذاف
elastic	مرن
elasticity	مرونة
elastomer	مادة لدنة
elbow	مرفق ، وصلة مرفقية
electric bias	ترجيح كهربائي
electric induction	تيار دوامي
electric oscillation	ذبذبات كهربائية
electric oven	فرن كهربائي
electric rocket	صاروخ كهربائي
electrical bias	ترجيح كهربائي
electrical resonance	مسنن كهربائي
electrode	قطب كهربائي
electro explosive device	اداة تفجير كهربائي
electro harmonic analyser	محلل الذبذبات الكهربائي (جهاز تحليل الاشارة مهما كان نوعها الى مركباتها الأساسية)
electrolysis	تحليل بالكهرباء
electrolyte	محلول استقطاب (الكتروليت) (محلول يتم بواسطته التوصل الكهربائي بمرافقة تفاعل كيماوي)
electromagnet	مغناطيس كهربائي
early burst	انفجار مبكر
early security	تكتم مبكر
early warning radar	رادار الانذار المبكر
early warning satellite	قمر صناعي للانذار المبكر
earth orbit	مدار ارضي
earth satellite	تابع ارضي
ebb and flow	المد والجزر
echelon	نسق
eclipse	كسوف أو خسوف
eddy current	تيار دوامي
Edison effect	ظاهرة اديسون (خاصة اشعاع الكتروني من سلك اذا شحن وهو موضوع في مكان مفرغ من الهواء)
effective ceiling	الارتفاع المؤثر
effective exhaust velocity	سرعة العادم الفعالة
effective range	المدى المؤثر للسلاح
effective thrust	الدفع الفعال
effector	جهاز توجيه
efficiency	فعّالية ، كفاية
efflux	سريان
egress	الخروج من مركبة فضائية
egress maneuver	السير في الفضاء
eject release unit	آلية الاسقاط
ejection	قذف ، اخراج

electromagnetic	كهرومغناطيسي
electromagnetic induction	حث مغناكهربي
electromagnetic pulse	النبض الكهرومغناطيسي
electromagnetic radiation	اشعاع كهرومغناطيسي
electromagnetism	مغناكهربية
electrometer	كاشف الكهرباء
electromotive force	قوة دافعة كهربائية
electron	الكترون (وحدة الشحن السالبة)
electron affinity	انجذاب الالكترونات
electron beam	حزمة الكترونية
electron bomb	قنبلة الكترونية
electron gun	قاذف الالكترون ، مدفع الكترونات
electronic counter measures	اجراءات الكترونية مضادة
electronic fuel injection	حقن الوقود الكترونيا
electronic interference	تداخل الكتروني
electronic jamming	تشويش الكتروني
electronic microscope	مجهر الكتروني
electronics	علم الاكرتونات او الالكترونيات
electronic reconnaissance	استطلاع الكترونيات
electronic security	أمن الكتروني
electron tube	صمام الكتروني
electroplating	الطلي بالكهرباء (طلي المعدن بالكهرباء)
electrostatic field	مجال كهربائي ساكن
electrostatics	الكهربائية الساكنة
elevated tank	خزان مرفوع
elevating mechanism	جهاز الرفع (للمدفع)
elevation gear	ارتفاع زاوية
elevation quadrant	مسواة الارتفاع (بصريات)
eligibility	اهلية او جدارة للانتخاب
elite	نخبة ، صفوة
embankment	إقامة سد ، جسر
embargo	حظر ، احتجاز السفن
embarkation	ركوب ، تحميل ، اركاب
embossed	نافر ، ناتىء
embussing point	نقطة ركوب
emergency alarm for hazards	انذار طوارىء بالخطر
emergency changes	تغيرات طارئة
emergency rations	ارزاق طوارىء
emergency road	طريق طوارىء
emergency stores	مستودعات طوارىء
emery disc	قرص صنفرة (زجاج الصقل)
emission	
emission control order	أمر سيطره البث
emitter	باث
emplacement	موضع ، محلّ ، مكان
emplane	حمّل الطائرة
empty weight	الحمل الفارغ
emulsion	استحلاب
endurance	تحمل (الطيران) (أقصى وقت للبقاء في الجو بكمية الوقود الموجودة في الطائرة)
enemy location	تعيين موقع العدو
enemy situation	موقف العدو
engineer	مهندس
engine mounting	قاعدة المحرك
engine nacelle	حجرة المحرك
engine oil	زيت المحرك
engine specifications	مواصفات المحرك
engine strokes	اشواط المحرك
engine test stand	منصة فحص المحرك
engine timing	توقيت المحرك

enhanced radiation الاشعاع المعزز
engraved محفور
en-route في الطريق
enthalpy الانثلبية (المحتوى الحراري) (السعة الحرارية لوحدة الكتلة)
entraining table جدول الحمولة
entrainment تحميل القطار
entrances and exits المداخل والمخارج
environment بيئة ، محيط
environmental engineer مهندس بيئة
epicyclic gear مسنن دوران فني
equalizer circuit الدائرة المكافئة
equipment collecting point نقطة جمع المعدات
equipment depot مستودع المعدات
erector قاذف ناصب
error signal اشارة انحراف
escalation تصعيد
escape hatch كوة النجاة
escort ship سفينة حراسة
estimated time of arrival الوقت المقدّر للوصول
estimated time of completion الوقت المقدر للانجاز
estimated time of departure الوقت المقدر للمغادرة
estimated time of return الوقت المقدر للعودة
estimate of the situation تقدير الموقف
etch يخدش
evacuate يخلي ، يُجلي ، يُفرغ
evacuation (stages) اخلاء (مراحل)
evacuator chamber حجرة تفريغ الغاز
evaluation of information تقييم المعلومات
evaporation تبخر
evasive action عملية فرار ، تملّص
examination of canned food فحص المعلبات
exchanger مبادل
excitation اثارة
exhaust, velocity عادم (سرعة)
exhaustion انهاك
exhaust stroke شوط العادم
exhaust valve صمام العادم
exhaust velocity سرعة العادم
expansion تمدد
expansion, linear تمدد طولي
expansion of gases and liquids تمدد الغازات والسوائل
expansion wave موجة تمدد
expendable قابل للتمدد او للانبساط
expiry date تاريخ انقضاء الأجل المحدد
exploder مفجّرة
exploitation استثمار ، استغلال
explosion تفجير
explosives متفجرات
explosive bolt برغي متفجر
explosive equivalent معادل الانفجار
explosive safety distance مسافة الامان من المتفجرات
extended order ترتيب منتشر
extension adapter منظّم تمديد
extension on target التوسع على الهدف
external control مراقبة او سيطرة خارجية
extinguisher مطفئة
extra charges نفقات اضافية
extra load حمل زائد
extra low frequency التردد المبالغ الانخفاض
extract يقلع ، ينزع ، يستخرج

extractor لقّاف ، نتاش
extra duty عمل اضافي
extrapolation استنتاج ، استخلاص
extrusion طرد ، ابعاد ، دفع
eye حلقة ثقب ، عروة ، فتحة
eyebolt مسمار ذو عروة
eye guard حامي العينية
eyes left! يسارا انظر !
eye lens عدسة
eyepiece العينية ، عدسة المجهر
eyes right! يمينا انظر!
eye shield واقية للبصر

F

fading	خفوت ، اضمحلال
fail safe	مؤمن ضد العطل
falling block breech	مغلاق قلاب لأسفل
false alarm rate	معدل الانذار الزائف (معدل التشويش ويظهر على ساعة معينة في جهاز الرادار)
farad	فراد (وحدة السعة الكهربائية)
farm gate operations	مساعدة لتنفيذ عمليات وتدريب تعبوي متخصص
fascist	فاشي
fastener, interlocking slide	رباط انزلاقي
fast moving items	مواد سريعة الاستهلاك
fast patrol boat	زورق دوريات سريع
fatigue	اعياء ، تعب
fatty	دهني ، بدين
feedback	التغذية الراجعة ، تلقيم ارتجاعي
feed index	دليل التغذية
feeding	تلقيم (اسلحة)
feel (unit)	شعورية (وحدة)
feint attack	هجوم مخادع
fender	جناح المركبة
ferret satellites	اقمار متتبّعة
ferromagnetic	عالي النفاذية المغناطيسية
ferrous	حديدي
ferry	مركب عبور ، ممر
ferry range	مدى الانتقال الاقصى
fiberglass	زجاج ليفي الشكل
fictive raid	غارة وهمية
fidelity	دقة اداء ، وفاء ، أمانة
field	مجال ، مهبط ، ميدان ، ساحة ، حقل
field artillery observer	راصد مدفعية الميدان
field bakery	مخبز ميداني
field butchery	مسلخ ميداني
field camouflage	تمويه الميدان
field coils	ملفات المجال (كهرباء)
field cooker on lorry	مطبخ ميداني متنقل
field craft	مهارة الميدان
field defence	دفاعات الميدان
field dressing	ضماد الميدان
field equipages	تجهيزات الميدان
field equipment	معدات الميدان
field exercise	تمرين ميداني
field force	قوات الميدان
field frame	اطار المجال
field glass	منظار ميداني
field intelligence officer	ضابط استخبارات الميدان
field manœuvers	مناورات الميدان
field mines chart	لوحة حقول الغام
field of fire	ميدان الرمي

field rations أرزاق الميدان
field repairs تصليحات الميدان
field sanitation procedures اجراءات صحيّة ميدانيّة
field training تدريب الميدان
field transport النقل الميداني
field uniform بزة الميدان
field wire سلك ميدان
fifth column الطابور الخامس (عملاء العدو)
fifth wheel صينية سحب (المقطورات)
fighter aircraft طائرة مقاتلة
fighter bomber مقاتلة قاذفة
fighter cover مظلة طائرات
fighter sweep قنص جوي
filament سلك شعري ، خيط
file round مبرد مبروم
filling حشوة
filling and discharging التعبئة والتفريغ
film طبقة رقيقة
filter مصفاة ، مرشِّح
filter element خلية المصفاة
fin زعنفة ، جُنَيْح
final approach اقتراب نهائي (مرحلة هبوط الطائرة)
final bomb release line خط اسقاط القنابل النهائي
final drive ناقل حركة نهائي (دبابة) عجل نقل القوة الى الزنجير (مجنزرات)
final objective الهدف النهائي
final protective fire نار الحماية النهائية
finite deterrence ردع محدود
fire arch قوس الرمي
fire and forget missile مقذوف ذاتي التوجيه
fire and manœuvers الرمي والمناورة
fire control chart مخطط السيطرة على الرمي
fire direction ادارة الرمي
fire control equipment مطفئة حريق ثابتة
fire extinguisher hand pump type مطفئة حريق ذات مضخة يدوية
fire fighting party فريق مكافحة الحريق
fire fighting wing جناح مكافحة الحريق
fire insurance التأمين ضد الحريق
fire orders اوامر الرمي
fire picket party فريق الحماية من الحريق
fire plan خطة نارية
fire power القوة الناريّة (كثافة النيران)
fire prevention منع الحرائق
fire relay مبدلة الرمي
fire retardant مؤخر الحريق
fire salvage party فريق الانقاذ من الحريق
fire section قسم الاطفاء
fire strength قوة النار
fire superior مشرف الاطفائة
fire support coordination centre مركز تنسيق نار الاسناد
fire support coordination line خط تنسيق نار الاسناد
fire tender سيارة اطفاء
fire wall جدار الحريق
firing landyard حقل الرمي
firing order ترتيب الاشعال
firing pin ابرة الرمي
firing position وضع رماية
firing squad شرذمة الاعدام رميا بالرصاص
first line الخط الأول
first line defence خط الدفاع الأول
first line transports نقليات الخط الأول
first lieutenant ملازم اول

fitted for radio communication مجهزة للاتصال اللاسلكي
fixed defense دفاع ثابت
fixed pin إبرة ثابتة
fixed target هدف ثابت
fixed wing gloves قفازات الجناح
flag ship سفينة قيادة
flame bucker حفرة العادم للصاروخ
flame deflector عاكس اللهب
flame out انطفأ المحرك
flaming arrow السهم المشتعل
flange خانة دائرية
flank attack هجوم جانبي او على الجناح
flank protection حماية الاجنحة
flanking headquarters قيادات جنبية
flame out انطفأ اللهب
flame thrower قاذفة اللهب
flap قلاب ، جناح مساعد ، جنيح
flapless landing هبوط دون قلاب
flare قنابل الانارة ، وميض
flash supressor, hide مخفّض الوميض او مانعه
flat circular canopy مظلة دائرية منبسطة
fleet اسطول
flexibility, elasticity مرونة ، لين
flight رحلة جوية
flight commander قائد الرحلة
flight control system نظام السيطرة على الطيران
flight deck سطح طيران
flight information centre مركز معلومات الطيران
flight level علو الطيران
flight path مسار الطيران
flight plan خطة الطيران
flight planning section قسم تخطيط الطيران
flight profile صورة بيانية للطيران
flight routes طرق الملاحة الجوية
flight rules قواعد الطيران
flight safety officer ضابط سلامة الطيران
flight simulator طيران زائف او وهمي
flight surgeon جراح في الطيران
flight test فحص الطيران
flight test vehicle مركبة فحص الطيران
flight visibility مدى الرؤية للطيران
flight worthy صالحة للطيران
fissile bomb قنبلة انشطارية
flint lock الزند المصوَّن
flinty land ارض صوانية
float نتوء (في قماش المصه)
floatation screen ستار تعويم
flow سيل (عدد المركبات في الساعة)
flotilla اسطول صغير
fluid سائل
fluid coupling وصلة سائلة
fluidity and flexibility السيولة والمرونة
flush فيض
flush deck سطح مسطح
fluting تخديد
flux صهيرة اللحم (مادة تساعد على تصهير اللحم وتمنع تأكسده عند ارتفاع حرارته)
flux-cored folder قضيب لحام ذو صهيرة
flux gate بوابة الدفق
flying bomb قنبلة طائرة
flying squadron سرب جوي
flying stress اجهاد الطيران ، إرهاق الطيران
flying wing جناح جوي
flywheel عجل التوازن

flywheel effect خاصية الحذافة (خاصية سريان التيار في دائرات الملف المكثف الموصلة على التوازي)
flywheel housing غلاف عجل التوازن
flywheel rim حافة عجل التوازن
foam extinguisher مطفئة رغوية
focus بؤرة
focal length الطول البؤريّ ، البعد البؤري
foil مزلاق ، رقاقة معدنية
folds of the ground طيات الأرض
folding squads غوارز قابلة للطي
food packing رزم الارزاق
food preparation and cooking تحضير الطعام وطبخه
food program برنامج الطعام
food store مستودع ارزاق
food stuff مواد غذائية
food supplies امدادات او تموينات غذائية
force de frappe القوة الضاربة
foot troops قطعات راجلة
foot withdrawal انسحاب على الأقدام
force ratio نسبة القوى
force structures تشكيل القوة (العسكرية)
forced landing هبوط اضطراري
force maintenance area منطقة صيانة القوى
foreign tender عطاء اجنبي
force foot القائمة الامامية
foresight بعد نظر ، بصيرة
forfeiture (rank or pay) حرمان (الرتبة او الراتب)
forge كور حدادة
forging تشكيل بالطرق (للمعادن)
formation تشكيل
formation of assembly تشكيل التجمع
forming up area منطقة تشكيل
forming up place مكان التشكيل
form of goose eggs شكل موقع بيضوي
fortified position موقع محصن
forward bearing موقع أمامي محصن
forward company سرية امامية
forward control position موقع سيطرة امامي
forward defended positions مواقع دفاعية امامية
forward edge of battle area الحد الأمامي لمنطقة المعركة
forward line الخط الأمامي
forward observing officer ضابط رصد امامي
forward repair time فريق تصليح امامي
four stoke engine محرك رباعي الأشواط
four wheel drive ذو أربع عجلات محركة
fox hole حفرة فردية
fps (ft/sec) قدم / ثانية
fractional charge حمولة مجزأة
fractional orbital bombardment system منظومة القصف المداري الجزئي
fragmentation bombs قنابل انشطارية
fragmentation grenade قنبلة يدوية متشظية
fragmentation shell قذيفة تشظية
fragment distance مدى الشظية
fragments شظايا
frame شكل ، هيكل
free board الجزء الطافي من السفينة
free electron الكترون حر (الكترون موجود في المدار الأخير من مدارات الذرة)
free-fall weapons اسلحة ذات سقوط حر
free from-acid خال من الحموضة
free frontal attack هجوم امامي حر
free lance order دورية حرة

free on board التسليم عن ظهر الشاحنة أو السفينة
free-type parachute مظلة حرة
frequency تردد (كهرباء) او ذبذبة
frequency modulation تضمين التردد
frequency modulator مضاعف التردد
fresh rations ارزاق ، غضة ، طرية (طازجة)
friction احتكاك
friction drive تحريك بالاحتكاك
friendly troops قطعات صديقة
frigate سفينة حربية (فرقاطة)
frog ضفدع ، دؤابة
front axle المحور الأمامي
front bearing حمالة امامية
frontiersmen رجال حدود
front line خط امامي
front of attack جبهة الهجوم
front of operations جبهة العمليات
front of penetration جبهة الاختراق
front sight شعيرة
front unit وحدة امامية
frozen meat لحم مجمد
fuel air explosive وقود جوي متفجر
fuel capacity سعة خزانات الوقود
fuel cell خلية وقود
fuel cooled مبرّد بالوقود
fuel dump مستودع وقود
fuel efficiency فعالية الوقود
fuel filter مصفاة الوقود
fuel filter bowl حوض مصفاة الوقود
fuel gauge مقياس الوقود

fueling تزويد بالوقود
fuel injection حقن الوقود
fuel lines خطوط الوقود
fuel mixture مزيج الوقود
fuel oil زيت معدني
fuel pipes انابيب الوقود
fuel pump مضخة الوقود
fuel rate معدل الوقود
fuel return عودة الوقود رجعة الوقود
fuel shut off وقف الوقود
fuel station محطة وقود
fuel supply تزويد بالوقود
fuel system نظام الوقود
fuel tank خزان الوقود
fuel to oxidizer ratio نسبة الوقود الى المؤكسد
full board حزولة كاملة
full-dress uniform بزة مراسم
full floating كامل التمركز (محور الالية)
full pressure suit بزة ضغط كاملة
full speed سرعة قصوى
full throttle height ذروة الصمام الخانق
full tracked مزنجرة
full wave rectification التقويم الكلي للموجة
fumes أبخرة
functional وظيفي
function check flight رحلة تفقد الاداء (رحلة جوية لفحص اداء اجهزة الطائرة)
fuse (fuse) صهيرة (كهرباء) ، صمام ، مفجر
fuselage بدن الطائرة أو جسمها
fusiliers حملة بنادق

G

gain	كسب (بواسطة دائرة كهربية)
galaxy	مجرة
gallon	جالون
galvanometer	جلفانوميتر (جهاز للكشف عن التيار الكهربائي)
gama rays	اشعة جاما
ganged tuning	تضبيط جماعي
gaps	ثغرات (الفجوات التي تنفتح في حقول الألغام لتأمين المرور الامين للقطعات المتقدمة)
gas alarm	انذار من الغازات
gas attack	هجوم بالغاز
gas cylinder	اسطوانة غاز
gas mask	كمام أو قناع الغاز
gas shell	قذيفة غاز
gas turbine	عنفة غازية
gaseous propellant	دافع غازي
gasket	حشية
gas port	ممر الغاز
gasoline	غازولين او بنزين
gauge	مقياس ، معيار
gauss	جاوس (وحدة قياس من الحث المغناطيسي)
gear	مسنن
gearbox	صندوق المسننات
gear down and locked	العجلات نازلة ومقفلة
gear ratio	نسبة التشبيك
gear shift lever	عتلة التيارات
geiger counter	عداد جايجر (عداد للمواد المشعة)
general	
general headquarter	القيادة العامة
general purpose machine gun	رشاش متعدد الاغراض
general reconnaissance	استطلاع عام
general reserve	احتياط عام
general situation	الموقف العام
general situation map	خارطة الموقف العام
general traffic office	مكتب السير العام
general transport	نقليات عامة
general transport company	سرية النقل العام
generate	يولّد
generator	مولّد
geographic north	الشمال الجغرافي
georef reference system	نظام جيروف (للخرائط)
geo-synchronous	المدار المتزامن مع الارض
geophysical warfare	الحرب الجيوفيزيائية
gilbert	جلبرت (وحدة قياس القوة الدافعة المغناطيسية)
gimbals or gymbals	ذات المحورين

gimbelled متوازن على محاور
gland غدة ، سدادة
glide ينساب ، ينزلق
glide bomb قنبلة شراعية ، انزلاقية
glide path ممر انحداري ، مسار شراعي (زاوية الانحدارالصحيحة للهبوط في الطيران الالي)
glider طائرة شراعية
glideslope منحدر الانسياب ، انحدار شراعي
gliding ration نسبة الانحدار
glim lamps مصباح خافت (مصابيح على البطارية السائلة توضع حول الطائرات في موقعها في الليل)
goggles نظارات واقية
goniometer مقياس الزوايا
goose necks انوار مدارج (مصابيح تعمل على الزيت)
gore مغزل (المظلة)
governor جهاز تحكم
gox اكسجين غاز
grade crossing ممر على مستوى واحد
gradient resistance مقاومة الميلان
graduated vessel وعاء مدرج
grain حبة ، مقدار ضئيل
graph رسم بياني
graphite جرافيت
gravity الجاذبية
gravity bomb قنبلة جاذبية
gravity suit بزة الجاذبية
graze-action fuse صمامة تعمل بالتأثير الاحتكاكي
grease شحم
grease nipple حلمة التشحيم
greasing gun مسدس التشحيم
greasing point نقطة التشحيم
Greenwich meantime توقيت جرينيتش
grenades (hand) قنابل يدوية
grid شبكة
grid north الشمال التربيعي (الشمال المنسوب الى خطوط التربيع (المساحة) على الخرائط)
grinding compound paste معجون السحج او الطحن
grinding stone حجر التجليخ
grip safety أمان المقبض
gripping surface سطح مُنْشِب
grommet عروة معدنية
ground alert انذار ارضي
ground arms! ارضا سلاح!
ground attack هجوم ارضي
ground clearance الفرجة عن الأرض (للمركبة)
ground controlled approach اقتراب متحكم به من الارض
ground equipment failure تعطيل المعدات الأرضية
ground forces القوات الأرضية
ground handing equipment معدات ارضية
ground leader قائد المجموعة
ground observer ضابط ارتباط ارضي
ground reconnaissance استطلاع ارضي
ground resistance مقاومة ارضية
ground sheet مشمع ارضي
ground speed السرعة الأرضية
ground station محطة ارضية
ground support اسناد ارضي
ground support equipment معدات الدعم الارضي

ground straffing	ضرب الأهداف الجوية من الارض
ground test	فحص أرضي
ground-to-ground	ارض ـ ارض
ground visibility	مدى الرؤية الارضية
ground wave	موجة ارضية
ground zero	نقطة الصفر
growler	نقارة (جهاز يستعمل لفحص عضو الانتاج في المولد)
growth potential	قابلية للنمو
gudgeon pin	مسمار المكبس
guerilla warfare	حرب عصابات
guerre classique	حرب تقليدية
guide stud	مهماز موجه
guidance	توجيه
guidance radar	رادار توجيه
guidance system	نظام التوجيه
guide rollers	عجلات دليل الجنزير (مزنجرة)
guide surface parachute	مظلة موجهة
guided bomb missile	قنبلة موجهة
guided weapon	سلاح موجه
gun	مدفع
gun attack	هجوم بالرشاشات
gun boat	زورق حربي
gun-out-line	قاصر عن المدى (عدم تمكن السلاح من ضرب هدف معين لكون الهدف خارجا عن مدى السلاح)
gun ship	دارعة
gun sight	مهداف المدفع او البندقية
gun trunnion cantilever	مركز الرفع والخفض للمدفع
gust	هبة ريح ، تقدير ،
gyroscope, gyrostat	جيروسكوب أداة لحفظ توازن السفينه او الطائرة ولتحديد الاتجاه

H

hacksaw منشار يدوي (معادن)
hacksaw blade نصل منشار المعادن
hail برد
half ration نص جراية (نصف تعيين)
half track vehicle نصف مزنجرة
halt وقفة
halving knob مفتاح التنصيف
hammer مطرقة
hammer spring نابض المطرقة
hammer strut وصلة المطرقة الانضغاطية
hand brake مكبح يدوي
hand guard واقية اليد
hand to hand fight التحام ، قتال بالسلاح الأبيض
hand wheel عجلة يدوية
handy hint دليل مختصر
handy سهل المنال
handyhint دليل مختصر
hangar حظيرة الطائرة
hanging reservoir خزان معلق
harbour drill تدريب الالتجاء (للحرب النووية)
hard landing هبوط مباشر (الهبوط على كوكب دون مساعدة صاروخية مضادة للجاذبية)
hard target الهدف الصلب
harmonic توافقي
harmonic analysis تحليل توافقي
harness جديلة اسلاك (كهرباء)
harness fittings تجهيزات الحزام القماشية
harness, (parachute) حزام المظلة
hasty defence دفاع عاجل ، سريع
hatch فتحة ، باب
hatcher البليطة ، فاس قصيرة
haversack rations ارزاق طوارىء
hazard classification تصنيف الخطورة
hazardous fragment density خطر كثافة الشظايا
head رأس ، فرد الجزء الضارب من السلاح
head cook رئيس الطهاة
head resistance مقاومة الطليعة
head stock رأس المخرطة
head up display لوحة / جهاز عرض المعلومات او جدول عرض المعلومات
head wind ريح معاكسة
headquarters exercise تمرين قيادات
heat حرارة ، وطيس ، ضغط
heat and light allowance بدل تدفئة وانارة
heat engine محرك حراري
heat exchanger مبادل حراري

heat of the flight اوار المعركة
heat of vaporization حرارة التبخر
heat resistant مقاوم للحرارة ، مانع الاحتراق
heat shield واقي الحرارة
heat sink مسرب حراري
heat transfer نقل حرارة
heavy assault اقتحام ثقيل
heavy bombardment قصف كثيف
heavy cruiser طراد ثقيل
heavy load حمل ثقيل
heavy water الماء الثقيل
height علو الطائرة
heel of the butt عقب الاخمص
height finder موجد أو مقدّر الارتفاع
helical gear مسنن لولبي
helicopter طائرة عمودية ، مروحية ، سمتية ، حوامة
helicopter drop point نقطة اسقاط من الطائرات العمودية
helium هيليوم ، عنصر غازي خفيف
helix angle زاوية اللولب
helmet خوذة
Heary هنري (وحدة كهربائية)
Hertz هيرتز (وحدة تردد)
hesitator loop انشوطة التوائية ترددية
heterodyne اقتران متغاير (في التردد)
heterogeneous propellant دافع متغاير العناصر
hexode صمام سداسي
high altitude bombing قصف من ارتفاع عال
high angle زاوية عالية
high degree of control درجة عالية من السيطرة او المراقبة
high explosive شديد الانفجار
high level battle combat قتال جوي على ارتفاع عال
high level battle formation تشكيل قتالي على ارتفاع عال
high level cross country طيران ضواح عال
high morale معنويات عالية
high range indicator مؤشر المدى العالي
high-sea عرض البحر ، أعالي البحر
high speed سرعة زائدة او فائقة
high trajectory خط مرور عال
highest possible score اعلى درجة ممكنة
highway code قانون السير على الطرق
hinge and fabling butt ترباس مفصلي ومنخفض
hinge frame اطار مفصلي
hit and run اضرب واهرب
holding operation عملية تأخير
holding point منطقة احتجاز
hollow charge حشوة مجوفة
holy war حرب مقدسة ، الجهاد المقدس
home defence دفاع عن الوطن
homing guidance الالتقاط ، التوليف ، توجيه آلي نحو الهدف
homogeneous propellant دافع متجانس العناصر
honey comb structure بنية خلية النحل
hook scraper مقشاط أعقف
hopper tank خزان ذو قاع مصرِّف
horizontal sliding انزلاق افقي
horn بوق النفير
horse power قدرة الحصان ، وحدة قياس (تساوي ٥٥٠ ليبرة قدم في الثانية)
horse power loading الحمولة للحصان الواحد
hose خرطوم ، انبوب ، وصلة

hostile عدائي ، عدواني ، معاد
hot configuration على اهبة الاطلاق
hot launch الاطلاق الساخن
hot point النقطة الساخنة (مكان تسخين شحنة الهواء قبل دخولها المحرك)
hot pursuit operations عمليّات التعقّب الساخن
hot-wire meter مقياس ذو سلك ساخن
house clearance تطهير المنزل (المباني)
housing غلاف ، مأوى ، مسكن
hovercraft حوامة (زورق)
howitzer مدفع قذاف هاوتزر
hull هيكل (السفينة)
human engineering هندسة بشرية (فرع يبحث في حركة الانسان حول المعدات الالية)
humidity الرطوبة
humites-killer (submarine) غواصة قابضة ومدمرة
hybrid هجين
hybrid engine محرك هجين
hydraulic system نظام سوائل
hydraulics علم السوائل
hydrodynamics علم حركية السوائل
hydrofoil حوامة (زورق زلّاق)
hydrogen bomb قنبلة هيدروجينية
hydrogen peroxide فوق اكسيد الهيدروجين
hydrostatic level ميزان الاستواء الهيدروستاتي
hydrometer حوامة (زورق) زلاقة مائية
hydiene level مكثاف السوائل
hyperbola قطع زائد
hypergolic تلقائي الاشتعال
hypersonic فرط صوتي
hypotenuse وتر المثلث
hysteresis تخلف (مغناطيسي)

I

ice formation	تكوّن الجليد
ice plant	مصنع ثلج
identification friend or foe	تمييز الصديق من العدو
idle speed	السرعة البطيئة (المحرك)
idler	مسنن طليق
idler wheel	العجلة الوسيطة
idling adjustment	ضبط الدوران البطيء
igloo magazine	مخزن ذخيرة
ignite	يشعل
igniter	جهاز اشعال
ignition, advanced	إشعال متقدم
ignition, retarded	اشعال مؤخر
ignition switch	مفتاح الاشعال
ignition timing	توقيت الاشعال
illuminate	ينير
illuminate shell, round	قذيفة انارة
image frequency	تردد صورة الاشارة
image intensification	تركيز التصور
immediate replensishment group	مجموعة التعويض الفوري
impact	اصطدام ، ارتطام ، أثر
impact area	منطقة الاصابة
impedance	معاوقة ، مقاومة التيار الكهربائي
import duty	رسم الاستيراد
imprest	سلفة ، قرض
impromptu support	اسناد مرتجل
impulse	دفع
in charge of inclination	مسؤول عن ميلان
incapacitating agent	عامل شل قدرة
incendiary bomb	قنبلة حارقة
incendiary cartridge	طلقة حارقة
incidence	ورود ، وقوع
incidence angle	زاوية السقوط
indicated air speed	السرعة المبينة
indirect fire	الرمي غير المباشر
individual weapons	اسلحة فردية
inductance	تحنيد ، كهربائية مُحاثّة
inductance coil	ملف محاثة
inductor	محث
inelastic collision	تصادم غير مرن
inert	خامل ، غير فعّال
inert projectile	قذيفة خاملة
inertia	القصور الذاتي
inertial force	قوة القصور الذاتي
inertial guidance	التوجيه بالقصور الذاتي
inertial navigation	ملاحة بالقصور الذاتي
infiltration	تسلسل
inflammable	قابل للاشتعال
information centre	مركز معلومات

information officer ضابط استعلامات
infraction مخالفة ، نقص
infrared light ضوء تحت الأحمر
infrared detector, sensor محس الأشعة تحت الحمراء كاشف الأشعة
infrared surveillance مراقبة الاشعة تحت الحمراء
infrasonic تحت المسموع
inhibited burning combustion احتراق مكبوح
inhibitor كابح
initial climb تسلق اولي
initial operational capability قدرة التشغيل الأولية
injection system engine محرك يعمل بالحقن
injector محقن
injector nozzle فتحة المحقن
inland water transport نقل مائي داخلي
insecticide مبيد للحشرات
inshore patrol دورية ساحلية
insignia شارة الرتبة
insignia of command شارة القيادة
insignia of merit شارة الاستحقاق
inspection تفتيش
inspection report تقرير التفتيش
installations منشآت ، تركيبات
instructions تعليمات
instruction batallion كتيبة التدريب
instruction plan خطة التعليم
instrument أداة ، آلة
instrument flying طيران آلي
instrument flying rules قواعد الطيران الآلي
instrument landing system جهاز الهبوط الآلي
insulator عازل
insurance policy وثيقة تأمين

integral متكامل ، شامل
integral tank خزان اساسي
integrated circuit دائرة تكاملية
intelligence استخبارات ، اتصال سري ، ذكاء
intelligence annex ملحق استخبارات
intelligence collection plan خطة جمع المعلومات
intelligence diary مفكرة استخبارات
intelligence directorate مديرية الاستخبارات
intelligence estimate تقدير الاستخبارات
intelligence plan خطة الاستخبارات
intelligence records سجلات الاستخبارات
intelligence situation map خارطة موقف الاستخبارات
interception, interdiction اعتراض ، منع
interceptor طائرة معترضة
interceptor missile قذيفة معترضة
intercontinental ballistic missile قذيفة عابرة للقارات
interelectrode capacitance مواسعة الاستقطاب (المواسعة الناتجة عن الأقطاب في صمام)
interface السطح البيني
interference تداخل ، تشوش
interlocking نيران متقاطعة
intermagazine distance فواصل اكداس الذخيرة (المسافات التي تفصل بين مخازن الذخيرة لأجل الأمان من التفجير)
intermediate air command قيادة جوية متوسطة
intermediate objective قذف متوسط
intermediate range missile قذيفة متوسطة المدى
internal security امن داخلي (امن الوحدة)
international date line خط التاريخ الدولي

interpole	قطب بيني
interrupted threads	براغي متقطعة اللولبة
intersection roads	طرق تقاطع
intervalometer	منظم صفيحة التصوير
inverter	عاكس
invulnerability	مناعة
ion	ايون
ionic propulsion	دفع ايوني
ionization	تأيّن ، تأيين
ionize	يتأين ، يؤين
iron fist	القبضة الحديدية
iron-van movement	حركة مؤشر العداد
island bridge	عبّارة جزيرة
issue of rations	صرف الأرزاق
issue voucher	سند صرف

J

jack رافعة ، مطواة ، مدية جيب

jack cylinder حامل الرافعة

jacket سترة ، غلاف معدني لقنبلة او قذيفة

jamming, distortion تشويش

jerk نخعة ، رجة ، هزة

jet نفاث

jet-assisted take-off إقلاع بمساعدة نفاث

jet engine محرك نفاث

jet pipe عادم النفاث

jet propellant وقود النفاثات

jet propulsion دفع نفاث

jet stream تيار العادم ، تيار متدفق (ظاهرة نكون فيها حركة الريح سريعة في اتجاه معين)

jettison تخفيف الحمولة

jetty حاجز الماء ، محط السفينة في البحر

jihad حرب مقدسة

jink يروغ ، يتفادى

joint مفصل ، مشترك

joint chiefs of staff هيئة الاركان المشتركة

joint **exercise** تمرين مشترك

joint land/air operations العمليات البرية / الجوية المشتركة

joint operation center مركز العمليات المشترك

joule جول (وحدة طاقة او شغل)

joy stick عصا القيادة

judge advocate general نائب احكام

jump jet طائرة اقلاع وهبوط من مدرجات قصيرة

jumper وصلة

junction box صندوق الوصل

junction transistor ترانزستور الوصل

jury strut قائم انضغاط

K

kaiser	قيصر ، امبراطور
kaki	لون اصفر مسمر
kamikaze	طائرة انتحارية ، طيار انتحاري
karate	كراتيه ، تدريب رياضي مرتكز على
keeger	تربية الارادة والسيطرة على الجسم ويستعمل خاصة للدفاع عن النفس
keel	**سفينة**
kelvin scale	مقياس كالفن
Kern or kerne	جندي مشاة
kerosine	كيروسين ، كاز
keying	ابراق (طريقة ارسال المورس)
khaki drill	قماش تيل كاكي
kilogram	(١٠٠٠ غم)
killing ground	منطقة قاتلة
kilometer	كيلومتر (١٠٠٠ متر)
kiloton	كيلو طن
kilt	تنورة يرتديها الجنود الاسكتلنديون
kinetic energy	طاقة حركية
kit-bag	كيس مهمات ، حقيبة تجهيزية
klystron tube	صمام كليسترون (صمام ذبذبة سنتمترية)
knapsack	حقيبة الظهر
kneeling supported	الارتكاز على الركبة
knife-type bayonet	حربة ذات نصل
knot	عقدة ، عروة ، مُشكل ، مفتاح
knowledgable	حسن الاطلاع
Kremlin	حصن

L

laboratory	مختبر
laboratory test	فحص مخبري
lack of taper	نقص في دقة الصنع
lagging	متأخر
lance-corporal (sergeant)	جندي اول (رقيب)
land defence	دفاع ارضي
landmarks	علامات ارضية
landing gear	عجلات الهبوط
landing group	جحفل انزال
landing zone control party	جماعة سيطرة او مراقبة النزول
landing zone marking team	جماعة تأشير منطقة النزول
landing point	نقطة النزول
landingzone, area	منطقة النزول
landscape sketch	مخطط منظر ارضي
land warfare	حرب برية
lanyard ring	الحبل العنقي
large scale map	خريطة ذات مقياس كبير
laser	ليزر ، اشعة
laser tracking	تتبع ليزري ، شعاعي
last light	حلول الظلام ، الغسق
lash	جلدة ، مهماز ، ضربة عنيفة ومفاجئة
latch	مزلاج ، سقاطة الباب
latent heat	حرارة كامنة
lateral axis	محور جانبي
lateral boresighting knob	مقبض تسديد السبطانة
late scramble	اقلاع فوري متأخر
lathe	مخرطة
latitude	خط عرض
lattice structure	بنية شبكية
launch	يطلق ، اطلاق
launch area, site	منطقة الاطلاق
launch control	السيطرة على الاطلاق
launch tubes	انابيب الاطلاق
launch vehicle	مركبة الاطلاق
launcher	قاذف ، جهاز اطلاق
launch of an attack	شن الهجوم
launching pad	منصّة الإطلاق
launching rail	سكة الاطلاق
launching site	موقع الاطلاق
lay down	الوضع في حوض الميناء
laws of motion	قوانين الحركة
L.C. circuit	دائرة توليف
leading edge	حافة الاقبال ، حافة الهجوم
leaflet	نشرة أو منشور
leaguer	ملجأ دبابات ، معسكر حربي ، حصار

leakage تسرب ، ترشيح
lean mixture مزيج خفيف
learner driver سائق مبتدىء
leather washer حلقات جلدية
left handed أعسر
leg strap حزام للساق
length of column طول الرتل او الصف
lens عدسة
lens combination مجموعة عدسات
let down procedures اجراءات الانزال (للطائرة)
lethal radius الدائرة الخطرة
lethal dose جرعة مميتة
level head engine محرك ذو رأس مستو (محرك ذو صمامات جانبية)
levelling device جهاز تسوية
lever عتلة ، رافعة ، مخل
leverage فعل الرافعة ، فعالية ، قوة
lieutenant ملازم اول
lieutenant-general فريق
life-boat قارب نجاة
life-support system نظام حفظ الحياة
lift يرفع ، يُعلّي ، يرقّي
lift force قوة رفع
liftoff صعود
light aircraft طائرة خفيفة
light bomber قاذفة خفيفة
light cruiser طراد خفيف
light line خط الضوء
light repair detachment مفرزة الاصلاح الخفيف (مجموعة صغيرة من الافراد الفنيين مزودة بقطع غيار للاليات)
light repairs تصليحات خفيفة
light trolley عربة خفيفة
lights out اطفاء الانوار
limber الجزء الامامي من عربة الدفع
limit load الحمل النهائي
limit of trace مدى السير ، صلاحية الطرق
limit switch مفتاح حدي (كهرباء)
limited attack هجوم محدود
limited movement حركة محدودة
line خط ، صف ، طريق ، سلك ، خيط
line abreast تشكيل مواجهة (تشكيلات طيران)
line astern تشكيل تتابعي (تشكيل بالتتابع احده متأخر قليلا وفي نفس المستوى والخط)
line of approach خط الاقتراب
line of arrival خط الوصول
line of battle خط المواجهة
line of departure خط الخروج
line of deviation خط الارتفاع
line of fall خط السقوط
line of flight خط الطيران
line of impact خط الاصابة
line of retreat خط التراجع
line of sight خط النظر
line of supply خط الامداد
lineal list قائمة الاقدمية
lines of communication خطوط المواصلات
lines of flux خطوط المجال
linkage توصيلة الرُبط
link stripper نازع الفقرات (اسلحة)
liquid سائل
liquid coolant مبرد سائل
liquid hydrogen هيدروجين سائل
liquid nitrogen نيتروجين سائل
liquid propellant وقود سائل
liquid state حالة السيولة
listening post نقطة تسمع ـ تَنَصُّت

litre ليتر
litter نقالة يدوية للجرحى ، ركام
load حمولة ، اجلاء
load centre مركز التحميل
load factor عامل الحمل (نسبة معدل الحمل الى الحمل الاكبر)
load line diagram مخطط تحميل (للصناعات الكهربائية)
load record سجل الحمولة
loader جهاز تحميل
loading تحميل
loading plan خطة التحميل
loadline خط التحميل
local air defence commander آمر الدفاع الجوي المحلي
local defence دفاع محلي
local intelligence استخبارات محلية
local internal security column رتل الامن الداخلي المحلي
local warning انذار محلي
localizer محدد الموقع
local oscillator مذبذب موضعي
local protection حماية محلية
location مكان ، موضع
lock bolt ترباس التثبيت
lock mechanism آلية الغلق
locking اغلاق (اسلحة) استعصاء
locking pin مسمار التثبيت
lock stich غرزة اغلاق
lock washer حلقة تثبيت
logbook سجل الطيران والسفينة والاداء
logsheet سجل الحوادث
logging تسجيل
logic circuit دائرة برمجة
logistical training تدريب اداري او لوجستي
logistics الامداد والتجهيز والنقل = السوقيّات
long distance march سير طويل
long halt استراحة طويلة
long range (bomber) بعيدة المدى (قاذفة)
long range patrol دورية بعيدة المدى
long range radar رادار بعيد المدى
longitude خط طول
longitudinal grove تجويف طولي
longitudinal strength صلابة طولية
look-out trench خندق للمراقبة
loop انشوطة ، لفّة
loop antenna هوائي انشوطي
loopstick antenna هوائي بقضيب انشوطي
loose formation تشكيل متباعد
loran (long range navigation) ملاحة بعيدة المدى
loss estimation تقدير الخسائر
lot number رقم المجموعة
low-altitude missile مقذوف منخفض الارتفاع
low angle زاوية منخفضة
low angle fire رمي بزاوية منخفضة
low level area منطقة الطيران المنخفض
low level cross country طيران منخفض فوق الضواحي
low level penetration اختراق على ارتفاع منخفض
low oblique photography تصوير جوي مائل
low order detonation تفجير او صعق بطيء
low-pass filter مرشح ترددات منخفضة
low tension جهد واطيء
lowerslingswivel حلقة الحمل السفلي
lox plant مصنع اكسجين سائل
lox storage خزان اكسجين سائل
lozenge معين (شكل هندسي)

lubricate	يشحّم
lubricant	مشحّم
lubricant film	طبقة تشحيم
lubrication	تشحيم تزييت
lubrication system	نظام التشحيم
luminance	نصوع ، اشراقية
lunar day	يوم قمري
lying position	وضع الانبطاح

M

Mach ماخ (وحدة قياس سرعة متحرك بالنسبة الى سرعة الصوت)
mach wave موجة ماخ (موجة تتكون على أجسام تسير بسرعة فوق الصوتية)
machine آلة ، ماكنة
machine gun مدفع رشاش
machine pistol مسدس رشاش
machinist عامل ماكينة
machmeter عداد ماخ
magamp مضخم مغناطيسي
magazine مخزن ، مستودع
magazine area منطقة المخزن
magazine rifle بندقية ذات مخزن
Maginot line خط ماجينو الدفاعي (فرنسا)
magnetic disc قرص مغناطيسي
magnetic field مجال مغناطيسي
magnetic north الشمال المغناطيسي
magnetic tape شريط مغناطيسي
magnetisation مغنطة
magnetism المغناطيسية
magneto قادح (مغناط) (جهاز لتوليد الشرارة ببعض المحركات)
magnetomotive force القوة الدافعة المغناطيسية
magnetron tube صمام مجنترون
magnification تكبير
magnify يكبر
main armamant تسليح رئيسي
main dressing station محطة التضميد الرئيسية
main fearing الحمالة الرئيسية (مركز دوران عمود المرفق)
main filter المصفاة الرئيسية
main line of supply محور التموين الرئيسي
main line of resistence خط المقاومة الرئيسي
main nozzle فتحة رئيسية
main objective الهدف الرئيسي
mainoperatingbase قاعدةالعمليات الرئيسية
main repair تصليح رئيسي
main supply depot مستودع التموين الرئيسي
main supply roads طرق التموين الرئيسية
main tank خزان رئيسي
main wheel عجلة رئيسية
maintain يصون ، يموّن ، يحافظ على ، يتحمل ،
maintenance صيانة . ادامة ، عناية ، حفظ ، تموين ، إعاشة
maintenance area منطقة الصيانة
maintenance instructions تعليمات الصيانة
major رائد
major assembly مجموعة رئيسية

major control السيطرة الرئيسية
major general, brigade لواء
major operation عملية رئيسية
maladjusted سيء الضبط
malfunction سوء الاداء
malinger ادعاء المرض ، يتمارض تهرّبا من الواجب
mandrel مُمْسِك او مساكة العدة
maneuver مناورة
maneuverability القدرة على المناورة
manifold انبوب ، متشعب قنوات ، مُجمِّع
manmade من صنع الانسان
manned aircraft طائرة بقيادة انسان
manned interceptor معترضة يقودها طيار
manning تجهيز بالرجال
manual يدوي ، كتيب ، موجز
manual shift عيار يدوي
map, chart خريطة
map exercise تمرين خريطة
map-matching guidance الاسترشاد بالخارطة
map reading قراءة خارطة
map reconnaissance استطلاع على الخارطة
map scale مقياس رسم الخارطة
map setting توجيه الخارطة
march سير ، زحف
march discipline ضبط السير
maritime marine aircraft طائرة بحرية
marker beacon جهاز دلالة ملاحية (يستعمل في المطارات)
market price سعر السوق
marking team جماعة تأشير
marking of routes تأشير الطرق
markmarship فن التنشين ، مهارة في الرمي
marshaller مرشد الطائرة
marshalling point نقطة الارشاد (نقطة الدخول لأول المدرج للاقلاع)
marshland مستنقع
maser ميزر (تكبير امواج الميكروويف باشارة انبعاث الاشعاع)
mass كتلة ، صخامة ، الجزء الرئيسي
mass detonating (explosives) مشعل عام (المتفجرات)
mass fire رماية كثيفة
mass production انتاج بالجملة
mass ratio معدل كتلي
mast صاري المركب
master aerodrome مطار رئيسي
master console منضدة تحكم رئيسي
master radar station محطة رادار رئيسية
master switch مفتاح رئيسي
match lock اشتعال فتيلي
mate يقترن
material specifications مواصفات المواد
maximum ceiling اقصى ارتفاع للمقذوف
maximum deterrence ردع أقصى
maximum ground range أقصى مدى ارضى
maximum permissible dose الجرعة القصوى المسموح بها
maximumspeed السرعة القصوى
mean sea level مستوى سطح البحر
measures تدابير ، اجراءات
measuring by dipping القياس بالغمس
mechancial advantage الفائدة الالية
mechanical efficiency الفاعلية الالية
mechanical energy الطاقة الالية
mechanism آلية
mechanized infantry unit وحدة مشاة آلية

mechanized reconnaissance unit وحدة استطلاع الية
mechanized patrol دورية آلية
medical supplies امدادات طبية
medium altitude ارتفاع متوسط
medium bomber قاذفة متوسطة
medium observation رصد متوسط
medium range radar رادار متوسط المدى
medium scale map خريطة بمقياس متوسط
message رسالة
medium range air-to-air missile صاروخ جو ـ جو متوسط المدى
meeting engagement معركة مصادمة ، معركة التلاقي
meeting point منطقة الالتقاء
mega (multiplied by one million ميغا، مليون
megaton bomb قنبلة الميغاطن
megaton ميغاطن (مليون طن)
membrane غشاء
meshing تشبيك ، تعشيق (تروس الآلة)
metacenter مركز الطفو
metal hardening تقسية المعدن
metal heat treatment معالجة المعدن الحرارية
metallic fuel وقود معدني
meteor شهاب (نيزك)
meteorite نيزك (يسقط على الارض)
meteorological radar رادار أنواء جوية
methane ميثان ، غاز المستنقعات والمناجم
method of challenging by sentries اسلوب الخفراء في التحدي
metric system نظام القياس المتري
micro- ميكرو بادئة بمعنى « دقيق مكبر »
microwave موجة دقيقة (موجة قصيرة جدا من ٣٠ سم ـ ١ م)

midcourse guidane التوجيه خلال المسار
midget submarine غواصة صغيرة
Mig طائرة ميغ نسبة لميكويان غروينتش
mildew عفن فطري
mild steel فولاذ مطاوع او لينّ
mile per hour ميل بالساعة
mileage table جدول المسافات بالاميال
military attaché ملحق عسكري
military censorship رقابة عسكرية
military correspondance مراسلات عسكرية
military custody التحفظ العسكري
military decoration وسام عسكري
military defence دفاع عسكري
military discipline ضبط عسكري
military district منطقة عسكرية
military drill تدريب عسكري
military duty واجب عسكري
military establishment مؤسسة عسكرية
military estates ممتلكات عسكرية
military intelligence استخبارات عسكرية
military justice القضاء العسكري
military leadership القيادة العسكرية
military mission مهمة او بعثة عسكرية
military occupation احتلال عسكري
military police الشرطة العسكرية
military power القوة العسكرية
military road طريق عسكري
military service خدمة عسكرية
military stores مستودعات الجيش
military symbols رموز عسكرية
military tactics تعبئة عسكرية
military terminology مصطلحات عسكرية
military training تدريب عسكري
military tribunal محكمة عسكرية

militia قوات شعبية وحدات شبه عسكرية
milled ear اذن مخرشة
milling machine آلة التفريز
mine clearing tank, minesweepers كاسحة الغام
mine counter-measures تدابير الغام مضادة
mine aefence دفاع الألغام
mine layer زارعة الغام
minefield حقل الغام
mineral oils زيوت معدنية
mines and body traps الالغام ومصائد الغفلين
ministry of supply وزارة التموين
minimum detterence ردع ادنى
minimum elevation ارتفاع أدنى
minimum safe altitude ارتفاع أمني أدنى
minor assembly مجموعة فرعية
minor repairs تصليحات صغرى
misfire فساد طلقة او اخفاق الاطلاق
missed interception اعتراض خاطىء
missile صاروخ ، مقذوف
missile decoy صاروخ تمويهي
missile strike ضربة بالصواريخ
missile threat تهديد بالصواريخ
missiletrackingradar رادارتعقيب المقذوفات
missile transporter ناقلة صواريخ
missing in action مفقود في القتال
missing pick منسالة
mission accomplished انجزت المهمة
mission report رير المهمة
miter كسحة (متر) (تلاقي السطوح على زاوية)
mix خليط
mixed force قوة مختلطة
mixed minefield حقل الغام مختلط
mixture of weapons خليط من الأسلحة
MKS system نظام متر۔ كغم ۔ ثانية
mobile air operations team جماعة العمليات الجوية المتنقلة
mobile defence دفاع متحرك
mobile field surgical hospital مستشفى جراحة ميداني متنقل
mobile internal security column رتل الأمن الداخلي السيّار
mobile support group جحفل اسناد سيّار
mobile tank killer patrol دورية
mobility chart لوحة او قائمة الحركة
mobilization تعبئة ، نفير
mobilization plan خطة التعبئة العامة
mock alert انذار وهمي او زائف
mock test فحص تشبيهي
mockup نموذج مشابه او بالحجم الحقيقي
mod تعديل
model, type نموذج ، طراز
modernize يحدِّث
modification تعديل ، تكييف
modified معدل
modulation تنغيم ، تضمين
module وحدة
moment عزم (القوة × المسافة العمودية لمركز الدوران)
momentum زخم (مقدار الحركة)
monitor جهاز المراقبة
monopode احادي القدم
monthly training report تقرير التدريب الشهري
mortar هاون ، مِلاط ، مِهْراس
mortar report تقرير قصف الهواوين
mosaic photography تصوير جوي شامل
motivation حفز ، عرض الأسباب
motive power قدرة دافعة

motor محرك
motor oil زيت محرك
motor starter مشغل المحرك
motorized infantry مشاة ميكانيكية
mottling تخشين ، ترقيط
mould قالب
mount منصب ، قاعدة تركيب
mounted infantry مشاة محمولة
mounting pintle محور ارتكازي محمول
movement control officer الضابط المسؤول عن النقل
movement indentification officer ضابط تمييز الحركة
movement liason section قسم الارتباط للحركة
movement order امر حركة
movement program برنامج الحركة
moving traget هدف متحرك
moving target indicator مؤشر الهدف المتحرك
movement via streets الحركة عبر الشوارع
muffler مخفف الصوت (اشكمان)
multi-cylinder engine محرك متعدد الاسطوانات
multi fuel engine محرك متعدد الوقود
multi role متعدد الأدوار
multi-section charge حشوة مجزأة
mutual assured destruction التدمير المتبادل الأكيد
mutual deterrence ردع متبادل
mutual inductance محاثة تبادلية
mutual support اسناد متبادل
muzzle فوّهة
muzzle attachment متمم الفوهة
muzzle booster معزز الفوهة
muzzle brakes كابح الفوهة
muzzle burst انفجار الفوهة
muzzle loading rifle بندقية تملأ من الفوهة
muzzle velocity السرعة الابتدائية (للطلقة)

N

name plate	لوحة هوية السيارة
napalm	نابالم ، مادة شديدة الالتهاب
Napoleonic wars	الحروب النابليونية
narrow beam	شعاع ضيق او محصور
narrow path	ممر ضيق
(NASA) national aeronautics and space administration	وكالة الفضاء والطيران الامريكية
national command authority	سلطة القيادة القومية
national security	أمن قومي
natural obstacles	موانع طبيعية
nature of land	طبيعة الأرض
nautical map	خريطة بحرية
nautical mile	ميل بحري (١٨٥٢ مترا)
naval assault group	جحفل الهجمه البحرية
naval beach group	جحفل الساحل البحري
naval gun fire liaison team	جماعة ارتباط نيران المدفعية البحرية
naval gun fire spotting team	جماعة رصد نيران المدفعية البحرية
navigation	ملاحة
navigational chart	خريطة الملاحة
navigation head	رأس جسر الملاحة
navigator	ملاح
needle gun	ابرة البندقية
negatron	الكترون سالب
neglecting to obey orders	الاهمال في اطاعة الاوامر
net explosives weight	الوزن الصافي للمتفجرات
net identification sign	رمز الهوية على الشبكة
network piping	شبكة تمديدات
neutralization	اسكات ، إبطال ، شلّ
neutralization fire	رمي شل
neutrino	نيوترينو (نيوترون ذو كتلة صفرية)
neutron	نيوترون
new assumption	فرضية جديدة
Newcombes tables	جداول نيوكمب (المسافات بين الاجرام السماوية)
nickname	اسم رمزي ، لقب تهكمي
night flying	طيران ليلي
night interception	تقاطع ليلي
night movement	الحركة ليلا
night operation	عملية ليلية
night practice	تمرين ليلي
night stop	توقف ليلي
night visibility	الرؤية الليلية
night visual reconnaissance	استطلاع ليلي
nil degree angle of incidence	زاوية اصطدام قدرها صفر

nitroglycerine زيت شديد التفجر
no-fire line خط عدم الرمي
no-mans-land الاراضي الحرام
nominal bomb قنبلة ذرية تقليدية (طاقتها على طن ت . ن . ت)
non-battle injury اصابة خارج المعركة
non-commissioned officer ضابط صف
non-directional radio beacon مرشد لا اتجاهي
non-military resistance مقاومة غير عسكرية
non-scheduled period حصة غير مُدْرجة
normal charge حشوة اعتيادية
North Atlantic Treaty Organization (NATO) منظمة حلف شمال الأطلسي (ناتو)
north pole القطب الشمالي
north seeking effect ظاهرة الاتجاه شمالا
North Star نجم الشمال او نجم القطب
northing السير شمالا
nose انف (مقدمة الشكل الانسيابي)
nose drag اعاقة المقدمة
nose wheel العجلة الأمامية
notam(noticetoairmen) ملاحظة الجنود الجو
noxious gas غاز ضار
nozzle مسرب ، فتحة ، فوهة
nozzle efficiency فاعلية الفتحة
nozzle throat عنق الفتحة
nuclearaircraft حاملة طائرات نووية
nuclearattacksubmarine غواصة نووية هجومية
nuclear bomber قاذفة نووية
nuclear burst report تقرير انفجار نووي
nuclear cloud طائرة نووية تقدير التدمير النووي
nuclear damage تدمير نووي
nucleardamageassessment تقدير التدمير النووي
nuclear dazzle البهر النووي
nuclear defence دفاع نووي
nuclear exchange محرك نووي
nuclear fission انشطار نووي
nuclear fuel وقود نووي
nuclear fusion التحام نووي
nuclear killing zone منطقة القتل النووي
nuclear missile صاروخ أو قذيفة نووية
nuclear-powered يعمل بطاقة نووية
nuclear propulsion دفع نووي
nuclear radiation اشعاع نووي
nuclear reactor مفاعل نووي
nuclear reconnaissance استطلاع نووي
nuclearround قذيفة اوقنبلة نووية
nuclear safety line خط الأمان النووي
nuclear strike warning انذار الضربة النووية
nuclear surface burst انفجار نووي على السطح
nuclear targets analysis تحليل الأهداف النووية
nuclear vulnerability assessment تقدير مدى التعرض النووي
nuclear warfare الحرب النووية
nuclear weapon سلاح نووي
nucleon نوكلون (احد مكونات النواة للذرة)
nucleus نواة
nuisance minefield حقل الغام ازعاج
null باطل ، معدوم
nursing تمريض
nut صمولة ، بندقة ، جوزة

O

objection اعتراض ، معارضة
objective واجب ، هدف
objective test اختبار موضوعي
oblique aerial photograph صورة جوية مائلة
observation of fire رصد النيران
observer مراقب ، راصد
observer balloon منطاد الرصد
observer centre مركز الراصد
observer line خط الرصد
observer-target line خط راصد ـ هدف
obstacles موانع
obsolete clogged قديم ، تجاوزه الزمن
obstructed مسدود
obturation انسداد
occultation حجب ، ستر
octane number نسبة الاوكتين (بالبنزين) (لقياس نسبة صفاء البنزين)
octane rating درجة الاوكتين (بنزين)
odometer عداد المسافة او الدورات
offensive air support اسناد جوي تعرضي
offensive avionics اجهزة الملاحة الهجومية
offensive combat قتال تعرضي
offensive defence دفاع تعرضي
offensive fire plan خطة نارية تعرضية
offensive operations عمليات تعرضية
offensive patrol دورية تعرضية
offensive spirits معنويات القتال ، الروح الهجومية
office hours ساعات الدوام أو العمل
officerevaluationreport تقرير تقويم الضابط
officer in charge of pay ضابط رواتب ، ضابط امين صندوق
officer's day يوم الضباط
officer's duty مناوبة الضباط
officer's record سجل الضباط
officer's record of service سجل خدمة الضباط
off route خارج عن المسار
offshore patrol دورية بحرية
ohmeter مقياس المقاومة الكهربائية
Ohm'slaw قانون اوم
oil bath airfilter مصفاةهواءزيتية
oil buffer مخمد زيتي
oil cooler مبرد الزيت
oil depot مستودع زيوت
oiler مزيتة
oil film غشاء زيتي
oil flow دفق الزيت
oil gauge مقياس أو بيان الزيت
oil index مؤشر الزيت

oil leakage	تسرب الزيت
oil level	مستوى الزيت
oil pan	حوض الزيت
oil pipe	انبوب الزيت
oil piping	تمديدات الزيت
oil pressure	ضغط الزيت
oil pump	مضخة الزيت
oil rings	حلقات الزيت
oil seal	حافظة زيت
oil sump	الحوض السفلي للزيت
oil thrower	قاذفة الزيت
on active service	في الخدمة
one day's supply	تموين يوم واحد
one-sided exercise with troops	تمرين بقطعات بجانب واحد
one up (tank)	دبابة في الامام
opaque	معتم
open	مكشوفة ، مفتوحة
open breech system	اسلوب المغلاق المفتوح
open front sight	فتحة التسديد الامامية
open ground, country	ارض مكشوفة
open head spanner	مفتاح ربط
open line	خط الفتح
opening assumption	فرضية افتتاحية
opening of fire	فتح النار
open rear sight	فتحة التسديد الخلفية
operating	المطلوب عمله (كمبيوتر)
operating lever	عتلة التشغيل
operational rod	قضيب المدك (اسلحة)
operational analysis	تحليل العمليات
operational command	قيادة العمليات
operational duties	واجبات العمليات
operational environment	بنية العمليات
operational intelligence	استخبارات العملية
operational reserve	احتياط العمليات
operational room	غرفة العمليات
operational readiness platform	منصة الطائرات المتأهبة للعمليات
operational value	القيمة التعبوية
operation order	امر عمليات
operation plan	خطة العمليات
operative	فعّال ، جراحي ، شرطي سري
ophthalmic	عيني
optical	بصري
optics	علم البصريات
optimum height	ارتفاع أمثل
optimum height of burst	ارتفاع امثل للانفجار
option	خيار
oral order	امر شفوي
orange force	قوة برتقالية اللون
orange sour	برتقال مر
orange sweet	برتقال حلو
orbit	مدار
orbital frequency	التردد المداري
orbital glider	حركية انزلاق مدارية
orbital speed	دورة مدارية
orbital period	سرعة مدارية
orbital velocity	سرعة مدارية
ordnance	معدات حربية ، عهدة
ordnance workshop	ورشة تسليح
order	أمر
orderly officer	ضابط خفر
order of battle	نظام المعركة
order of deployment	اوامر الانفتاح
order of the day	امر يومي
orders group	جماعة الاوامر
orienting line	خط التوجيه

origin points نقاط الأصل
o-ring gasket حشية دائرية
orion كوكب الجبار ، الجوزاء
orsted اورستد (وحدة شدة مجال المغناطيسي)
oscillate يتذبذب
oscillator مذبذب
oscillograph راسم الذبذبات
oscilloscope مكشاف الذبذبة او راسم كهربائي
outburst انفجار
outer band سوار خارجي
outer planet الفضاء الخارجي
outline plan خطة مجملة
outer space الفضاء الخارجي
out flanking التفاف من الجناح
out going mail البريد الصادر
outleap يهاجم (للمحاصرين)
out of action معطل
out of phase متفاوت الطور
out of range خارج المدى
outputshaft عمودنقل الحركة
out riggers مصاطب ناتئة ، ركيزة
outskirts مشارف

outstanding points نقاط بارزة
oval بيضوي
overall بزة او لباس العمل
over flow, flush فيض
overhaul تصليح او ترميم شامل
over head spanner مفتاح ربط
over head valve صمام علوي
over heating فرط احماء
over kill اسراف في القتل او التدمير
overlap تراكب ، تشابك ، تداخل
overlay شفاف (ورق شفاف يعد لنقل المعلومات المتعلقة بخطة توضيح برسم رموز عليه معينة ومتعارف عليها)
overrunning clutch قابض منزلق (قابض يعمل ابعد سرعة دوران محددة)
overshoot الغاء عملية جاوز الهدف ، رمى طويلا الهبوط بعد الاستعداد ، بتجاوز الحد
overstrain اجهاد زائد
oxy-acytelene welding اللحم بالاوكسجين والاستيلين
oxidant مؤكسد
oxidizing flame لهب مؤكسد

P

pack opening bands — اشرطة فتح المظلة
«pack-up» — للرحيل استعد !
pad — منصة الاطلاق ، وسادة
paint thinner — مخفف الدهان
pair landing — هبوط زوجي
palm — رمز الانتصار العسكري
pamphlets — كراسات
panorama — منظر شامل ـ بانوراما
panoramic — شامل الرؤية ـ بانورامي
parabolic — قطع مكافىء
parabrake — مظلة ايقاف
parachute assembly — مجموعة المظلة
parachute, chute — مظلة
parachute deployment height — ارتفاع فتح المظلة
parachute dropping — نمط انزال المظليين
parachute logistics regiment — لواء اداري مظلي
parachutists — جنود المظلات
parade — عرض ، استعراض ، موكب
parallax — اختلاف المنظر ، زيغان
paraxllax error — خطأ الاختلاف النظري
parallel circuit — دائرة متوازية (كهرباء)
parallel tapered — مفروز بالتوازي
parapet — حاجز ، ساتر ، متراس
paratrooper — مظلي
paravane — جرافة الالغام (في البحار)
parking area — منطقة الوقوف
parking plan — خطة الوقوف
party — حضيرة (جماعة)
passing lights — اضواء المرور
passive counter measures — اجراءات مضادة سلبية
passive defence — دفاع سلبي ، مستكن
passive guidance — توجيه ضمني (توجيه بواسطة جهاز يبرمج مقدما قبل الانطلاق)
passive homing — اعادة ضمنية (العودة الى الهدف بعد تسليم الاشارة)
passive jamming — تشويش سلبي
passive night vision system — جهاز سلبي للرؤية الليلية
passtime — وقت الاجتياز
password — كلمة السر
patent — ترخيص براءة اختراع
patrol — دورية ، خفر
patrol aircraft — طائرة دورية
patrol boat — زورق دورية
pattern, model — نموذج ، نمط ، طراز
pawl — مخلب ، كلّاب ، ممسكة
payload — حمولة بأجرة
peace establishment — مِلاك السلم

Q

QDM (magnetic bearing) الاتجاه المغناطيسي

Q.H.H (aerodrome level pressure) الضغط الجوي على المدرج

Q.T.E true bearing الاتجاه الحقيقي

quadrant elevation زاوية الارتفاع

qualified medical aid علاج طبي مؤهل

quality control مراقبة النوعية ، ضبط الجودة

quality standard معيار الجودة

quarry كل ما يطارد او يهاجم

quarter master ضابط العهدة

quarters معسكرات ، تكُن

quasar كوازر (مجموعة المجرات على بعد ٢ - ١٠ مليون سنة ضوئية من درب التبانة وتظهر كأنها نجم)

quenching تبريد بالسقي

quick fire رمي سريع

quick fire plan خطة نارية سريعة

quick march سريعا سر

quick release valve صمام سريع الفتح

quick snub connector وصلة خطف

quoit حلقة الرمي لتطويق الاوتاد

R

race سباق ، سلالة ، شوط ، سرعة

rad وحدة قياس الجرعة الشعاعية

radar رادار

radar altimeter مقياس ارتفاع راداري

radar area guidance system رادع

radar bombing قصف باستخدام الرادار

radar counter-measures تدابير رادار مضادة

radar cross section رادار ذو قاطع عرضي

radar coverage تغطية رادارية

radar fire رمي باستخدام الرادار

radar homing موجه راداريا ، توجيه راداري

radar lock on الهدف محصور

radar netting شبكة رادار

radar ranging تحديد المدى راداريا

radar surveillance مراقبة رادارية

radar prediction control جهاز تنبؤ راداري

radial شعاعي

radial engine محرك دائري

radial fins زعانف نصف قطرية

radiant energy طاقة اشعاعية

radiation اشعاع

radiation dose جرعة الاشعاع

radiation hazard خطر الاشعاع

radiation situation map خريطة موقف الاشعاع

radiator مشع (للتبريد والتسخين)

radio control تحكم لاسلكي

radio frequency تردد راديوي

radio jamming تشويش لاسلكي

radiological defence دفاع اشعاعي

radiological safety أمن الاشعاع

radiological survey party جماعة المسح الاشعاعي

radio vehicle مركبة لاسلكية

radius of action مدى العمل

radius of combat mission مدى قتالي

radome غطاء هوائي الرادار

rafts عوامات ، أطواف

raid patrol دورية الغارة

rail head رأس سكة

rail loading تحميل القطار

rain return تشويش مطري

railway transporatation officer ضابط الحركة في المحطة

raising تعويم

ram pocket propulsion دفع صاروخي تضاغطي

ramjet engine محرك نفاث تضاغطي
(محرك يولد قوة دفع بواسطة ضغط الهواء باتساع مجرى الهواء ثم حرق الوقود به)

ramjet missile قذيفة تضاغطية
rammer مدك
ranged مدى (السلاح)
range card بطاقة المدى
range drum اسطوانة أو طبلة المدى
range finder مُقدِّرة المدى ، جهاز تقدير المسافات
range finder end windows فتحات مقدِّرة المدى
range resolution تحليل المدى
range table جدول الرمي
rapid demolition device وسيلة تفجير سريعة
rasp مبرد الخشب
ratchet سقاطة
rated altitude ارتفاع مقدر
rate gyro جهاز نسبة جايرو
rate of fire سرعة الرمي
rate of marching معدل السير
rate signal نسبة تغيير الاشارة
ration meter مقياس النسبة
ration ارزاق ، جرابة ، تعيين
ration book بطاقة تموين
ration indent طلب ارزاق
raw recruit مجنّد مستجد
rayon حرير اصطناعي (الريون)
R.C. circuit دائرة مكثف ومقاومة
reaction time زمن التفاعل
reactor مفاعل
readiness condition حالة الاستعداد
ready reserve احتياط جاهز
reamer مقوّرة ، موسع الثقوب
reap يجني ، يكسب،
rear, breech مؤخر ، مغلاق
rear area المنطقة الخلفية
rear area protection حماية المنطقة الخلفية
rear area security أمن المنطقة الخلفية
rear axle محور خلفي
rear cover الغطاء الخلفي
rear party جماعة المؤخرة
rear sight مُسدِّدة خلفية ، موجِّه
rebounding hammer مطرقة وثابة
rebroadcasting اعادة البث
recce (officer) استطلاع (ضابط)
receipt voucher سند ايراد او تسليم
receiver مستقبلة ، علبة الترباس
receptacle مقيس علبة توصيل كهرباء (مجمع اسلاك كهربائية)
recess for ammunition حفرة الذخيرة
reciprocating engine محرك ترددي
reclassification اعادة تصنيف
recoilless عدم الارتداد
recoil mechanism آلية الارتداد
recoil system جهاز ارتداد
reconnaissance استطلاع
reconnaissance and under water demolition group جحفل الاستطلاع والتخريب تحت الماء
reconnaissance battalion كتيبة استطلاع
reconnaissance by fire استطلاع بالرمي
reconnaissance group or patrol جماعة الاستطلاع
reconnaissance in force استطلاع بالقوة (وسيلة عسكرية تستخدم للتقدم باتجاه العدو ، لاجباره على الرماية لتحديد اسلحته ومواقعه)
reconnaissance mission مهمة استطلاع
reconnaissance of position استطلاع الموضع
reconnaissance party جماعة استطلاع

reconnaissance photography تصوير استطلاعي
reconnaissance plane طائرة استطلاع
reconnaissance report تقرير اسبوعي
reconnaissance satellite قمر استطلاع
record firing مباراة رمي
records of administration سجلات الادارة
recovery tank دبابة انقاذ
recovery team فريق انقاذ (بخدة)
recreation camp معسكر استجمام
recruiting centre مركز تجنيد
rectruiting officer ضابط التجنيد
recruiting party مفرزة التجنيد
rectified air speed السرعة الجوية المصححة
rectifier مصحح ، مقوم (مادة تقوم التيار المتناوب الى تيار مباشر)
Red Planet Mars المريخ
reduced charge حشوة ناقصة
reduction انقاص ، تخفيف ، تصغير
reduction socket وصلة تنقيص (لتدقيق الجهد الكهربائي)
re-entry العودة الى جو الارض
reference مرجع ، وثيقة ، مستند
reference line خط دلالة أو مرجع
refit ترميم ، تجديد ، اصلاح
reflecting sight نظارة عاكسة
reflection انعكاس
reflector عاكس
reflex sight جهاز الرؤية العاكس
refraction انكسار الضوء
refractive index معامل الانكسار
refueling اعادة التعبئة
regiment كتيبة ، فوج
regimental aid station محطة اسعاف الكتيبة

registration fire رمي تسجيل
regrouping اعادة التجميع
regulation of movement تنظيم الحركة
regulator منظم
rehearsal تجربة ، تمرين ،
re-home العودة الى القاعدة
rehostat مقاوم متغير (كهرباء)
reinforcement تعزيز ، تقوية
relative permeability النفاذية النسبية
relay وسيط ، تناوُب ، ترحيل
relaxation oscillator مذبذب التراخي
release altitude ارتفاع الاسقاط او الاطلاق
release bearing حماية الفصل
release point نقطة انطلاق
releasing commander آمر الاطلاق
reliability وثوقية
relief battalion كتيبة التبديل او التعزيز
relief in contact التبديل في اثناء التماس
relief map خريطة بارزة
relief valve صمام الأمن
reluctance ممانعة
remote control التحكم او السيطرة عن بعد
removable connector link وصلة عزل (حلقة عزل في الموصل يتم التوصيل لدى عزلها)
rendezvous ملتقى ، موعد
rendezvous of meeting موعد الاجتماع
repair تصليح
repeating gun سلاح تكراري
replacement of contract تبديل العقد
replenishment تعويض ، سد النقص
report تقرير ، بيان ، محضر ، مذكرة
report line خطة تقرير او تبليغ
repulse صدّ ، دحر ، رفض

resection	تقاطع خلفي
rescue station	محطة انقاذ
reserve	احتياط ، ابقاء ، حفظ
reserve platoon	فصيلة احتياط
reservoir	خزان ، حوض
residual pressure	الضغط المتبقي
residual radiation	اشعة متبقية
resistor	مقاوم
resonance	رنين
rest area	منطقة الاستراحة
restricted area	منطقة محظورة او ممنوعة
retaining lug	لاقط المخزن (اسلحة)
retaliatory	نيران انتقامية
retired reserve	احتياط المتقاعدين
retraceable	ارتدادي
retraction	انكماش ، انضواء ، ضم
retrieval system	جهاز خزن المعلومات
retrograde	متراجع ، تراجعي
retrograde defence	دفاع تراجعي
retrograde motion	حركة تراجع
retrograde movement	حركة تراجعية
retrogression	تراجع
retrothrust	دفع رجعي
return spring rod	ساق نابض الارجاع
reverse-current relay	مبدل تيار عكسي
reverse slope defence	دفاع السّفح الخلفي
reverse thrust	دفع عكسي
revetment	جدار حاجز (للمتفجرات)
revolution	دورة ، ثورة ، دوران
revolution per minute	دورة في الدقيقة
revolver	مسدس
rheostat	مقاوم متغير ، مُنظِّم
rhumb line	خط السير المنحرف
rich mixture	مزيج مشبع ، ثقيل

ricochet	طلقة مرتدة
ricochet burst	انفجار تنططي
ricochet fire	رمي تنطط
rifle	بندقية
rifled arm	سلاح محلزن
rifling	حلزنة (لولبة السبطانة)
rill	اخدود (في القمر)
rim	حافَة ، حرف ، إطار
ring wall	حافة السور او الحائط
riot control agent	اداة السيطرة على الشغب
rip-cord assembly	حبل الفتح (للمظلة)
rip-cord grip	مقبض حبل الفتح
rip-cord housing	غلاف حبل الفتح
rip-cord pin locking	مسمار الامان
ripple	مويجة ، خرير
rip-stop nylon	مانعة تمزق (نوع من النايلون)
river crossing	عبور الانهار
river line	خط النهر
rivet	يبشم ، يثبت باحكام
road discipline	ضبط السير
road guide	مرشد الطريق (دليل)
road junction	ملتقى الطرق
road reconnaissance	استطلاع الطريق
road/route reconnaissance report	تقرير استطلاع طريق
road space	فسحة الطريق
road tankers	صهاريج نقل
road time	وقت المرور
rocker	عتلة تأرجح
rocker shaft	عمود عتلات التأرجح
rocket	صاروخ
rocket assisted take-off	اقلاع بمساعدة الصواريخ
rocket launch	اطلاق الصاروخ

rocketing رماية الصواريخ

rod bearing حمالة العمود (حمالة ذراع المكبس)

Roger استلِم ـ شيفرة

roll لفة ، لائحة ، سجل ، تقلُّب

roller اسطوانة ، ملاّسة ، محدلة

roller bearing حمالة اسطوانية (حمالات اسطوانية تمتاز بقوة تحمل كبيرة)

rolling friction احتكاك التدحرج

rolling resistance مقاومة التدحرج

rotary arm sander قرص جلخ دوار

rotating combustion engine دوار محرك

rotor دوّار ، مروحة

rotor arm ذراع دوارة

rough land ارض وعرة

round طلقة ، جولة

route back طريق العودة

route column رتل المسير

route of advance طريق التقدم (المواصلات)

route order ترتيب السير

route out طريق الذهاب

route reconnaissance استطلاع الطرق

routine message رسالة اعتيادية

routine orders اوامر اعتيادية

routing shipment طرق الشحن

rover group جماعة الجوّالة

ruck sack حقيبة ظهر

rudder دفة ، دفة التوجيه (لانعطاف الطائرة الى اليمين او الى اليسار في اثناء الطيران)

runner عدّاء ، ساعٍ ، رسول ، جدول

runway مدرج الإقلاع

rush وثبة ، قفزة ، اندباع ، هجمة

ruptured case ظرف او حقيبة او محفظة ممزقة

screaming زعيق
(صوت يصدر من الصاروخ ذي الاختراق غير المتزن)
screen شاشة ، ستار ، حجاب ، حاجز
screen grid شبكة حاجزة
screening elevation ارتفاع الحجز
scrwdriver مفك
screw plug سدادة لولبية
screw elevation mechanism آلية لولبية للحركة في الارتفاع
screw thread سن اللولب
scrub يلغي ، يشطب
scuttling اغراق السفينة بخرقها
seaborne محمول بحرا
sea clutter تشويش بحري
sea land vehicles آلية برمائية
seamless tube انبوب غير ملحوم
seaplane طائرة مائية
sear ظُفر ، يابس ، جاف
searching fire رمي تفتيش
search light ضوء كشاف
search and rescue بحث وانقاذ
searing تلسين
sear release حل قطعة الأمان
seat belt حزام المقعد
seaward defence دفاع عرض البحر
sea worthiness صلاحية الإبحار
secondary cell خلية ثانوية
secondary channel قناة اتصال ثانوية
secondary coil ملف ثانوي ، بث ثانوي
secondary radar رادار ثانوي
secondary target هدف ثانوي
second lieutenant ملازم ثان
second line transport نقليات الخط الثاني

second strike ضربة مضادة / ضربة ثانية
section مقطع ، جزء ، فصل ، شعبة
نصف سرية مدافع او هاونات في العادة مؤلفة من مدفعين الى ثلاثة مدافع ، يقودها ملازم ، وتشكل وحدة نار . ويمكن ان ترمي على هدف وتؤثر فيه
section commander قائد شعبة او قسم
section of a trench مقطع خندق
section post قسم او شعبة (مدفعية)
sector command آمر قطاع
sector of attack قطاع الهجوم
sector of defence قطاع الدفاع
sector operation center مركز عمليات القطاع
secure arms! إبطاً سلاح !
securing nut صمولة التثبيت
security, safety أمن ، حماية ، تدابير وقائية
security classification تصنيف السرية
security counter-measures تدابير أمن مضادة
security procedures اجراءات امنية
security requirements متطلبات الأمن
seeker باحث
seismometer مقياس الزلزال
selection knob زر الانتقاء او الاختيار
selective fire device رمي انتقائي ، جهاز تحديد
selective loading نوع الرمي ، تحميل اختياري
selectivity انتقائية
selector المختار ، المنتخب ، المنتقي
selector switch مفتاح الانتقاء او الاختيار
selenoid تابع قمري
selenology علم قمري
selenium rectifier مقوم لعنصر لافلزّي
self-adjusting ضبط ذاتي
self-cocking revolver مسدس ذو نصب تلقائي

S

sabotage	تخريب سري
sabotaged weapons	اسلحة مخرَّبة
safety card	بطاقة أمان
safety catch, pin	سقاطة او مسمار الأمان
safety device	أجهزة أمان
safety limit	حد الأمان
safety line	خط الأمان
safety meeting	اجتماع الأمان
safety regulations	تعليمات الأمان
safety value	صمام الأمان
safety washer	حلقة الأمان
salute to the front	الى الأمام سلام
salute to the left	الى اليسار سلام
salute to the right	الى اليمين سلام
saluting of the Colour	تحية العلم
saluting with the rifle at the slope	تدريب اداء التحية والسلاح متنكب
salvage group	جحفل انقاذ
salvo	رشقة
salvo fire	رمي الرشق
samples	عينات ، نماذج
sand blast	سفح رملي
sand dunes	كثبان
sand paper	ورق صنفرة
satellite	جرم سماوى ، قمر اصطناعي
satellite defence	دفاع الأقمار الاصطناعية
satellite link	حلقة الاتصال بالأقمار الصناعية
satelloid	قمر صناعي صغير
saturation	تشبع
Saturn	زحل
save	انقذ ، نج ومر ، خلّص
saw blade	نصل المنشار
saw-tooth wave	موجة سِنّ المنشار
scan	يمسح (بالرادار)
scanner	ماسح راداري
scantlings	اخشاب مربعة
scavenge	يكنس ، يكسح
scene matching	مطابقة المشاهد
scheme of command	خطة القيادة
scheme of manoeuvre	خطة المناورة
scientific intelligence	استخبارات علمية
scintillating	عداد شعاعي
scintillator	مشعاع
scooter	سكوتر ، دراجة عسكرية
scope	مدى ، مجال
scout boat	زورق استكشاف
scramble	اقلاع فوري
scrap	خردة ، نفاية ، قراصنة
scraper	كاشطة ، مجرف

self-contained cartridge خرطوشة مكتفية ذاتيا
self destruction تدمير ذاتي
self-inductance حث ذاتي
self loading ذاتي الإملاء
self propelled ذاتي الحركة
self-propelled artillery مدفعية ذاتية الحركة
self-propelled gun مدفع ذاتي الحركة
self-sealing ذاتي الإنسداد
selvage حاشية
semi-active نصف ايجابي
semi-automatic شبه تلقائي
semi-automatic fire رمي نصف آلي
semi-automatic supply تموين شبه طوعي
semi-floating نصف عائم
semi official شبه رسمي
semi-tracked vehicle مركبة نصف مُسرَّفة
semi trailer نصف مقطورة
senior الأعلى رتبة
serior controller مسيطر أعلى
senior officer الضابط الأقدم
senior umpire حكمٌ أقدم
sensible atmosphere الجو المحسوس
sensing system جهاز الإحساس
sensor مجس ، مكشاف ، جهاز الاحساس
sensory mission رحلة استكشاف
sentry's orders تعليمات الحرس
separate loading ammunition ذخيرة منفصلة الأجزاء
sequencer جهاز تتابع
sergeant رقيب
sergeant of guard آمر الحرس
series circuit دائرة التوالي
serrate يسنن

serviceability قابلية الاستخدام
service group جحفل خدمة
service line خط خدمة
service message رسالة خدمة
service-type parachute خدمة خدمات
serving تغليف (للحبال)
servo (control) مضاعف الحركة او الدوران
servo-mechanism مضاعف الآلية
set screw لولب تثبيت
shaft جذع
shaft horse power القدرة على الجذوع
shake-table test فحص بالمنضدة ، الرجاجة
shaped charge حشوة شكلية
shaping machine آلة تشكيل ، مقشطة
shear stress جهد القص
sheave مجرى او ملفّة البكرة
sheet metal stampings رقائق معدنية مسكوكة
shell plating تبطين خارجي
shelling report تقرير قصف مدفعي
shield ترس
shim رقيقة ضغط ، صفيحة ، شفرة
shimmy اهتزاز ، تمايل ، تخلُّع
اهتزاز العجلات الأمامية نتيجة خطأ في جهاز التوجيه
shipboard aircraft طائرة محمولة على ظهر سفينة
shipment شحن
shirtsleeve environment محيط طبيعي (حجرة لا تحتاج لبزة ضغط)
shock absorber ممتص الصدمات ، مخمد ، مهماد
shock strength قوة الصدمة
shock wave موجة صدم
shooting fire رمي منطقة / اطلاق نار

shore fire control party جماعة السيطرة على النار على الساحل
shore-line خط الشاطىء
shoreparty group جحفل جماعة الشاطىء
short range attack missile مقذوف هجومي قصير المدى
short range air-to-air missile صاروخ جو / جو قصير المدى
short range ballistic missile مقذوف بالستي قصير المدى
short range patrol دورية قصيرة المدى
short range radar رادار قصير المدى
short take-off and landing الإقلاع والهبوط القصيران
shoulder piece مسند كتفي
shroud غطاء ، حجاب ، كفن ، ترس
shunt resistance مقاومة على التوازي
side arms! جنباً سلاح !
side band حرفة جنبية
side-locking radar رادار للمتابعة الجانبية
side sight موجِّه جانبي
side-swing cylinder اسطوانة تتأرجح جانبيا
sight مسددة ، رؤية ، بصر ، تسديد
sight base قاعدة السدادة او الموجِّه
sight blade لوحة التسديد ، دليل الارتفاع
sight bracket حاصرة الموجِّه
sight cover غطاء الموجِّه
sight extension وصلة الموجِّه
sight grades درجات الموجِّه
sight reticule شبكة التسديد
signal اشارة ، علامة ، دليل ، رمز ، راية
signal exercise تدريب على المواصلات والاشارة
signal intelligence استخبارات الاشارة
signal map خريطة مخابرة او اشارة
signal security امن المخابرة
signature توقيع ، إمضاء
silenced carbine بندقية قصيرة صامتة
silencer كاتم الصوت
silhouette شبح ، خيال
silhouette target هدف ، شبح
silo صومعة
simulation fire تمثيل او تصنُّع النيران
simulating محاكاة ، تشبيه ، تقليد
simulator متظاهر ، متصنِّع ، مُحاكٍ
single file رتل مفرد
single-action weapon سلاح مفرد الفعل
single-phase وحيد الطور
single-shot fire رمي مفرد
single shot kill probability احتمالية الفتك برمية واحدة
single-shot rifle بندقية ذات اطلاقة مفردة
situation map خريطة الموقف
situation report تقرير موقف
skeleton exercise تمرين هيكلي
skeleton organization تنظيم هيكلي
skim, skimmer (missile) سف ، رفع الزبد
skin غشاء ، جلد ، قشرة
skin effect الظاهرة السطحية
skip distance مسافة التفويت
skirmishers رماة مناوشون
sky wave موجة سماوية
slanting bag كيس للنوم
slanting degree درجة الميل
slanting ratio نسبة الميل
slat لوحة ، ضلع ، صفيحة
sleet ندف (مطر وبرد)

sleeve-cylinder كم (قميص اسطواني)
slide زلاقة ، مزلاق ، انزلاق
slide rule مسطرة حاسبة
sliding ratchet مسننة زالقة
sling swivel حلقة الحمل
slipping parachute مظلة منزلقة
slipring حلقة انزلاق
slits شقوق ، فتحات
slow fire رمي بطيء
small arms اسلحة خفيفة او صغيرة
small arms ammunition ذخيرة الأسلحة الخفيفة
small bore practice رمي ببسطانة صغيرة
small scale map خريطة صغيرة المقياس
smart (bomb) ذكية (قنبلة) ، حاذقة
smoke curtain ستارة دخان
smoke hand grenade قنبلة دخان يدوية
smoke round قنبلة دخان
smoke screen حجاب دخاني
smoke shooting رمي الخطف
smokeless بلا دخان
smokeless propellant وقود داسر بلا دخان
smooth bored barrel سبطانة ملساء
snail drum قوقعة حلزون
snap report تقرير اني او خاطف
snapshot رمي خطف أو آني
sniper rifle بندقية القناص
sniping rifle بندقية القنص
snout مقدَّم المركب او الطائرة
sociological intelligence استخبارات المجتمع
socket غِمد ، جراب ، قراب ، حُق
socket bayonet حربة بجراب
socket spanner مفتاح حُق
socket wrench مفتاح أنبوبي

soft landing هبوط برفق
soft radiation اشعاع ضعيف
soft target الهدف اللين
solar plasma بلازما شمسية يرتفع الى ٩٦٠,٠٠٠ ميل عن الشمس
solar prominence شواظ شمسي
solar time التوقيت الشمسي
solar wind ريح شمسية (بلازما) مجرى خفيف من البلازما والذرات الكونية تسير بسرعة البروتونات حول الشمس
soldering لحم بالقصدير
solenoid ملف اسطواني
solid (fuel) صلب (وقود)
solid (propellant) صلب (وقود)
solid shot طلقة صماء
solid tyres إطارات مصمنة
solo منفرد ، وحيد
solvent مذيب ، حل لمعضلة
sonar (sound navigation andranging) جهاز سونار يقيس مصدر الصدى
sonar buoy طافية السونار لارشاد السفن
sonic (speed) سرعة صوتية
sonic boom دوي اختراقي لاختراق حاجز الصوت
sonic speed السرعة الصوتية
sonic shock wave موجة صدم صوتية
sonobuoy طافية لاكتشاف الاصوات
sophisticated معقد فنياً
sortie خروج ، هجمة ، طلعة
sound barrier حاجز الصوت
sounder مسبار صوتي
space فضاء ، مدى ، مسافة ، مجال ، مكان
space-air فضاء ـ جو
space charge شحنة الحيزية (داخل الصمام)

spacecraft عربة الفضاء
spadoc-space defence operation centre مركز عمليات الدفاع الفضائي
spacer حافظة مسافة طوق الانفراج ، فاصل
space science علم الفضاء
space simulator جهاز محاكاة الفضاء
space station محطة فضاء
space suit بزة فضاء
space walk المشي في الفضاء
space warfare حرب الفضاء
space weapon سلاح الفضاء
space age عصر الفضاء
span باع ، عرض ، قوس ، فتحة
span bridge جسر مربوط
spare parts قطع احتياطية او تبديل
spark شرارة ، بريق ، لمعان
spark plug شمعة الاشعال أو المحرك
spark plug gap فتحة شمعة الإشعال
spark plug lead سلك شمعة الإشعال
spatial body جرم فضائي
special air mission مهمة جوية خاصة
special ammunition storage تخزين الاسلحة الخاصة
specialist soldiers جنود اختصاص
specifications of contract شروط الاتفاقية
specification of petroleum خواص البترول
specific gravity الوزن النوعي
specific impulse الدفع النوعي
spectrum طيف
speed سرعة ، عجلة
speedometer عداد السرعة
spigot مخلب
spin تدويم ، فتل ، دوران
spiral لولبي ، حلزوني
spiral fluted reamer مقورة لولبيّة
spiral groovers اخاديد لولبية
spirit level ميزان تسوية كحولي
splashdown الهبوط على الماء
split barrel برميل أو سبطانة ذات جزئين
split nut مخرمة مشقوقة
split-phase مجزأ الطور
split trail carriage حاضن مشقوق او مغلوق
spoiler محبط ، مشوه ، مُفسِد
spot elevation ارتفاع نقطة
spot jamming تشويش نقطوي
spot map خريطة تعيين الأماكن
spot reconnaissance استطلاع نقطة
spot welding لحام نقطي
spotting charge حشوة دالة
spotting disc قرص التسديد
spotting rifle بندقية تحكيم الرمي
spraying gun مسدس رش
spring نابض ، لولب ، وثبة ، اندفاع ، ينبوع ، ربيع
spring absorber مخفف نابض
springing charge حشوة توسيع
spring leaves صفائح النابض
spring-link belt شريط مفصلي نابض
spring stud مصدمة ذات نابض
sprocket عجلة مسننة دافعة
sprocket hub سرة العجلة المسننة
spruce خشب التنوّب
spur مهماز ، منشّط ، مثير
squad رهط ، زمرة ، جماعة
squad halt رهطا قف
squadron سرب ، سرية
squadron leader قائد سرب ، رائد طيار
squall رياح شديدة مصحوبة بمطر

square knot عقدة مربعة أو مسطّحة
square thread سن لولب مربعة
square wave موجة مربعة
squashed head رأس مهروس
squib حشوة ، شعلة
stable مخزن صواريخ
stable platform منصة مستقرة (جايرو سكوبيا)
stability استقرار ، ثبات
stabilized متوازن
stabilized situation موقف مستقر
stabilizer موازن
stabilizing bar عمود متوازن
stacked charge حشوة حبوبية
staff duties واجبات الأركان
staff intelligence استخبارات هيئة الركن
staff officer ضابط ركن
staff sergeant رقيب أول
stagnation point نقطة الركود
stagnation temperature حرارة الركود
stake planter فارز أو واضع الشاخص او الوتد او العمود
stall انهيار ، توقيف ، تثبيت
standard مِثال ، نموذج ، معيار ، قياس
standard displacement الوزن القياسي
standard space launch system النظام القياسي للقذف في الفضاء
standard time التوقيت القياسي
stand by « تهيأ » او احتياطي
stand-by reserve احتياط متهيء
stand easy! استرح
stand to! تأهب
standing operations procedures إجراءات ثابتة للعمليات
standing patrol دورية ثابتة
standing tank killer patrol دورية صيد الدبابات الثابتة
standing wave موجة مستقرة
stand off مباعد ، مقذوف
stand-off bomb القنبلة المقذوفة عن بعد
stand off missile صاروخ بوني صاروخ يطلق من بعد معين عن الهدف
star board ميمنة الطائرة
star tracker مِرقَب تعقيب النجوم (جهاز توجيه يعمل على رصد النجـوم لتوجيـه الصاروخ)
start-line خط الشروع ـ خط البدء
start point نقطة البدء
starter مطلق حركة
starter motor محرك الابتداء
starter relay مبدلة محرك الابتداء
static قراري ، ساكن ، متوقف ، مقيم
static employment استخدام مستكن
static line حبل قراري ، ثابت
static operations عمليات جامدة
static thrust قوة الدفع القرارية
station sick quarter مركز عيادة القيادة
stator الساكن ، (جزء ساكن من محرك أو آلة يدور فيه او حوله جزء آخر)
statute mile ميل بري
steam driven torpedo boat زورق بخاري نساف
steel stamping صلب مشكَّل بالكبس صلب مُقَوْلب
steep angle زاوية رأسية حادة
steering توجيه ، قيادة ، سياقة ، ادارة، تسيير
steering and damping unit وحدة التوجيه والتخميد

steering cross shaft عمود عرض ، مقود معترض
steering gear دفة مقود ، جهاز التوجيه
steering rod ذراع او ساعد التوجيه
steering wheel عجلة قيادة أو توجيه
stellar guidance توجيه بالنجوم
stellar map-matching مطابقة خارج النجوم
stem جؤجؤ ، مقدُم السفينة
stereoscopic مجسم بعدني
stereoscope منظار مجسم يستخدم لقراءة الصور الجوية
stereoscopic observer راصد مجسم
sterotriplet photography تصوير جوي ثلاثي
stern مؤخرة السفينة
stick commander امر الدفعة
stick grenade قنبلة لاصقة او ذات قبضة
sticky charge حشوة لاصقة
stirrup catch مُوقفة الرِّكاب
stock fore-end حاضن
stock-taking جرد مواد المستودع
stop light ضوء الكابح
stop pawl سقاطة وقف
stoppage توقف ، اراحة ، تعليق
stopping توقيف ، وقف ، استراحة
stopping power قدرة الايقاف
storage charge رسوم التخزين
store keeper أمين مستودع
storing تخزين
stove pipe هيكل الصاروخ
straddle carrier حاملة بالتعليق
straggler line خط المتخلفين
straight-pull rifle بندقية ذات سحب مستقيم
straight fluted reamer مقورة مستقيمة

strain جهد ، مشقّة ، تعب ، عمل ، عناء
strategic سوقي ، استراتيجي
strategic advantage ميزة استراتيجية
strategic air intelligence استخبارات جوية استراتيجية
strategic airlift نقل جوي استراتيجي
SALT strategic arms limitation talks محادثات الحد من الاسلحة الاستراتيجية
strategic attack هجوم استراتيجي
strategic bomber قاذفة استراتيجية
strategic break-through اختراق استراتيجي
strategic defence دفاع استراتيجي
strategic deployment انفتاح استراتيجي
strategic intelligence استخبارات استراتيجية
strategic map خريطة استراتيجية
strategic material مواد استرائيجية
strategic military intelligence استخبارات عسكرية استراتيجية
strategic missile قذيفة استراتيجية
strategic object هدف استراتيجي
strategic offensive تعرض استراتيجي
strategic plan خطة استراتيجية
strategic point نقطة استراتيجية
strategic propaganda دعاية استراتيجية
strategic psychological warfare intelligence استخبارات الحرب النفسية الاستراتيجية
strategic reconnaissance استطلاع استراتيجي
strategic reserve احتياط استراتيجي
strategic warfare حرب استراتيجية
strategic warning انذار استراتيجي
strategy سوق ، استراتيجية
stratosphere طبقة الغلاف المستقر
streamer دليل اتجاه الريح في الطيران ، كمّ الريح

streamlined انسياقي ، خط التيار
streamliner طائرة
street light قتال الشوارع
strengthening buildings تقوية الأبنية
stretcher محفة ، نقّالة ، مِشَدّ
stretcher bearer حامل نقالة
strike هجوم (ضربة) ، قالت ، اضراب
strike force قوة هجوم
striker طارق ، ابرة الرمي
striker knob زر الطارق
striker sleeve كم الطارق
striking force قوة ضاربة
strip (air) مطار للهبوط الاضطراري ، شريط ذخيرة معدني
stripper قشاطة ، مفك
stroke شوط ، ضربة ، لطْمة ، صدمة
strong point نقطة حصينة
structure بناء / هيكل عمارة ، تركيب
strut دعامة ، ساق ، عمود ، رافدة
stub wing جناح أبتر
stud زر كباس مخلب ، محور ، وتد ، عمود
sub-assembly مجموعة فرعية ، التجميع الفرعي
sub-calibre shooting رماية التضبيط
submachine gun رشاش قصير
sub-ordinates مرؤوسون
sub-sonic دون سرعة الصوت
sub-sonic cruise الطوف ما دون الصوتي
sub-surface burst انفجار تحت السطح
sub-traffic office مكتب السير الفرعي
sub-units وحدات فرعية
sub-wing جناح أبتر
suction امتصاص ، اجتذاب ، رضاعة
suction stroke شوط الامتصاص
Sukhoi سوخوي طائرة سوفياتية مقاتلة

sump خزان الزيت ، قعر الحوض
sun stroke ضربة شمس
super charger معزز الشحن
جهاز دفع شحنة المزيج داخل الاسطوانة بالمحرك
super elevation ارتفاع اضافي
super elevation actuact منظم الارتفاع
الزائد (الحاسبة) جهاز رفع المدفع تلقائيا لتعويض الفروق الاضافية
super heterodyne فوق التردد المتباين
super high frequency التردد ما فوق فوق العالي
superimposed توضيع
وضع شيء حيث يغطي ما دونه
super position ركّب على (تطابق)
supersonic فوق سرعة الصوت
super structure تجهيزات علوية
supply إمداد ، تموين ، تجهيز
supply and transport التموين والنقل
supply platoon فصيل تموين
supply point نقطة تموين
supply reserve depot مستودع التموين الاحتياطي
supply section قسم التموين
supply trenches خنادق التزويد
supporting fire نار الاسناد
suppressor of grid شبكة كبت
surface burst انفجار أو تفجير على السطح
surface target هدف على السطح ، سطحي
surface to air سطح / جو أو ارض ـ جو
surface-to-air missile صاروخ سطح ـ جو ، أو قذيفة أرض ـ جو
surface to surface missile مقذوف سطح ـ سطح او أرض ـ ارض

surprise factor عامل المفاجأة
surprise target هدف مفاجىء
survey board لجنة المسح
suspension تعليق ، توقّف ، إرجاء ، تأجيل
suspension system جهاز التعليق
sustained fire رمي متواصل
sustainer داعم ، مساعد مداوم (محرك)
swage fitting وصلة قالب الطرق
swarf خراطة ، نُحاتة ، بُراية
sweep back انسياب ، اجنحة سهمية
sweep jamming تشويش جارف
swell انتفاخ ، ارتفاع
swept backwring جناح سهمي او مُدْبر
swing-wing جناح متحرك او متأرجح
swing wing aircraft طائرة ذات اجنحة متأرجحة

switch مفتاح أو مبدّل كهربائي ، موزّع ، محوّل
swivel axle محور
sword bayonet سيف حربة
syllabus منهاج
synchromesh تعشيق تزامني
synchronous تزامني ، متزامن ، متواقت
synchronous motor محرك متزامن
synchronous orbit مدار متزامن
synchronous satellite قمر متزامن
synchro receiver مستقبل اشارة (راديو)
synchro scope كشاف التزامن
synchro transmitter مرسل اشارة (راديو)
synchronizer مزامن
syndicates distribution توزيع الزمر او النقابات

T

tachometer عداد الدورات ، دليل السرعة
tack (tacking) تسريج (درزة مؤقتة) ، طريق السفينة
tactical تعبوي ، تكتيكي
tactical air control مركز السيطرة الجوية التعبوي
tactical air control group المجموعة التعبوية للسيطرة الجوية
tactical air reconnaissance استطلاع جوي تعبوي
tactical air supply تموين جوي تعبوي
tactical air support اسناد جوي تعبوي
tactical control radar رادار السيطرة التعبوية
tactical damage assessment تقدير العطب التعبوي
tactical decision قرار تعبوي (تكتيكي)
tactical doctrine عقيدة تعبوية
tactical exercise without troops تمرين تعبوي دون قطعات
tactical formation تشكيل تعبوي
tactical group جحفل تعبوي
tactical intelligence استخبارات تعبوية
tactical loading تحميل تعبوي
tactical map خريطة تعبوية
tactical minefield حقل ألغام تعبوي
tactical plan خطة تعبوية
tactical reconnaissance استطلاع تعبوي
tactical reserve احتياط تعبوي
tactical training تدريب تعبوي
tactical warning انذار تعبوي
tactical nuclear weapons اسلحة نووية تعبوية
tactics تعبئة ، تكتيكات
tail chase مطاردة
tail number رقم الذيل
tail plane سطح الذيل ، مقرّ
tail unit مجموعة الذيل
tail wheel عجلة الذيل
take off اقلاع
take off boost دفع الاقلاع
taking over تسلم
tally ho شوهد (نداء يدل على ان الغرض شوهد)
tandem ترادفي (واحد خلف الآخر)
tangent مماس
tank car سيارة وقود
tank carrier حاملة دبابات
tank circuit دائرة خازنة (دائرة مؤلفة من ملف مكثف)
tank company سرية دبابات
tank corps فيلق دبابات

tank destroyer قانصة دبابات
tank dozer دبابة لازالة الانقاض
tank formation تشكيلة او تشكيل دبابات
tank helmet خوذة الدبابة
tank hulk هيكل الدبابة
tank primary target هدف الدبابة الرئيسي
tank recongnition تمييز الدبابات
tank shovel نصل الدبابة
tank sniping قنص الدبابات
tank turret برج الدبابة
tanker سفينة صهريج ، ناقلة نفط
tanker aircraft طائرة وقود
target هدف
target acquisition التقاط الهدف (اكتسابه)
target allocation تحديد الهدف
target analysis تحليل الهدف
target approach خريطة التقرب للهدف
target area منطقة الهدف
target data معلومات الهدف
target discrimination تمييز الهدف
target intelligence استخبارات الهدف
target track classification تصنيف الأهداف ومتابعتها
task force (or task group) قوة الواجب ، حملة ، قوة مشتركة من اسلحة الجيش يوكل اليها القيام بمهمة معيّنة .
task group جحفل او مجموعة واجب
task organization تنظيم الواجب
task system of maintenance اعمال الصيانة
taxi تدرّج
taxying دَرَجان ، او انزلاق على الماء
tear gas غاز مسيل للدموع
technical adviser مستشار او ضابط فني
technical intelligence استخبارات فنية
technical modification كراسة تقنية او فنية
technical units الوحدات الفنية
technological تقني
telecommunications الاتصالات اللاسلكية
telemeter مقياس عن بعد (جهاز لقياس معلومات كالسرعة والضغط والحرارة ، وارسالها بواسطة الامواج اللاسلكية
telemetering قياس عن بعد
telephone battle معركة هاتفية
telephone battle exercise تمرين معركة هاتفية
teleprinter الطابعة المبرقة
telescope تلسكوب ، المِقْراب
television reconnaissance استطلاع تلفزيوني
telstar قمر تلفزيوني
temperature درجة الحرارة (حرارة)
tempered مطبّع
template (templet) عارضة ، قالب
tempo of offensive معدل الهجوم
tender عطاء ، عرْض (سعر) ، غضّ ، طري
tender board لجنة العطاءات
tensile stress اجهاد الشد (عملية حرارية لازالة الاجهادات الداخلية للمعادن الحديدية)
tension ضغط ، شد ، توتر
tension meter جهاز قياس الشد او التوتر
terminal طرف ، نهاية آخر محطة
terminal guidance التوجيه النهائي
terminal strip شقة الاطراف
terminal velocity سرعة نهائية
terms of surrender شروط الاستسلام
terrain analysis تحليل الارض
terrain exercise تمرين ارضي
terrain intelligence استخبارات الارض

territorial water	مياه اقليمية
tesla	تسلا (وحدة الحث المغناطيسي)
test	فحص ، تجربة ، اختبار
test flight	طيران اختباري او تجريبي
tetrode	صمام رباعي
theatre of operations	مسرح العمليات
thedolite	مزواة ، اداة لقياس الزوايا
therm	ثيرم (وحدة حرارة تعادل ١٠٠,٠٠٠ وحدة حرارية بريطانية)
thermal	حراري
thermal capacity	السعة الحرارية
thermal efficiency	الفاعلية الحرارية
thermal radiation	اشعاع حراري
thermal shielding	الدروع الواقية من الحرارة
thermionic emission	تأين حراري
thermo couple	مزدوجة حرارية (مستكشف درجة الحرارة)
thermodynamics	الديناميكية الحرارية
thermostat	مثبت او منظم حراري
third line transport	نقليات الخط الثالث
thread	سلك ، خيط
threat	تهديد ، وعيد ، انذار
three-phase	ثلاثي الاطوار
threshold	عتبة ، مدخل ، أُسكفّة
throe	نضال عنيف
throttle	فتحة الخانق (فتحة مدخل الهواء للخارج)
throttle butterfly	قرص فتحة الخانق (قرص تحديد كمية الهواء الداخل في فتحة الخانق)
throw	مدى ، قذف ، سرعة ، شوط
thrust	دفع حدٌّ ، طعنة
thrust-augmented	دفع مدعم
thrust augmenter	معزِّز الدفع
thrust axis	محور الدفع
thrust bearing	محمل دفعي (الحاملة الرئيسية لعمود المرفق)
thrust reverser	عاكس الدفع
thrust to weight ratio	نسبة الدفع الى الوزن
thumb piece	كباس ، دافعة
thunder-flashes	قنابل صوتية ، أصابع متفجرة
thyatron tube	صمام غازي
tight	محكم الشد ، مشدود ، ضيق ، كتيم
tilting bolt	ترباس قلاب
time and space factor	عامل الوقت والمسافة
time constant	ثابت الوقت
timed fire	رمي موقوت
time interval	فاصل زمني
time of start	وقت البدء
time out	تعطيل ، انتهاء الوقت
time over target	الوقت فوق الهدف
time past a point	وقت المرور بالمنطقة
time altitude	ارتفاع حقيقي
time rating	تقدير زمني
timing chain	سلسلة توقيت
timing gear	جهاز التوقيت
timing mark	علامة توقيت
tinning	طلاء بالقصدير
tip stock	حاضن (للسلاح)
toggle lever	عتلة مفصلية
tolerance	التفاوت المقبول (الاختلاف بالاقيسة للقطع المتجانسة) ، تسامح ، احتمال
tolerance dose	جرعة الاحتمال
tonnage	حمولة ، سعة ، زنة
tools	ادوات ، عدة
top dead center	أعلى الشوط
topographic map	خريطة طبوغرافية
topography	طبوغرافيا ، وصف الاماكن وسماتها

top weight ذروة الوزن او الثقل
torch (signal) مشعل ، مصباح (اشارة من قائد الدبابة الى سائقها)
torch batteries بطاريات المصباح
torpedo نسيفة ، لغم للغواصات ، قذيفة توجه للسفن
torpedo airplane طائرة نسافة
torpedo boat زورق طربيد
torque عزم الدوران ، جهد اللّيّ
torque convertor محول عزم الدوران
torque wrench مفتاح عزم الدوران
torsion bar عمود الالتواء
touch down ملامسة الأرض
toxic سامّ
tow جر ، قطر ، سحب .(صاروخ)
tow bar عمود السحب
toxic report تقرير عن السموم
toxic warning انذار بشأن السموم
trace أثر ، علاقة ، اقتفاء أثر
tracer ammunition, cartridge ذخيرة التتبع ، رصاص خطّاط
track ممر ، طريق ، خط
track adjuster معيّر الزنجير
track link فقرة الزنجير
track pin مسمار الزنجير
tractor جرار ، قاطرة
traffic circulation خريطة دورة السابلة او المرور
traffic control مراقبة المرور
traffic map خريطة الطرق
trail arms! افقيا السلاح !
trailing edge حافة خلفية
training تدريب
training college كلية تدريب
training field ميدان التدريب
training level مستوى التدريب
training operations عمليات تدريب
training schedules جداول التدريب
trajectory مسار
transconductance مواصلة تبادلية
transducer بدّالة او محوّل طاقة
transfer ينقل ، يحوّل ، يبدل ، يرحّل
transformer محول
transistor ترانزستور
transit مرور ، عبور ، نقل ، ترحيل
transition altitude ارتفاع التحويل
transmission box صندوق نقل الحركة
transmission line خط المواصلات
transmit يرسل (راديو) ، يحوّل ، يذيع ، ينقل
transmitter مرسل ، مِبْراق ، عامل البرق
transonic speed السرعة الانتقالية الصوتية من ٦٠٠ الى ٩٠٠ ميل في الساعة)
transponder جهاز مجيب السؤال
transport and supply battalion كتيبة تموين ونقل
transport company سرية النقل
transport group مجموعة النقل
transport platoon فصيل نقل
transport request طلب نقل
transport section جماعة نقل
transportation نقل ، ابعاد ، نفي ، حركة
transportation request طلب نقل
trapped orbit مدار مواجه
travelling kitchen مطبخ متنقل
travelling time مدة التنقل
traverse حركة افقية ، عارضة
traversing mechanism جهاز الحركة الأفقية

treadway bridge جسر ذو ممرين او اتجاهين
trench requirements مستلزمات الخنادق
trial fire رمي التجربة او الاختبار
triangular point نقطة تثليث
trigger زناد
trigger box stop طارق الزناد
trigger firing mechanism آلية رمي بواسطة الزناد
trigger handle قبضة الزناد
trigger mechanism آلية الزناد او القدح
trigger pulse دفعة بدء
trinitrotoluene (T.N.T) ت . ن . ت (مادة شديدة الانفجار)
triode صمام ثلاثي
tripod منصب ثلاثي
Trojan asteroid كويكب طروادة (كوكب متزامن مع كوكب المشتري)
troops قوات ، جنود
tropical مداري ، استوائي
tropopause الطبقة الانتقالية الأولى (الجزء السفلي لطبقة الهواء التي تتزايد لديها الحرارة على ٦٧° فهرنهيت)
troposphere الغلاف المضطرب (الجزء السفلي لطبقة الهواء التي تتناقص بعدها درجة الحرارة مع الارتفاع ؛
troubles shooting تحري او اصلاح الاعطال
true air speed سرعة الهواء الصحيحة او الحقيقية
trumpeter بواق

trunk صندوق (سيارة) ، جذع ، حاضن
tube انبوب ، خرطوم ، مجرى ، صمام
tubular rod انبوب حربي لتنظيف الاسلحة
tug boat قارب جر
tune-up تضبيط
tunger rectifier مقوم (تنغر) نوع من انواع المقومات يستعمل الصمام الثنائي
tunic سترة قصيرة ضيقة
tuning توليف (ضبط الموجة) ، توافق ، تناغم
Tupolev طائرة روسية
turbine عنفة (تربين)
turbofan محرك شبه مروحي
turbojet engine محرك نفاث
turbulance اضطراب هوائي ، اعصار ، هياج
turn دورة ، جولة ، نوبة ، منحنى ، منعطف
turnabout عَكس اتجاهه ، تحول ، انقلاب
turn around دورة
turning movement حركة التفاف
turret برج الدبابة او الطائرة او السفينة
twin-engined ذات محركين
200 grain bullet رصاصة ذات مئتي حبة
two-sided exercise تمرين ذو جانبين
two stroke engine محرك ثنائي الشوط
type of attack نوع او نمط الهجوم
type of container نوع او نمط الحاوية
typewriter آلة طابعة
tyros اطار
tyros tubeless اطار بلا داخلي

U

U-boat غواصة

ultra high frequency تردد فوق العالي

ultrasonic فوق السمعي. (موجات صوتية بتردد عالي)

ultra-violet rays أشعة فوق البنفسجية

umbilical cord الحبل السري

umpire حكم

umpiring and control التحكيم والسيطرة

unbalanced load حمل غير متوازن

unclassified documents وثائق غير مصنفة

under coat دهان تأسيس

under command تحت القيادة

under shoot منطقة ما قبل الهبوط (في منطقة المدرج)

under water تحت الماء

under water demolition team فريق التخريب تحت الماء

under water to-air missile قذيفة تحت الماء ـ جو

under water to surface missile قذيفة تحت سطح الماء الى السطح

under water to under water missile قذيفة تحت الماء ـ تحت الماء

under way replenishment group جحفل التعويض البحري

undulating ground ارض متموجة

unguided missile قذيفة غير موجهة

uniform velocity سرعة منتظمة

unit, module وحدة قياس

unit funds اموال الوحدة

unit journal and history سجل الوحدة وتاريخها

unit loading تحميل الوحدة

unit mail بريد الوحدة

unit paymaster ضابط رواتب الوحدة

unit reserve احتياط الوحدة

unit training تدريب الوحدة

unit training master ضابط تدريب الوحدة

universal joint وصلة عامة

universe الكون ، العالم

unmasking نزع القناع ، ازاحة اللثام

unrotated projectile قذيفة غير دوارة

upholstery منجدات ، تنجيد

upper sling swivel حلقة الحمل العليا

utilitarian منفعي

utilitarian looking arm سلاح ذو مظهر وظيفي

V

V-formation	تشكيل رأس الرمح
v-stol	رأسي
v-stol aircraft	طائرة رأسية ، تقلع عموديا
vacuum	فراغ ، خلاء ، خواء
vacuum advance	تقديم توقيت الشرارة
vacuum tube	صمام مفرغ
valve	صمام ، سدادة ، صنبور
valve adapter	موفق أو مهايىء صمام
valve adjustment	عيار او ضبط او تنظيم الصمام
valve clearance	فرجة الصمام
valve grinding	جلخ الصمام
valve guide	دليل الصمام
valve lifter	رافع الصمام
valve seat	مقر الصمام
valve spring	نابض الصمام
valve tappet	رافعة الصمام
valve train	وحدة تحرُّك الصمام
vanquish	يهزم ، يغلب ، يقهر
vapourization	تبخر
variable tube	صمام التغيير او التبديل
variance	تباين ، اختلاف ، تبدّل ، تغير
vector	كمية موجهة ، شعاع موجًه
vector representation	تمثيل القوى بالمتجهات
vehicle collecting point	نقطة جمع الاليات
vehicle commander	آمر آليات
vehicle ditch	خندق آليات
vehicle marshaling area	منطقة اصطفاف الآليات
vehicle technical inspection	التفتيش الفني للآليات
velocity	سرعة
vent	فتحة ، شَقّ ، منفذ ، ثَقْب
ventilation	تهوية ، وسيلة تهوية
venturi	رذّاذ ، منظم الهواء
Venus	الزهرة (كوكب)
verbal order	امر شفهي
verification fire	رمي او نيران التحقيق
vernier	مقياس الورنية (مقياس قطر خارجي مدرج)
versatility	تعدد الاستعمال
version	نمط ، نسخة
vertical	رأسي عمودي
vertical air photography	تصوير جوي عمودي
vertical launch system	نظام الاطلاق العمودي
vertical obstacle	مانع رأسي
vertical performance diagram	مخطط الاداء الرأسي

vertical take off اقلاع عمودي
vertical take off and landing اقلاع وهبوط عموديان
vertigo دُوَار
veterinary officer ضابط بيطري
vibration damper مخمد الاهتزاز
video مرئي ، صوري ، فديو
video map خارطة المرئي
violation انتهاك ، تعدٍّ ، نكْث ، مخالفة
viscosity لزوجة
viscous لزج
vice, vise ملزمة شد المعادن
visible spectrum طيف مرئي
visible target هدف مرئي
visual acuity حدة النظر او الابصار
visual air reconnaissance استطلاع جوي
visual attack هجوم مرئي
visual fire رمي مرئي
visual flight rule قانون الطيران المرئي
visual meteorological condition حالة الجو المرئية
visual mission accomplished انجزت المهمة المرئية
visual omnirange كشف دائري
visual range مدى الرؤية
visual reconnaissance استطلاع بصري
volatile متفجر ، متبخر ، متطاير
volley وابل من الطلقات او القذائف
volt فولت (وحدة الجهد الكهربي)
volt-ampere فولت ـ امبير
voltage divider مقسم الجهد الكهربي
voltage high فولطية عالية
voltage regulator منظم الجهد الكهربي
voltameter مقياس الجهد (فولتمتر)
volumetric efficiency الكفاية الحجمية
volumetric radar رادار حجمي
volunteers متطوعون
vortex دوامة ، زوبعة
voucher مستند ، وثيقة ، قسيمة ، إثبات
vulnerability قابلية او عامل التعرض
vulnerable point نقطة معرضة للخطر او للهجوم

W

walkie talkie — جهاز ارسال واستقبال
walking patient — مريض قادر على السير
walking wounded — جريح قادر على السير
war diary — سجل او يوميات الحرب
war game — لعبة الحرب
war head — الرأس المدمر ، رأس حربي
war of nerves — حرب الاعصاب
war office — وزارة الحربية
war phase — مراحل الحرب
war plan — خطة الحرب
warming fuel — وقود تدفئة
warning — تحذير ، انذار ، تبليغ
warning order — أمر انذاري
warning system — جهاز انذار
warp — سداة النسيج ، أساس ، قاعدة
warrant-offices — وكيل ، نائب ضابط ، ضابط صف
warranty — كفالة ، ضمان ، اذن
warranty extended — تمديد الضمان
Warsaw pact — حلف وارسو
warship — بارجة
washer — حلقة (حلقة لمنع ارتخاء اللولب)
water box — خزان ماء
water jacket — مبرِّد المحرك ، كُمّ التبريد
waterline — خط العوم
water obstacle — عائق او حاجز مائي
water supply point — نقطة توزيع المياه
water way — ممر مائي
watt — واط (طاقة)
watt.-hour — واط / ساعة
watt-meter — مقياس الطاقة
wave guide — دليل موجي
wave length — طول الموجة
waxing — تشميع
waybill — بيان الشحن
weak mixture — مزيج مخفف
weapon aiming system — منظومة توجيه السلاح
weapon alloted — الاسلحة المخصصة
weapon locating radar — رادار كشف الأسلحة
weapon mix — مزيج الاسلحة
weapon tight — الاسلحة مقيدة (الاسلحة تحت وضع عمليات لا ترمي الا اذا قام العدو بالرماية)
weapon training — التدريب على الأسلحة
wear — تلف ، تآكل
weather actual — حالة الجو الحقيقية
weather clear — الجو صاف

weather cock ديك او دليل اتجاه الرياح
weather condition حالة الجو
weather forecasts التوقعات الجوية
weather intelligence استخبارات الجو
weather map خريطة الرصد الجوي
weather report تقرير عن حالة الجو
weather satellite ساتل جوي
web angle زاوية رأس المقدح
wedge إسفين ، لُسَيْن ، ملقط
weight وزن ، أهمية ، خطورة
welder عامل لحم
welding rod قضيب لحم
welding set جهاز لحم
whart مرفأ ، رصيف بحري للرسو والشحن
wheel lock رند البندقية
wheel pilothouse حجرة مدير الدفة
wheeled transporation نقل على العجلات
wide angle photography تصوير بزاوية كبيرة
wide front مواجهة واسعة
wild shot طلقة طائشة
winch آلة رفع
windage انحراف المقذوف بسبب الريح
window jamming تشويش الشباك
windscreen الزجاج الأمامي (في السيارة) ، حاجب
wind tunnel نفق الريح ، نفق هوائي
wing loading حمولة الأجنحة
wing nut عزقة مجنحة
wiper arm ذراع المساحة
wiper blade شفرة المساحة
wire entanglement شبكة اسلاك شائكة
wire guided موجه بسلك
wireless operators عمال اللاسلكي
wireless silent صمت لاسلكي
withdrawal انسحاب ، تراجع ، سحب
withstand يقاوم ، يصد ، يعني
wobbling ارتجاج ، ترنح ، تمايل
wolf-pack آمرة هجومية ، السرب الذئبي
work gear مسنن حلزوني
working parts قطع متحركة
wounded in action جريح معركة
wrapped bolt ترباس مطوّق
wreckage حطام أو أنقاض الباخرة
write-off voucher سند شطب او حذف

Y

yard ياردة ، حوض ، باحة ، بستان ، حظيرة

yaw تموج ، زيغان

yield يستسلم ، يتخلى ، يلقي السلاح

yield point نقطة المطاوعة او الخضوع

yield stain اجهاد المطاوعة (الزيادة الطولية للمعدن المعرض للحمل)

Z

zenith	السمت
zero gravity	انعدام الجاذبية
zero hour	ساعة الصفر
zero option	الخيار الصفر
zeroing	التصفير (تضبيط اجهزة التسديد مع المدفع او السبطانة)
zigzag grooves	اخاديد متعرجة
zone of defence	منطقة الدفاع
zone of offensive	نطاق او منطقة الهجوم
zoom	ارتفاع عمودي ، تقريب بالتصوير
Zulu time	توقيت غرينتش ، او التوقيت المحلي

ABBREVIATIONS

إختصارات
عسكرية

ABBREVIATIONS

الاختصار ABB	المصطلح كاملاً Term In Full	المعنى Meaning
ADMO	Administration order	أمر إداري
ADV	Advance or advanced	يتقدم أو متقدم
ALG	Advanced landing ground	أرض هبوط أمامية
ADC	Aide-de-Camp	ياور ، ضابط معاون
AB	Airborne	محمولة جواً
ACM	AirCombat Manoeuver	مناورة قتال جوي
ACT	Air Contact Team	طاقم اتصال جوي
ACP	Aircraft Performance	أداء الطائرة
ADA	Air Defence Area	منطقة دفاع جوي
ADA	Air Defence Artillery	مدفعية الدفاع الجوي
ADC	Air Defence Command	قيادة الدفاع الجوي
ADDC	Air Defence Direction Centre	مركز توجيه الدفاع
ADOC	Air Defence Operation Centre	مركز عمليات الدفاع الجوي
ADM	Air-Launched Decoy Missile	صاروخ تمويه جوي
ALO	Air Liaison Officer	ضابط اتصال جوي
AOC	Air Officer Commanding	قائد القوات الجوية
ASSU	Air Support Signal Unit	وحدة اشارة تعاون جوي
AAM	Air To Air Missile	صاروخ جو / جو
ATCC	Air Trafic Control Centre	مركز مراقبة جوية
OK	All Correct	صحيح - موافق
AMB	Ambulance	نقالة
AMU	Ammunition	ذخيرة
AP	Ammunition Point	نقطة ذخيرة
ARP	Ammunition Refilling Point	نقطة إعادة ملء الذخيرة
AMPH	Amphibious	برمائي
ETC	And so on, or, and the rest	إلى آخره (الخ)

الاختصار ABB	المصطلح كاملاً Term In Full	المعنى Meaning
AT	Animal Transport	حملة دواب
AAC	Anti-Aircraft	مضاد للطائرات (م / ط ـ)
AG	Anti-Gas	مضاد للغاز
A-PERS	Anti-Personnel	مضاد للافراد
ATK	Anti-Tank	مضاد للدبابات
APPROX	Approximately or Approximate	تقريباً أو تقريبي
ARMT	Armament	تسليح
ARMD	Armoured	مدرع
ACV	Armoured Command Vehicle	عربة قيادة مدرعة
AFV	Armoured Fighting Vehicle	عربة قتال مدرعة
APC	Armoured Personnel Carrier	ناقلة جنود مدرعة
ARV	Armoured Recovery Vehicle	عربة نجدة مدرعة
AP	Armour Piercing	خارق للدروع
AB	Army Book	كتاب عسكري
AFS	Army Fire Service	خدمات الحريق بالجيش
AF	Army Form	نموذج عسكري
AO	Army Order	أمر عسكري
APIS	Army Photographic Interpretation Section	جماعة تفسير الصور الجوية
APO	Army Post Office	مكتب بريد حربي
ARTY	Artillery	مدفعية
ARTYR	Artillery Reconnaissance	استطلاع مدفعية
ASST	Assault	اقتحام
ASST	Assistant	مساعد (المدير)
AW	Atomic Warfare	الحرب الذرية
ATT	Attach, Attached or Attachment	يلحق ـ ملحق ـ الحاق
AF	Audio Frequency	تردد سمعي
AUTH	Authority or Authorized	سلطة
ADPS	Automatic Data Processing System	النظام الاوتوماتي لمعالجة البيانات
AVN	Aviation	طيران
ADF	Automatic Finder	موجد اوتوماتي للاتجاه
AFC	Automatic Frequency Control	الضبط الاوتوماتي للتردد
APU	Auxiliary Power Unit	وحدة طاقة ثانوية

الاختصار ABB	المصطلح كاملاً Term In Full	المعنى Meaning
ARE	Auxiliary Rocket Engine	محرك صاروخ ثانوي
AVGAS	Aviation Gasoline	وقود طيران
BLP	Back Loading Point	نقطة تحميل خلفية
BAC	Bacteriological	بكتريولوجي - جرثومي
BKY	Bakery	مخبز
BDSM	Bandsman	عسكري موسيقي
BK	Barrack	معسكر ، ثكنة
BD	Base Depot-Battle Dress	مستودع قاعدة - ثياب الميدان
BSD	Supply Depot	مستودع إمداد القاعدة
BWKSP	Base Workshop	ورشة قاعدة
BN	Battalion	كتيبة
BTY	Battery	سرية مدفعية
BC	Battery Commander	قائد سرية مدفعية
BFO	Beat Frequency Oscillator	مذبذب التردد التضاربي
BW	Biological Warfare	الحرب البيولوجية
BDR	Bombardier	مدفعي
BL	Bomb Line	خط القنابل
BOMREP	Bombing Report	تقرير ضرب القنابل
BDC	Bottom Dead Center	النقطة الميتة السفلى
BDY	Boundary	حد
BHP	Break Horse Power	القدرة الحصانية للكابح
BOA	Break Off Altitude	ارتفاع نقطة التحول
BR	Bridge Or Bridging	مد الجسور
BDE	Brigade	لواء ، فرقة
BRIG	Brigadier	عميد
BBP	Bulk Breaking Point	نقطة تقسيم
CAL	Calibration	معايرة ، تقويم
CS	Call Sign	نداء
CAM	Camouflage	تمويه
CAPT	Captain	نقيب
CAD	Cartridge Actuated Device	جهاز يشغل بالطلقة

الاختصار ABB	المصطلح كاملاً Term In Full	المعنى Meaning
CAS	Casualty	خسائر
CCS	Casualty Clearing Station	محطة اخلاء الخسائر
CCP	Casualty Collecting Post	نقطة جمع الخسائر
CAV	Cavalry	فرسان
CGS	Centimeter-Gram-Second	سنتيمتر ـ غرام ـ ثانية
CERT	Certificate	شهادة
CW	Chemical Warfare	الحرب الكيماوية
CC	Chief Controller	كبير المسيطرين او المراقبين
COS	Chief of Staff	رئيس الاركان
COO	Chief Ordnance Officer	كبير ضباط المهمات
CEP	Circular Error Probable	الخطأ الدائري المحتمل
CIV	Civil or Civilian	مدني
CD	Civil Defence	الدفاع [illegible]
CS	Close Support	معاونة قريبة
CA	Coast Artillery	مدفعية ساحلية
COL	Colonel	عقيد
COLN	Column	رتل ، صف ، عمود
CBT	Combat	قتال ـ معركة
COMD	Command or Commander	قيادة أو قائد
CO	Commanding Officer	قائد
CMDO	Commando	فدائي
CIO	Combat Intelligence Officer	ضابط استخبارات القتال
COMN	Communication	مواصلات
COMNZ	Communication Zone	منطقة مواصلات
COY	Company	سرية
CSM	Company Sergeant-Major	رقيب اول السرية
CONC	Concentrate, Concentration	يركز او تركيز
CONFD	Confidential	سري
CB	Confined to Barracks	حَجْر بالمعسكر
CW	Continuous Wave	موجة مستمرة
CON	Control	سيطرة ـ مراقبة
CONV	Convalescent	نقاهة

الاختصار ABB	المصطلح كاملاً Term In Full	المعنى Meaning
COORD	Co-ordinate, Co-ordination	ينسق أو تنسيق
COOP	Co-operate	يتعاون
CPL	Corporal	عريف
CIF	Cost Insurance and Freight	الكلفة والتأمين والشحن
CATTK	Counter-Attack	هجوم مضاد
CRDS	Cross Roads	تقاطع طرق
DTG	Date Time Group	خانة الوقت والتاريخ
DECON	Decontamination	تطهير
DEF	Defend or Defence	يدافع ـ دفاع
DF	Defensive Fire or Direction Finding	نيران دفاعية أو تحديد اكتشاف الاتجاه
DEL	Delivery	تسليم
DP	Delivery Point	نقطة تسليم
DEPT	Department	إدارة
DEP	Depot	مستودع صرف
DEV	Develop, Development	يطور ـ تطور
DET	Detach or Detachment	يرسل أو ارسال
DC	Direct Current	تيار مستمر
DIESO	Di sel Fuel	وقود الديزل
DR	Dispatch Rider	ساعٍ ، راكب
DISL	Dispersal Line	خط التفرق
DIS P	Dispersal Point	نقطة التفرق
DME	Dispertance Measuring Equipment	جهاز قياس المسافة
DIST	Distribution	توزيع
DIV	Division	فرقة
DK	Dock	ميناء ـ مرفأ
DOCU	Document	وثيقة
DVR	Driver	سائق
DZ	Dropping Zone	منطقة إنزال
EWR	Early Warning Radar	رادار الانذار المبكر
ECH	Echelon	رتل عربات او نسق
EDN	Education	تعليم
EG	For Example	على سبيل المثال

الاختصار ABB	المصطلح كاملاً Term In Full	المعنى Meaning
E and M	Electrical and Mechanical	ميكانيكي وكهربائي
ECM	Electronic Counter Measures	اجراءات الكترونية مضادة
EW	Electronic warfare	الحرب الالكترونية
EMB	Embark or Embarkation	يركب أو ركوب متن الباخرة
EMP	Employ or Employment	يستخدم او استخدام
ENGR	Engineer	مهندس
ESBD	Engineer Stores Base Depot	مستودع ادوات المهندسين بالقاعدة
EQPT	Equipment	معدات
ETA	Estimated Time of Arrival	الوقت المقدر للوصول
ETD	Estimated Time of Departure	الوقت المحدد للرحيل ، للانطلاق
EVAC	Evacuate or **Evacuation**	يخلي أو اخلاء
EX	Exercise	تمرين
FAR	False Alarm Rate	معدل الانذار الزائف
FD	Field	ميدان
FDS	Field Dressing Station	محطة غيار ميدانية
FST	Field Surgical Team	فريق جراحة ميداني
FOIC	Flag Officer in Charge	ضابط العلم (البيرق)
FT	Flame Thrower	قاذف اللهب
FIC	Flight Information Centre	مركز معلومات الطيران
FBE	Folding Boat Equipment	معدات القوارب المطلوبة
FT	Foot or Feet	قدم أو اقدام
FUP	Forming Up Place	محل التشكيل
FMM	Formation	تشكيل
FWD	Forward	أمامي
FCP	Forward Control Post	مركز مراقبة أمامي
FDL	Forward Defence Locality	المنطقة الدفاعية الامامية
FOO	Forward Observation Officer	ضابط ملاحظ أمامي
FOB	Free on Board	التسليم على ظهر الشاحنة
FM	Frequency Modulation	تضمين التردد
FCF	Function Check Flight	رحلة تفقد الاداء
GAL	Gallon	جالون
GRN	Garrison	حامية

الاختصار ABB	المصطلح كاملاً Term In Full	المعنى Meaning
GEN	General	عام
GCM	General Court-Martial	مجلس عسكري عالٍ
GHQ	General Headquarters	الرئاسة العامة
GT COY	General Transport Company	سرية نقل عام
GMT	Greenwich Mean Time	توقيت جرينتش
GA	Ground Attack	هجوم ارضي
GCL	Ground Controlled Interception	اعتراض موجّه من الأرض
GLO	Ground Liasion Officer	ضابط اتصال أرض
GP	Group	فريق ـ مجموعة
GD	Guard	يحرس او حراسة
GDSM	Guardsman	حارس
GM	Guided Missile	قذيفة موجهة
GNR	Gunner	مدفعي
HF	Harassing Fire	نيران ازعاج او تشويش
HAR	Harbour	ميناء
HQ	Headquarter	رئاسة او مركز القيادة
HY	Heavy	ثقيل
HAA	Heavy Anti-Aircraft	مدفعية م / طـ ثقيلة
HEPTR	Helicopter	هليوكوبتر
HE	High Explosive	شديد الانفجار
HF	High Frequency	تردد عالٍ
HLBC	High Level Battle Combat	قتال جوي على ارتفاع عال
HT	High Tension	ضغط عالٍ
HD	Home Defence	الدفاع عن الوطن
HG	Home Guard	حراسة الدولة او حرس الدولة
HP	Horse Power	القدرة الحصانية
HOSP	Hospital	مستشفى
HR	Hour	ساعة
HOW	Howitzer	هاوتزر ، مدفع
CWT	Hundredweight (S)	وحدة وزن
HYG	Hygiene	حفظ الصحة او علم الصحة
I.F.F	Identification Friend or Foe	تمييز الصديق من العدو

الاختصار ABB	المصطلح كاملاً Term In Full	المعنى Meaning
IN	Inch	بوصة ، انش
INDEP	Independent	مستقل
IAS	Indicated Air Speed	السرعة المبينة
INF	Infantry	مشاة
INFO	Inform or Inforamtion	يخبر او معلومات
IWT	Inland Water Transport	النقل المائي الداخلي
IOO	Inspecting Ordnance Officer	ضابط ، مفتش مهمات
IA	Inspector of Arms	ضابط مفتش اسلحة
INSTR	Instruct, **instructions**	يعلم ـ تعليمات
INT	Intelligence	مخابرات
IO	Intelligence Officer	ضابط مخابرات
INTREP	Intelligence Report	تقرير مخابرات
INTERC	Intercommunication	اتصال داخلي
IS	Internal Security	امن داخلي
JATO	Jet Assisted Take Off	اقلاع مساعدة نفاث
LCPL	Lance-Corporal	وكيل عريف
LF	Land Force (s)	القوات البرية
IDG	Landing	هبوط ، انزال
LDR	Leader	قائد
LO	Liaison Officer	ضابط اتصال
LT	Lieutenant	ملازم
LAD	Light Aid Detachment	جماعة نجدة خفيفة
LAA	Light Anti-Aircraft	مدفع م / ط خفيف
L of C	Lines of Communication	خطوط المواصلات
LT	Line Telegraphy	تلغراف خطي
LOC	Locate, Location or Locality	يعين المحل ـ تعيين المحل ـ منطقة
LOG	Logistics or Logistical	شؤون ادارية او اداري
LOG	Lorried or Logistical	محمل في شاحنة (لوري)
LE	Lower Establishment	مرتب مخفض
MG	Machine Gun	رشاش ـ مدفع ميكانيكي
MAG	Magazine	مخزن البندقية
MA	Maintenance Area	منطقة إعاشة

الاختصار ABB	المصطلح كاملاً Term In Full	المعنى Meaning
MAJ	Major	رائد
MK	Mark	درجة
MRS	Master Radar Station	محطة رادار رئيسية
MAX	Maximum	الحد الأقصى ـ النهاية الكبرى
MSL	Mean Sea Level	مستوى سطح البحر
MECH	Mechanic, Mechanical	ميكانيكي ـ آلي
MT	Mechanical Transport	حملة ميكانيكية
MTO	Mechanical Transport Officer	ضابط نقلة (حملة)
MED	Medical or Medium	طبي ـ متوسط
MO	Medical Officer	ضابط طبيب
MAA	Medium Anti-Aircraft	مدفعية م / ط متوسطة
MMG	Medium Machine Gun	مدفع رشّاش متوسط
MRM	Medium Range Air To Air Missile	صاروخ جو ـ جو متوسط المدى
MP	Meeting Point	نقطة التقاء
MG	Message	رسالة
MPH	Miles per Hour	ميل / ساعة
MIA	Missing in Action	مفقود في القتال
MIL	Military	حربي ـ عسكري
MILGOV	Military Government	حكومة عسكرية
MP	Military Police	شرطي حربي
MT	Military Training	تدريب عسكري
MIN	Minimum or Minute	حد أدنى او دقيقة
MI	Missed Interception	اعتراض خاطىء
MOB	Mobile	متحرك
MA	Mission Accomplished	انجزت المهمة
MLBCOY	Mobile Laundry and Bath Company	سرية غسيل واستحمام متنقلة
MOB	Mobilization	تعبئة
MOR	Mortar	هاون
MOT	Motor or Motorized	محرك ـ يعمل بمحرك
MW	Mountain Warfare	حرب جبلية
MTD	Mounted	راكب
MOV	Movement	حركة

الاختصار ABB	المصطلح كاملاً Term In Full	المعنى Meaning
MCO	Movement Control Officer	ضابط مراقبة التحرك
IE	**Namely or That is to say**	يعني - أي
NASA	National Aeronautics **and** Space Adminstration	وكالة الفضاء الاميركية
NS	National Service	الخدمة الوطنية
NEW	Net Explosive Weight	الوزن الصافي للمتفجرات
NCO	Non-Commissioned Officer	ضابط صف
NR	Non-Returnable	لا يرتدّ
NC	Non-Combatant	غير مقاتل
NATO	North Atlantic Treaty Organisation	منظمة حلف شمال الاطلنطي
NO	Number	عدد - رقم
NW	Nuclear Warfare	حرب نووية
OBJ	Objective	غرض
OBAN	Observation	ملاحظة
OP	Observation Post	نقطة ملاحظة
OBS	Obstacle	مانع ، عائق
OFFR	Officer	ضابط
OC	Officer Commanding	قائد
OIC	Officer-in-Charge (OF)	الضابط المكلف بـ
ORP	Operatinal Readiness **Platform**	منصة الطائرات المتأهبة للعمليات
OO	Operation Order	امر عمليات
ORD	Ordnance	مهمات
ORG	Organize or Organization	ينظم او تنظيم
OR	Other Rank (s)	الرتب الآخرى
PARA	Paragraph or Parachute	مظلة او فقرة
PAD	Passive Air Defence	الدفاع الجوي السلبي
PERS	Personnel	أفراد ، مِلاك
PET	Petroleum	بترول
PETSTA	Petroleum Filling Station	محطة للتزود بالبترول
PP	Petroleum Point	نقطة بترول
PRP	Petroleum Refilling Point	نقطة اعادة التزود بالبترول
POL	Petrol Oil and Lubricants	وقود - زيوت - شحوم
PHOTO	Photograph	يصور - صورة

الاختصار ABB	المصطلح كاملاً Term In Full	المعنى Meaning
PR	Photographic Reconnaissance	استطلاع بالتصوير
PPL	Pipeline	خط أنابيب
PPI	Plane Position Indication	تحديد موقع الطائرة
PL	Platoon	فصيلة
PT	Point	نقطة
PTBL	Portable	قابل للحمل او النقل
POSN	positions	موقع
LB	**Pound**	ليبرة ، رطل انجليزي
P.F.O	Practice Flame Out	التدريب على اطفاء المحرك
PW	Prisoner (s) of War	اسير حرب
PTE	Private	جندي (تربة)
PERT	Program Evaluation and Review Technique	اسلوب تقييم البرنامج ومراجعته
PIAT	Projector Infantry Anti-Tank	مدفع م / د (بيات)
PRO	Provost	ضابط بوليس حرب
PM	**Provost Marshal**	قائد البوليس الحربي
PLD	Pulse Length Discriminator	مميز طول
QM	**Quartermaster**	ضابط إمداد وتموين
RH	Railhead	رأس السكة الحديد
RLY	Railway	سكة حديد
RECCE	Reconnaissance or Reconnoitre	استطلاع ـ يستطلع
REC	Recover, or Recovery	ينقذ ـ انقاذ
RR	Recoilless Rifle	بندقية عديمة الارتداد
RAS	Rectified Air Speed	السرعة الجوية المصححة
REF	Reference	مرجع
RAP	Regimental Aid Post	نقطة إسعاف الوحدة
RMO	Regimental Medical Officer	ضابط طبيب الوحدة
RFT	Reinforcement	امداد ـ دعم
RVP	Rendezvous Point	نقطة التقاء
RPTD	Repeated	مكرر
RES	Reserve	احتياط
RESTD	Restricted	محظور ، مقيّد
RSD	Returned Stores Depot	مستودع مهمات مرتجعة

الاختصار ABB	المصطلح كاملا Term In Full	المعنى Meaning
RPM	Revolution per Minute	دورة في الدقيقة
RMN	Rifleman	الرامي ، جندي من الرماة
RD	Road	طريق
RDH	Roadhead	رأس الطريق
RATO	Rocket Assisted Take Off	اقلاع بمساعدة
RL	Rocket Launcher	قاذف صاروخي
RPG (PM)	Rounds per Gun (per Minute)	طلقة / مدفع - دقيقة
RO	Routine Order	أمر عادي ، وتيري
SAL	Salvage	مخلفات
SAN	Sanitary or Sanitation	صحي - علم حفظ الصحة
2IC	Second In Command	قائد ثانٍ
2LT	Second Lieutenant	ملازم (ثانٍ)
SOC	Sector Operade Center	فرز عمليات القطاع
SP	Self-Propelled	ذاتي الحركة
SGT	Sergeant	رقيب
SM	Sergeant-Major	رقيب اول
SHELREP	Shelling Report	تقرير ضرب القنابل
SRAAM	Short Air-Air Missile	صاروخ جو - جو قصير المدى
SS	Short Service	خدمة قصيرة
STOL	Short Take Off and Landing	الاقلاع والهبوط القصيران
SIG	Signai	اشارة
SIGMN	Signalman	جندي اشارة
SITREP	Situation Report	تقرير الموقف
SAA	Small Arms Ammunition	ذخيرة الاسلحة الصغيرة
SRG	Sound Ranging	تحديد الصوت
SE	Special Establishment	مرتب خاص
SPEC	Specialist	اخصائي
(S.O.P)	Standing Operation Procedures	اوامر العمليات الثابتة
SL	Start Line	خط الابتداء
SSQ	Station Sick Quarter	محطة
STRATR	Strategical Reconnaissance	مركز عمليات القاعدة
SB	Stretcher Bearer (s)	حملة النقالات

الاختصار ABB	المصطلح كاملاً Term In Full	المعنى Meaning
TO	Transport Officer	ضابط نقل
T.N.T	Trinitrolouene	مادة شديدة الانفجار
TCV	Troop Carrying Vehicle	ناقلة جنود
TRR	Trooper	عسكري ـ جندي
TAS	True Air Speed	سرعة جوية حقيقية
UHF	Ultra High Frequency	تردد فائق او مفرط
UTAM	Underwater to Air Missile	صاروخ تحت الماء ـ جو
UXB	Unexploded Bomb	قنبلة لم تنفجر
UNSV	Unserviceable	غير قابلة للاستعمال
UM	Urgent Memorandum	مذكرة عاجلة
VEH	Vehicle	عربة ـ مركبة
VTM	Vehicles to the Mile	عربة / كيلو
VPP	Vertical Performance Diagram	مخطط الاداء الرأسي
VT	Vertical Take Off	اقلاع عمودي
VFR	Visual Flight Rule	قانون الطيران المرئي
VMC	Visual Metrological Condition	حالة الجو المرئية
V.M.A	Visual Mission Accomplished	انجزت المهمة المرئية
VHF	Very High Frequency	تردد عالٍ جدا
VIP	Very Important Personage	شخصية هامة جدا
VET	Veterinary	بيطري
WNGO	Warning Order	امر انذاري
WP	Water Point	نقطة مياه
WPF	Waterproof	صامد للماء او مانع له
WA	Weapon Alloted	السلاح المخصص
WT	Weapon Training	التدريب على الاسلحة
WT	Weight	ثقل ـ وزن
WH	Wheel Or Wheeled	عَجَلة ـ على عجلة او دولاب
WDR	Withdraw	ينسحب
WRIS	Wireless	لاسلكي
WRKS	Workshop	مَشغل ، ورشة
YD	Yard	ياردة

الاختصار ABB	المصطلح كاملاً Term In Full	المعنى Meaning
SUB	Subaltern	ملازم
SHY	Super Heavy	مفرط الثقل ، فوق الثقيل
SHF	Super High Frequency	مفرط التردد العالي ، تردد فوق العالي
SUPT	Superintendent	مراقب ، مناظر
SUP	Supply	إمداد ـ يمد
SUPP	Supply Point	نقطة إمداد
SD	Supply Depot	مستودع إمداد
SP	Support	يعاون ـ معاونة
SVY	Survey	يمسح ـ مساحة (للارض)
SVYR	Surveyor	مساح
SWBD	Switchboard	تحويلة
TAC	Tactics, Tactical	تكتيك ـ تكتيكي
TAF	Tactical Air Force	القوة الجوية التكتيكية
TACRR	Tactical Reconnaissance	استطلاع تكتيكي
TK	Tank	دبابة
TT	Target	هدف
TECH	Technical	فني
TELS	Telecommunication	مواصلات تليفونية
TG	Telegraph	تلغراف
TELE	Telephone	تليفون
TPTR	Teleprinter	مبرقة كاتبة
TEMP	Temporary	مؤقت
TOT	Time Overtarget	الوقت فوق الهدف
TDC	TopDead Center	النقطة العليا
TOSEC	Top Secret	سري للغاية
TFC	Traffic	حركة المرور
TC	Traffic Control	مراقبة المرور
TIR	Trailer	مقطورة
TRG	Training	تدريب
TPT	Transport	ينقل ـ نقل
TN	Transportation	نقل
TPTD	Transported	منقول

* المورد (انكليزي - عـربي) - منير البعلبكي ١٩٨٥ .

* القـاموس العصـري (انكليزي - عـربي) - الياس انطوان الياس .

* المنهل - (فرنسي - عربي) د. سهيل ادريس وجبور عبد النور ١٩٨٥ .

REFERENCES

1- Webster's Seventh New Collegiate Dictionary.
2- The American College Dictionary.
3- Encyclopedia Britannica.
4- Janes Dictionary of Military Terms
5- Janes Dictionary of Naval terms, Macdonald and Jane's-London
6- Mcgraw Hill Dictionary of Science and Technical terms-Second Edition

المراجع العربية

* المعجم العسكري الموحد ـ تأليف اللواء الركن محمود شيت خطاب وآخرون ـ جامعة الدولة العربية ١٩٧٠ .

* موجز المصطلحات العسكرية ـ اللواء شوقي بدران .

* قاموس المصطلحات العسكرية ـ الفريق محمد فتحي أمين ـ بغداد ١٩٧٧ .

* معجم المصطلحات الفنية والعلمية ـ مكتبة لبنان ـ الطبعة الخامسة .

* نشرة المصطلحات العسكرية ـ مجمع اللغة العربية الاردني ـ الطبعة الأولى ١٩٨٤ .

* الموسوعة العسكرية ـ المؤسسة العربية للدراسات والنشر ـ ١٩٨٥ .

* موسوعة السلاح المصورة ـ دار المختار للطباعة والنشر ١٩٨٤ .

ي

يارده	yard
برشم ـ يبشم	rivet
يتذبذب	oscillate
يتسارع	accelerate
يحدد	definitize
يخدش	etch
يرقق السائل ، (يخفف)	dilute
يدمر ذاته (الصاروخ)	self-destruct
يدوي	manual
يرسل (راديو)	transmit
يرفع	lift
يستخلص المعلومات	debrief
يسدد	to sight, to aim
يسنن	serrate
يشحم	lubricate
يشعل	ignite
يسوه (يتوشش)	distort
يصون	maintain
يضخم	amplify
يطلق ، اطلاق	launch
يعزز	boost
يعمل بطاقة نووية	nuclear-powered
يعود للظهور	reappear
يفجر (الانفجار الشديد المصحوب باللهب والمعصف)	deflagrate, detonate
يفرغ	discharge
يفصل	disconnect
يفك	disengage
يفكك	disassemble
يقترن	mate
يقلع ، ينزع	extract
يكبر	magnify
يكنس ، يكسح	scavenge
يلتقط	acquire
يلغي ، يشطب	scrub
يلوكيك (أي الكعكة الصفرا) أي اوكسيد اليورانيوم	yellowcake
يمسح (بالرادار)	scan
ينزع ، يجرد	dismantle
ينساب	glide
ينقل	transfer
ينير	illuminate
يولد	generate
يوم الضباط	officers, day
يوم قمري	lunar day
يتريوم	yttrium

وضع الاقتحام	assault position
وضع الانبطاح	lying position, prone position
وضع الرمي	firing position
وضعية	posture
وقود منخفض درجة الحرارة	metallic fuel:01
وقود النفاثات	jet propellant fuel
وقود نووي	nuclear fuel
وقود يشتعل بملامسة الهواء	pyropheric fuel
وكيل نائب ضابط	warrant officer
وميض	flash
وهن (توليد القوة)	degeneration

وحدة ترحيل جوي air staging unit
وحدة التكامل البحرية naval build -up unit
وحدة التوجيه والتخميد
steering and damping unit
وحدة خدمات service unit
وحدة الركوب embarkation element unit
وحدة الرمي fire unit
وحدة شبه آلية semi-mobile unit
وحدة صولة / اقتحام بحرية
naval assault unit
وحدة فلكية astronautical unit
وحدة قتال combat unit
وحدة طاقة power unit
وحدة طاقة ثانوية auxiliary power unit
وحدة الكتلة mass unit
وحدة متناقصة القوة reduced strength unit
وحدة مخابرة الاسناد الجوي
air support signal unit
وحدة مرشد او دليل الساحل
beach master unit
وحدة مفرزة detached unit
وحدة واجب task unit
وحيد الطور single-phase
وديعة ، ارسالية consignment
ورق صنفرة ، او تنعيم sand paper
ورنية مقياس صغير منذلق على vernier
اداة مدرجة لتبيان كسور تقسيماتها وهي باسم مخترعها
ورود ، وقوع ، سقوط incidence
وزارة التموين ministry of supply
وزن weight
الوزن اثناء الاشتباك weight in action
الوزن الاجمالي all-up weight
وزن بلا حمولة dry weight

وزن المتفرجات الصافي net explosives weight
وزن الطرح throw weight
الوزن العادي normal displacement
وزن الفارغ empty weight
الوزن القياسي standard displacement
الوزن النوعي specific gravity
وسائل الاختراق المساعدة penetration aids
وسائل دفاعية الكترونية defence electronics
وسائل مراقبة الية mechanical checks
وسادة ذراع الوصل connecting rod cap
وسادة هوائية air cushion
وسام عسكري military decoration
وسيلة تفجير سريعة rapid demolition device
وصل connection
وصلات الانابيب pipe fittings
وصل ثلاثي delta connections
وصلة jumper
وصلة تنقيص reduction socket
(لتدقيق الجهد الكهربائي)
وصلة الخانق choke coupling
وصلة خطف quick snub connector
وصلة سائلة fluid coupling
وصلة السبطانة barrel extension
وصلة الطارق (اسلحة) hammer strut
وصلة عامة universal joint
وصلة عزل removable connector link
(حلقة عزل في الموصل ، يتم التوصيل لدى عزلها) .
وصلة قالب الطرق swage fitting
وصلة كروية ball joint
وصلة مفصلية toggle
وصلة الموجة sight extension
وُصَيْلَة half-leg
وضع ، مكان emplacement

و

واجبات الاركان staff duties
واجبات العمليات operational duties
واجب عسكري military duty
واصل فاصل clutch
واط وحدة القوة الكهربائية watt
واط / ساعة وحدة العمل والطاقة watt hour
وهي تساوي عمل آلة قوتها واط واحد في ساعة واحدة
واقي الحرارة heat shield
واقية الركبة toggle joint
واقية الزناد trigger guard
واقية السدادة الأمامية foresight protector
واقية السدادة الخلفية backsight protector
واقية البصر eye shield
واقية مشبكة mesh face shield
واقية اليد hand guard
وايت كلاود (أي السحابة البيضاء) [برنامج اميركي لمراقبة المحطات بواسطة رادارات الأقمار الصناعية] white cloud
وتد peg
وتر chord
وتر الجناح chord line, wing chord
وتر المثلث hypotenuse
وثائق غير مصنفة unclassified documents
وثائق مصنفة classified documents

وثبة ، اندفاع rush
وثوقية reliability
وثيقة تأمين insurance policy
وجه الترباس bolt face
الوحدات غير النظامية / الانصار partisan units
وحدات فرعية sub-units
وحدات محمولة جوا airborne troops
وحدة unit, module
وحدة ادارية administrative unit
وحدة استطلاع آلية mechanised reconnaissance unit
وحدة اسناد supporting unit
وحدة اسناد مباشر direct support unit
وحدة الاخلاء الطبي الجوي aeromedical evacuation unit
وحدة آلية motorized/mobile unit
وحدة امامية front unit
وحدة انقاذ سفينة الانزال landing craft recovery unit
وحدة برمائية amphibious unit
وحدة بل لقياس كثافة الصوت bel
وحدة تحريك الصمام valve train
وحدة تعبوية tactical unit
وحدة تعبوية أساسية basic tactical unit

هجوم مضاد محلي local counter attack
هجوم مضاد مدبر deliberate counter attack
هجوم معاكس ، مضاد counter-attack
هجوم منسق co-ordinated attack
هجوم نجمي star attack
هجوم وقائي pre-emptive attack
هجوم وهمي diversionary attack
هجين (سلاح) hybrid weapon
هدف target
هدف اساسي primary target
هدف استراتيجي (سوقي) strategic object
هدف اضافي suplementary target
هدف تدريب banner target
هدف تخريب مهيأ charged demolition target
هدف تخريب غير مهيأ uncharged demolition target
هدف تخريب مؤجل reserved demolition traget
هدف تصادفي target of opportunity
هدف ثابت fixed target
هدف ثانوي secondary target
هدف جوي air target
هدف جوي عابر fly through target
هدف الحرب النفسية psychological warfare objective
هدف الدبابة الرئيسي tank primary target
هدف رئيسي main objective
هدف راداري radar target
هدف سريع fleeting target
هدف شبح silhouette target
الهدف الصلب hard target
هدف على السطح surface target
هدف لينّ soft target
هدف عند الطلب on call target
هدف كُمّي sleeve target
هدف متحرك moving target
هدف متوسط intermediate objective
هدف محصور (بالرادار) radar lock on
هدف مدبّر deliberate target
هدف مفاجىء surprise target
هدف منطقة area target
هدف نقطي point target
الهدف النهائي final objective
هرتز وحدة التردد : دور في الدقيقة Hertz
هرولة double quick march
هش قصيف brittle
هن (رادار سوفييتي طويل المدى) hen
هندسة بشرية human engineering
(فرع هندسي يبحث في حركة الانسان حول المعدات الالية)
هوائي aerial, antenna
هوائي انشوطي loop antenna
هوائي ثنائي القطب bipolar antenna
هومينغ اوفرلي homing overlay experiment
اكسبريمانت [تجربة لنوع من أنظمة الدفاع ضد المقذوفات البالستية]
هيدروجين سائل liquid hydrogen
هيدروستاتيكا ، مستوى متعلق بتوازن الموائع وضغطها الاستواء الهيدروستاتي hydrostatic (level)
هيكل hulk, chassis
هيكل الدبابة tank hulk
هيكل الصاروخ stovepipe
هيكل طائرة air frame
هيليوم عنصر غازي helium
هيئة الاركان المشتركة joint chiefs of staff

هاوتزر (مدفع قوس أو قذاف) المقذوف لمسافة أبعد من المواقع العادية الا أنه ادنى سرعة)	**howitzer**
هاون	**mortar**
هاونات الفرقة	**divisional mortars**
هاديدين	**hidyne**
هبة ريح	**gust**
هبوط اضطراري	**forced landing**
هبوط اعمى	**blind landing**
هبوط برفق او بلطف	**soft landing**
هبوط دون قلاب	**flapless landing**
هبوط زوجي ، ازدواجي	**pair landing**
الهبوط على بطن الطائرة	**belly landing**
الهبوط على الماء	**splashdown**
هبوط غير متوازن	**assymetric landing**
هبوط مباشر (الهبوط على كوكب دون مساعدة صاروخية مضادة للجاذبية	**hard landing**
هبوط متعامد مع الريح	**gross wind landing**
هجوم	**attack**
هجوم احباط	**spoiling attack**
هجوم ارضي	**ground attack**
هجوم استراتيجي	**strategic attack**
هجوم ، انزال	**landing**
هجوم بالرش	**spray attack**
هجوم بالرشاشات	**gun attack**
هجوم بالغاز	**gas attack**
هجوم فتاك	**casualty attack**
هجوم تثبيت	**holding attack**
هجوم تحذيري	**exemplary attack**
هجوم جبهي	**frontal attack**
هجوم جوي	**air attack**
هجوم رئيسي	**main attack**
هجوم زاوي	**beam attack**
هجوم سام	**toxic attack**
هجوم سريع	**quick attack**
هجوم (ضربة)	**strike**
هجوم عرضي	**accidental attack**
هجوم على الجناح	**flank attack**
هجوم غير مباشر	**indirect attack**
هجوم كيمياوي مباغت	**surprised chemical attack**
هجوم ليلي	**night attack**
هجوم مجزأ	**piecemeal attack**
هجوم محدود	**limited attack**
هجوم مدبر	**deliberate attack**
هجوم مدرع	**armoured attack**
هجوم مرئي	**visual attack**
هجوم مضاد	**counter attack**
هجوم مضاد فوري	**quick counter attack**

نوع الهجوم fixed ammunition
نوكلون (احد مكونات نواة الذرة) nucleon
نووية nuclear
نيران ارضية ground fire
نيران اسكات المدفعية المضادة للطائرات flak suppression fire
نيران تحت الطلب call fire
نيران جانبية enfilade fire
نيران طويلة المدى long rage fire
نيران متقاطعة interlocking fire
نيران مدفعية مضادة للطيران flak
نيزك (نيزك يسقط على الأرض) meteorite
نيوترون neutron

النقطة الساخنة hot point
نقطة السحب pull up point
نقطة السقوط point of fall
نقطة سوقية / استراتيجية strategic point
نقطة سيطرة أو مراقبة control point
نقطة السيطرة على التلوث contamination control point
نقطة شروع او بدء او انطلاق start point
نقطة صعبة hardpoint
نقطة الصفر zero point
نقطة طلقة التجربة trial shot point
نقطة علامة picture point
نقطة اللاعودة point of no return
نقطة ماء water point
نقطة متوقعة predicated point
نقطة مدارية orbit point
نقطة مراقبة السابلة او حركة المرور traffic control point
نقطة مراقبة جوية air control point
نقطة مراقبة مساحة survey control point
نقطة المستوى level point
نقطة مشاهدة witness point
نقطة المطاوعة (الحد الأقصى لعودة المعدن الى شكله الاصلي بعد نزع الحمل) yield point
نقطة معلمة pin point
نقطة معينة agreed point
نقطة ملاقاة meeting point
نقطة واهنة او ضعيفة vulnerable point
نقطة وقود petrol point
النقطة الميتة (نقطة انتقال اتجاه المكبس من اعلى الى اسفل او العكس عند دوران عمود المرفق) dead point center
النقطة الميتة السفلى في محرك الاحتراق الداخلي dead centre bottom bottom dead center
النقطة الميتة العليا top dead center
نقطة النزول landing point
نقطة نزول الجنود debussing point
نقطة النزول من الاليات point of disembarkation
نقطة الهجوم point of attack
نقل transportation
نقل جوي air transport
نقل جوي استراتيجي strategic air lift
نقل حرارة heat transfer
نقل حيواني animal transport
نقل عسكري army transport
نقل على العجلات wheeled transportation
نقل مائي داخلي inland water transport
نقل متوسط المدى medium range transport
النقل الميداني field transport
نسق او رعيل ب B. echelon
نقليات الخط الأول first line transports
نقليات عامة general transport
نمط انزال المظليين parachute dropping
نموذج ، نمط ، طراز pattern, model
نموذج اولي prototype
نموذج جيش army form
نموذج مشابه mock up
نموذجي standard
نواة nucleus
نوراد (القيادة الاميركية والكندية المشتركة المنوط بها المراقبة العالمية) NORAD, North American Air-Defence Command
نوع model/type
نوع الحاوية ، او الصندوق ، او الخزان type of container
نوع ثابت ، نوع قذيفة ثابتة fixed type

نقطة اللاعودة point of no return
نقطة انزال landing point
نقطة انطلاق release point
نقطة انفجار point of burst
نقطة البدء start point
نقطة تبديل النقالة litter relay point
نقطة تثليثية trigonometrical point
نقطة تجسير (إنشاء جسور) bridge point
نقطة تجسير الفيلق corps bridge point
نقطة تجزئة bulk breaking point
نقطة التجميع ، التركيم point of accumulation
نقطة تجمع rallying point
نقطة تحميل bearing point, loading point
نقطة التحميل الخلفي back loading point
نقطة تسجيل registration point
نقطة التسليم delivery point
نقطة التشحيم greasing point
نقطة التصادم point of impact
نقطة تصويب aiming point
نقطة تصوير عمودية plumb point
نقطة تعديل adjusting point
نقطة تفتيش ، تفقد check point
نقطة تفرق ، انتشار dispersal point
نقطة تفرق الطائرات السمتية
helicopter break up point
نقطة تفقد او تفحّص check point
نقطة تفقد مراقبة التنقل
movement control check point
نقطة التقاط pick up point
نقطة التقرب من الهدف target approach point
نقطة تماس contact point
نقطة تموين supply point
نقطة تموين ammunition supply point

نقطة تموين عتاد خاص
special ammunition sypply point
نقطة تموين متنقلة mobile supply point
نقطة التنسيق co-ordinating point
نقطة تنظيم regulation point
نقطة التوجيه directing point
نقطة توزيع distribution point
نقطة توزيع بالجملة bulk breaking point
نقطة التوازن point of balance
نقطة توزيع distributing point
نقطة توزيع الذخيرة
ammunition distributing point
نقطة توزيع المياه water supply point
نقطة جمع collecting point
نقطة جمع اسرى الحرب
prisoner of war collecting point
نقطة جمع الاليات vehicle collecting point
نقطة جمع المتخلفين
straggler collecting point
نقطة جمع المرضى patient collecting point
نقطة جمع المعدات equipment collecting point
نقطة حرجة ، خطرة critical point
نقطة حصينة strong point
نقطة حيوية key point
نقطة الخروج departure point
نقطة خلفية rear point
نقطة دلالة او مراجعة reference point
نقطة ذخيرة ammunition point
نقطة رئيسية principal point
نقطة هدف الرشقة salvo point
نقطة ركوب embussing point
نقطة الركود stagnation point

نافذة الاملاء loading gate
نافر embossed
نافستار (قمر صناعي من عناصر نظام غلوبيل زبشوينغ) Navstar
ناقصيّ او ايجازيّ elliptical
ناقل حركة نهائي final drive
(تحكم نهائي ، قيادة نهائية ، مقود نهائي)
ناقلة جنود مدرعة armoured personnel carrier
ناقلة صواريخ missile transporter
نباض pulse (radar)
النبض الكهرمغنطيسي electromagnetic pulse
نبضة pulse
نبضة في الثانية pulse per second
نتاش extractor
نتروجين سائل liquid nitrogen
نتوء (في قماش المظلة) float
نتوءات bulges
النجم القطبي North Star
نداء call sign
ندف (مطر وبرد) sleet
نزع الأغطية unmasking
نسافة torpilleur
نسبة [illegible] gliding ratio
نسبة الانضغاط compression ratio
نسبة الاوكتين (قياس نسبة صفاء البنزين) octane number
نسبة بَاعِيّة aspect ratio
نسبة السرعات gear ratio
نسبة تغيير الاشارة rate signal
نسبة الدفع الى الوزن thrust-weight ratio
نسبة القوى force ratio
نسبة المَيْل slanting ratio

نسبة الهواء الى الوقود air fuel ratio
(نسبة الوقود الى الهواء بالوزن في المزيج)
نسبة الوقود الى المؤكسد fuel to oxidizer ratio
نسخة version
نسف أو نَسِيفة ، او اصبع متفجرة torpedo
نسق أو رَعِيل echelon
نشرة نسيفة leaflet torpedo
نشر / انتشار deployement
نصف جراية (نصف تعيين) half ration
نصف عائم semi-floating
نصف قطري ، شعاعي radial
نصف مزنجرة half track
نصف مقطورة semitrailer
نصب طارق البندقية to cock a gun
نصل الدبابة tank shovel
نصل المنشار saw blade
نصل منشار المعادن hacksaw blade
نضيدة أو مُجَمِّع accumulator
نطاق تردد اكس (موجة) X-band (frequency)
نظارات واقية goggles
نظارة تسديد optical sight
نظارة عاكسة reflecting sight
نظارة واقية bull's eye
نظام الاحداثيات المطلق absolute coordinate system
نظام الإطلاق العمودي vertical launch system
نظام اكرمان (نظرية التوجيه في الاليات) Ackerman system
النظام التلقائي لمعالجة البيانات automatic data processing system
نظام التبريد cooling system

نظام تتبع فعّال active tracking system
نظام التحرك actuating system
نظام التخفية او التمويه camouflage discipline
نظام التشحيم lubrication system
نظام التعليق suspension system
(نظام ربط المحاور بجسم الالة)
نظام التوجيه guidance system
نظام ثنائي binary system
نظام جيروف georef reference system
(للخرائط)
نظام حفظ الحياة life-support system
نظام خوائي ، فراغي vacuum system
نظام الدفاع الجوي البري لحلف شمالي الأطلسي
NADGE
نظام سيطرة توافقي adaptive control system
نظام السيطرة على الطيران
flight control system
نظام العمل القياسي
standard operating procedure
نظام القافلة convoy discipline
نظام القياس المتري metric system
النظام القياسي للقذف في الفضاء
standard space launch system
نظام لَالَوْنيّ achromatic system
نظام متر ـ كغم ـ ثانية MKS system
نظام المعركة order of battle
نظام المفتاح المزدوج dual-key system
نظام الوقود fuel system
نعال الأقفال locking shoes
نعل الكابحة brake shoes
نفاث jet
نفاث عنقي turbojet engine
نفاث عنقي بمروحة turbofan engine
نفاذية (للضوء للمغناطيس) permeability

النفاذية النسبية relative permeability
نفط زيت وتشحيم
petroleum oil and lubricant
نفقات اضافية extracharges
نفق الريح wind tunnel
النفير,إعلان تعبئة mobilization
نقارة (جهاز يستعمل لفحص growler
عضو الانتاج في المولد)
نقاط الأصل origin points
نقاط بارزة outstanding points
نقص في دقة الصنع lack of taper
نقطة ابتدائية او أولية initial point
نقطة اتصال junction point
نقطة ارجاع او استعادة salvage point
نقطة الرصد observing point
نقطة ارزاق ration point
نقطة أساسية datum point
نقطة استبدال cannibalization point
نقطة استدارة turn in point
نقطة اسقاط القنابل bomb release point
نقطة اسقاط جوية محسوبة
claculated air release point
نقطة اسقاط من الطائرات العمودية
helicopter drop point
نقطة اطلاق او تحرير أو اعتاق release point
نقطة الاتصال النجمي star point
نقطة الارتطام impact point
نقطة الارشاد marshalling point
(نقطة الدخول لاول المدرج للاقلاع)
نقطة الاصابة المتوسطة mean point of impact
نقطة الاعتراض intercept point
نقطة الالتقاء meeting point
نقطة القاء helicopter drop point
من الطائرات السمتية / المروحية

موقف تمديد	**extension adapter**
موقف مستقر او ثابت	**stabilized situation**
موقفة الترباس	**bolt stop**
مولّد	**generator**
مولد تيار متناوب او متردد	**alternator**
مولد الزوابع	**vortex generator**
مولينا (طراز من الأقمار الصناعية السوفياتية)	**molyina**
مويجة ، موجة صغيرة	**ripple**
ميثان غاز من المستنقعات والمناجم	**methane**
ميدان التدريب	**training field**
ميدان الرمي	**field of fire**
ميزان تسوية كحولي	**spirit level**
ميزر [تكبير امواج الميكروويف بانبعاث الاشعاعات وحفزها]	**maser**
ميزة استراتيجية	**strategic advantage**
مَيْسرة	**port**
ميغا	**mega (multiplied by one million)**
ميغاطن (مليون طن)	**megaton**
ميكرو (جزء من المليون)	**micro**
ميكويان ـ غوريفيتش (طائرة الميغ السوفياتية)	**Mikayan-Gurevich (Mig)**
ميلاً سلاح ! او « عاليا احمل »	**port arms!**
ميلان	**chamfering, inclination**
ميل بحري (٨٥٢ مترا)	**nautical mile**
ميل بري	**statute mile**
ميل بالساعة	**mile per hour**
ميلستار (سلسلة من اقمار الاتصالات المزدوجة الاسلوب]	**milstar**
ميمنة الطائرة	**star board**

نابالم ، قنابل حارقة محظورة الاستعمال napalm
نابض ، لولب spring
نابض الارتداد recoil spring
نابض الارجاع return spring
نابض تثبيت السوار الامامي
front hand locking spring
نابض التشغيل actuator spring
(نابض الارجاع الرئيسي في السلاح ويقوم باعادة المجموعات الى اماكنها بعد الاستعمال)
نابض رئيسي main spring
نابض الصمام valve spring
نابض لولبي coil spring
نابض المخزن magazine spring
نابض المطرقة hammer spring
ناتو North Atlantic Treaty Organisation
[منظمة حلف شمال الاطلسي]
نار الاسناد supporting fire
نار اسناد عميق deep supporting fire
نار اسناد قريب close supporting fire
نار اسناد مباشر direct supporting fire
ناراً اقطع hold fire
نار الازعاج / التشويش harrassing fire
نار التأثير fire for effect
نار التحريم interdiction fire
نار تمهيدية preparatory fire

نار جارفة sweeping fire
نار جانبية enfilade fire
نار الحماية النهائية final protective fire
نار واقية / وقائية protective fire
نار واقية / وقائية نهائية final protective fire
نار دفاعية defensive fire
نار دفاعية في العمق defensive fire in depth
نار دفاعية قريبة close defensive fire
نار دفاعية (للانقاذ) defensive fire (SOS)
نار ساترة / نار تغطية covering fire
نار عند الطلب call fire
نار غير مباشرة indirect fire
نار متعمَّدة deliberate fire
نار مدفعية الدعم reinforcing artillery fire
نار مرصودة observed fire
نار مقاومة الاختراق counter penetration fire
نار مقيدة أو اوقف النار hold fire
نار منطقة area fire
نار موزعة distributed fire
نار وحركة fire and movement
نار ومناورة fire and manœuvre
نازع النفقرات (اسلحة) link stripper
ناصب / قاذف (جهاز) erector/launcher
نافخ (جهاز لدفع الهواء الى الاسطوانات في محركات الديزل) blower

مؤن مرزومة (للطوارىء) composite rations
مُؤثِّر effective, efficient
موجد الاتجاه direction finder
موجد الارتفاع height finder
موجد اوتوماتي للاتجاه
automatic direction finder
موجة wave
موجة ارضية ground wave
موجة الانفجار burst wave
موجة الطائرات السمتية والمروحية
helicopter wave
موجة امامية forward wave
موجة بسلك wire guided
موجة تمدد expansion wave
موجّه جانبي side sight
موجة حاملة carrier wave
موجة حرارية heat wave
موجة خلفية backward wave
موجه راداريا radar homing
موجة سماوية sky wave
موجة سن المنشار sawtooth wave
موجة صدم shock wave
موجة صدم صوتية sonic shock wave
الموجة الصغرى : موجة كهرطيسية قصيرة جدا microwave
موجة ضغط compression wave
موجة عصف blast wave
موجة قذافية / بالستية ballistic wave
موجة كروية spherical wave
موجة لاسلكية radio wave
موجة ماخ [موجة تتكون على اجسام تسير بسرعة فوق الصوتية] mach wave
موجة مربعة square wave
موجة مستقرة standing wave

موجة مستمرة continuous wave
موجة موجّهة guided wave
موجة (سدادة) ميتا dial sights
موجه dial sights
موجه حراريا heat homing
موزع distributer
موزع قنابل الطائرات aircraft bomb dispenser
موصل conductor
الموصلية conductivity
موضع position
موضع ارساء lowering position
موضع اضافي suplementary position
موضع الاجتماع assembly position
موضع التسديد aiming position
موضع التسديد المباشر direct laying position
موضع الاستطلاع والأمن
reconnaissance and security position
موضع الصولة والهجوم النهائي
final assault position
موضع المعركة battle position
موضع انتظار waiting position
موضع اولي / رئيسي principal position
موضع بديل alternative position
موضع تحويل switch position
موضع تعويق delaying position
موضع تمهيدي pre-position
موضع جوّال rover position
موضع دفاعي defensive position
موضع دفاع امامي
forward defensive position
موضع دفاعي جديد new defence position
موضع دلالة او مراجعة reference position
موضع رئيسي او أساسي main position
موضع ساتر covering position

موضع صوري او وهمي dummy position
موضع صولة او هجوم assault position
موضع منحرٍ. inclined position
موضع متوقَّع predicted position
موضع محصّن emplacement position
موضع مدافع guns position
موضع مدبّر deliberate position
موضع حصان او محميّ defended position
موضع منظم organized position
موضع مهيأ ready position
موضع وقتي temporary position
موضع هجوم attack position
موعد الاجتماع rendezvous of meeting
موفق adapter
موفق صمام valve adapter

موفق صمام valve adapter
موقف / كابحة brake
موقف الطائرات apron
موقف / وضع / حالة situation
مُوقِف الفوهة ـ كابحة الفوهة muzzle brake
موقع أرضي ground position
موقع اسعاف الوحدة regimental aid post
موقع اسعاف طبي medical aid post
موقع الاطلاق launching site
سوقع انزال landing site
موقع انقاذ recovery post
موقع بديل alternate position
(خلف الخطوط)
موقع تبديل سيارات ambulance relay post
لاسعاف
وقع تحميل ambulance loading post
سيارات الاسعاف
موقع ترحيل جوي air staging post

موقع تغطية covering position
موقع جمع الاصابات casualty collecting post
موقع جوي air position
موقع دفاعي defensive post
موقع سابلة / مرور traffic post
موقع سيطرة امامي forward control position
or post
موقع سيطرة السابلة traffic control post
موقع سيطرة ambulance control post
سيارات الاسعاف
موقع control and reporting post
سيطرة وتقارير
موقع عبور crossing post
موقع قيادة command post
موقع قيادة امامي forward command post
موقع army air defence command post
قيادة الدفاع الجوي للجيش
موقع light anti aircraft command post
قيادة مدفعية مقاومة الطائرات الخفيفة
موقع air defence artillery command post
قيادة مدفعية الدفاع الجوي
موقع متقدم advanced position
موقع محصن fortified position
الموقع المستقبلي future position
موقع مسيطر commanding position
موقع مصلّد hardened site
موقع موجه الهدف target dircting post
موقع نزول الطائرات المستية ، او المروحية
helicopter landing site
مُوقِف / كابحة brake
مطار الطائرات apron
مَوقِف او حالة او وضع عام general situation
موقف العبور crossing situation
موقف او وضْع العدو enemy situation

منظم بصفائح كربونية carbon fins regulator
منظم التيار current regulator
منظم الجهد الكهربي voltage regulator
منظم الرمي بالبندقية sear
مسجلة الوقت intervalometer
منظم الغاز gas regulator
منظمة حلف شمال الاطلسي (ناتو)
North Atlantic Treaty Organization NATO
منظومة ادارية system
منظومة ادارية للجيش
army logistics system
منظومة استطلاع متكاملة محمولة جوا
airborne intergrated reconnaissance system
منظومة الاخلاء الطبي الجوي
aeromedical evacuation system
منظومة التسليح arming system
منظومة التعريف وتحقيق الهوية
recognition and identification system
منظومة التفجير explosive system
منظومة التقاط بيانات محمولة جوا
airborne data acquisition system
منظومة انذار alerting service
منظومة انذار مبكر early warning system
منظومة انذار مبكر ضد المقذوفات البالستية
ballistic missile early warning system
منظومة انذار وقيادة محمولة جوا (اواكس)
airborne warning and control system
منظومة انذار من العوامل السامة
toxic alarm system
منظومة ايقاف الطائرات
aircraft arresting system
منظومة تحديد موقع الطائرات بالنسبة للارض
fixer network system

منظومة تحكم آلي في الطيران
automatic flight control system
منظومة تحكم في المواصلات
automatic flight logistics control system
منظومة التموين الجوي للجيش
army air summoy system
منظومة التوجيه guidance system
منظومة توجيه السلاح weapon aiming system
منظومة التوزيع distribution system
منظومة توصيل delivery system
منظومة الحواجز barrier system
منظومة دفاع جوي air defence system
منظومة الدفاع الجوي الثابتة
static air defence system
منظومة الدفاع الجوي المتنقلة
mobile air defence system
منظومة دفاع المنطقة area defence system
منظومة الراصدين الارضيين
ground observer organization
منظومة الرمي firing system
منظومة الساحل ، منظومة سيطرة
beach organization, control system
منظومة سيطرة الطيران الذاتي
automatic flight control system
منظومة عمليات جوية ارضية
air ground operations system
منظومة القصف المداري الجزئي
fractional orbital bombardment system
منظومة قصف من ارتفاع منخفض
low altitude bombing system
منظومة الكشف والاخبار عن الصعق النووي
nuclear detonation, detection and reporting system

منظومة مخابرة signal system
منظومة مراقبة بحرية sea surveillance system
منظومة معلومات المعركة
action information organization
منظومة مراقبة وانذار الطائرات
aircraft control and warning system
منظومة مراقبة وتقارير
control and reporting system
منظومة مراقبة الرمي fire control system
منظومة مقاومة المقذوفات البالستية
anti-ballistic missile system
منع او تحريم interdiction
منع جوي air interdiction
منع الحرائق fire prevention
مَنَعَة ، وقاية casemate
منعة خرسانية concrete pill box
منفرد solo
منفّس breather
منفعي utilitarian
منهاج syllabus
مُنَوِّب ، (مولد التيار المتردد) alternator
مهارشة ، قتال جوي dog fighting
مهارة ميدانية field craft
مهبط كهربائي cathode, plate
مهد او قاعدة تجربة test bed
مهدف المدفع او البندقية gun sight
معدات العبور crossing equipment
مهماد buffer
مهماز موجه spur guide stud
مهمة استطلاع reconnaissance mission
مهمة تحت الطلب call mission
مهمة جوية خاصة special air mission
مهمة عسكرية military mission
هجمة مفاجئة (طلعة) sortie

مهندس engineer
مهندس بيئة environmental engineer
مواد التخفية او التمويه camouflage materials
مواد التدمير demolition materials
مواد سريعة الاستهلاك fast moving items
مواد ، استراتيجية سوقية strategic material
مواد غذائية food stuff
مُوازِن stabilator
موازنة بالفتل spine stabilized
موازنة بواسطة الجنيحات fin-stabilized
مواصفات المحرك engine specifications
مواصفات المواد material specifications
مواصلة conductance
مواصلة تبادلية transconductance
مواقع دفاعية امامية forward defense
موانع ، عقبات obstacles
موانع طبيعية natural obstacles
مؤازرة support, aid
مؤخرة للحريق fire retardant
مؤخرة ، مغلاق rear, breech
مؤسسة عسكرية military establishment
مؤشر pointer
مؤشر تعتيم black out marker light
(نور خافت يستعمل للارشاد)
مؤشر زاوية الاقتراب
angle of approach indicator
مؤشر الزيت oil index
مؤشر المدى العالي high range indicator
مؤشر الهدف المتحرك
moving target indicator
مؤكسد oxidant
مؤمن ضد العطل fail safe

منطقة تجمع القوارب boat assembly area
منطقة تحشّد concentration area
منطقة التحليق للهبوط قرب المطار / المدرج
circuit area
منطقة التحويل transfer area
منطقة الترحيل staging area
منطقة تربيعية grid zone
منطقة تشكيل forming up area
منطقة التصدع surface of rupture
منطقة التعرف على الطائرات لاغراض الدفاع الجوي
air defense identification zone
منطقة تفتيش وانقاذ search and rescue area
منطقة التقاط pick up zone
منطقة تمييز الدفاع الجوي
air defence identification area
منطقة تنظيم marshalling area
منطقة تنظيم حركة الطائرات
aircraft marshalling area
منطقة تنقل movement area
منطقة التوزيع بالمفرد retailing area
منطقة تماس contact, impact area
منطقة حربية area of war
منطقة حساسة sensitive area
منطقة حرّة ـ نووية nuclear free zone
منطقة حرجة أو خطرة critical zone
منطقة حيوية key area
منطقة خاصة special area
منطقة خدمة الجيش army service area
منطقة خطر danger area
منطقة خطر الاشعاع radiation danger zone
المنطقة الخلفية rear area
منطقة داخلية zone of interior
منطقة الدفاع zone of defence
منطقة دفاع جوي air defence area, region

منطقة دفاعية defensive area or zone
منطقة دفاع المدافع البحرية
naval gun defence zone
منطقة دفاع أمامية forward defence area
منطقة دفاع جوي محدودة
air defence restricted area
منطقة دفاع ساحلية
defence coastal area or defensive
منطقة دوريات submarine patrol
الغواصات zone/area
منطقة ذات اهمية area of importance
منطقة ركوب embarkation area
منطقة رمي المدفع gun fire area
منطقة رمي zone fire
منطقة رمي محتملة contingent zone of fire
منطقة رمي مسيطر عليه
controlled firing area
منطقة الرصد النووي الاحيائي الكيمياوي
nuclear, biological, chemical area of observation
منطقة ساحلية coastal zone
منطقة صيانة امامية forward maintenance area
منطقة صيانة خلفية rear maintenance area
منطقة صيانة رأس جوي
airhead maintenance area
منطقة الصيانة maintenance area
منطقة صيانة الفرقة
division maintenance area
منطقة صيانة الفيلق corps maintenance area
منطقة صيانة القوى force maintenance area
منطقة صيانة للجيش army maintenance area
منطقة الطيران المنخفض low flying area
منطقة عازلة buffer zone
منطقة عبور crossing area

منطقة عسكرية military area/military zone

منطقة عمل الدفاع الجوي
air defence action area

منطقة عمليات الدفاع الجوي
air defence operations area

منطقة قاتلة killing grounds or zone

منطقة قتال combat zone

منطقة القتل النووي nuclear killing zone

منطقة قذف بالستية ballistic area

منطقة قذف launching area

منطقة قصف area bombing

منطقة قصف اعمى او عشوائي
blind bombing zone

منطقة قصف حر blind bombing zone

منطقة ما قبل الهبوط (في منطقة المدرج)
under shoot

منطقة التوقف parking area

منطقة السقط الذري المؤثر عسكريا
area of militarily significant fallout

منطقة متلاحقة overlap area

منطقة محتلة occupied territory

منطقة محدودة restricted area

منطقة محررة liberated territory

منطقة محظورة او محرّمة prohibited area

منطقة المخازن او المستودعات magazine-area

منطقة مخفية او محجوبة concealed area

منطقة مُدافع عنها defended area

منطقة مراقبة control area

منطقة مركزية core area

منطقة مرور transit area

منطقة مسؤولية الاستخبارات
area of intelligence responsibility

منطقة مشاغلة المقاتلات fighter engagement zone

منطقة مشاغلة المقذوفات او الصواريخ
missile engagement zone

منطقة مشتركة joint zone

منطقة مضروبة beaten zone

منطقة مضروبة فعالة effective beaten zone

منطقة معتدلة temperate zone

منطقة معركة أمامية forward battle zone

منطقة مغلقة closed area

مبنطقة مقصوفة area shelled

منطقة مناورة manoeuvring area

منطقة منزوعة السلاح demilitarized zone

منطقة مواصلات communication zone
[هي المنطقة التي تتوافر فيها وسائط المواصلات المختلفة من نقل بري وبحري وجـوي وسكك حديدية]

منطقة ميتة dead zone

منطقة النزول او الهبوط landing sone

منطقة نزول الطائرات السمتية او المروحية
helicopter landing zone

منطقة نقل خارجية outer transport area

منطقة نقل داخلية inner transport area

منطقة نقل الطائرات السمتية / المروحية
helicopter transport area

منطقة واهنة او ضعيفة vulnerable area

منطقة هدف target area/objective area

منظار ثنائى العينية binoculers

منظار مجسم (يستخدم لقراءة الصور الجوية) stereoscope

منظار مقرب telescope

منظار الميدان field glass

منظر شامل ـ بانوراما panorama

منظم ، معدل rheostat

منظم voltage regulator

منظم الارتفاع superelevation actuator

ملاحة فلكية
celestial navigation, astronavigation
ملازم اول first lieutenant
ملازم ثان second lieutenant
مِلَاك ، قوة مقاومة أولية initial strength
ملاك السلم peace establishment
ملامسة الارض touch down
(عند هبوط الطائرة)
ملتقى موعد rendevous
ملتقى الطرق road junction
ملحق استخبارات intelligence annex
ملحق عسكري military attache
مل دائري [وحدة circular mill
مساحة لدائرة قطرها واحد بالألف من البوصة
تستعمل لقياس مقطع الاسلاك]
ملزمة للشد vise
ملزمة منضدية bench vise
ملزمة يدوية pin vise
ملف coil
ملفات المجال (كهرباء) field coils
ملف اسطواني solenoid
ملف ثانوي secondary coil
ملف الخانق او الشراقة choke coil
مليمتر millimeter, mm
مماس tangent
ممانعة ، تردد reluctance
ممتص الصدمات shock absorber
ممتلكات عسكرية military estates
ممر ، سكة ، طريق track
ممر اختياري advisory route
ممر اقلاع departure runway
ممر انحداري ، مسار شراعي ، glide path
زاوية الانحدار الصحية للهبوط بالطيران الآلي
ممر جوي air corridor, air route

ممر ضيق narrow path
ممر على مستوى واحد grade crossing
ممر الغاز gas port
ممسك العدة (عمود دوران المخرطة) mandrel
مميز [صمام دائرة discriminator
كهربائية ناتجها يعتمد على تغيرات التردد واتجاه
الاشارة الداخلية]
مميز طول النبضة
pulse length discriminator
مناسيب contours
مناطق مبنية built-up areas
مناعة invulnerability
مناوبة الضباط officer's duty
مناورات الميدان field manoeuvers
مناورة قتال جوي air combat manoeuvers
المناورة (القدرة على) maneuverability
منتخب selector
منجدات ، مواد التنجيد upholstery
منجنيق catapult
منحدر الانسياب ، انحدار شراعي glideslope
منحنى مميز characteristic curve
منخفض درجة الحرارة cryogenic (propellant)
(وقود)
منزلقة / صافة (قنبلة) glife (bomb)
منسجم compatible
منشآت installations
منشار المعادن hacksaw
منشط booster
منشور prism
منشور قلاب (للصور) dove inverting prism
منشوري prismatic
منصب ، قاعدة تركيب mount
منصب ثلاثي (اسلحة) tripod
من صنع الانسان manmade

منصة اطلاق الصواريخ pad
منصة عملياتية operational readiness
جاهزة او مُعدَّة platform
منصة فحص المحرك engine, test stand
منصة مستقرة / ثابتة stable platform
(جايروسكوبيا)
منضدة تحكم console
منضدة او مقعد تحكم رئيسي master console
منضدة تغذية feed tab
منضدة او منصة عمل work bench
منطاد دفاع سلبي barrage balloon
منطاد الرصد observer balloon
من الطائرة الى pigeon to base
القاعدة (نداء)
منطقة area, zone,
منطقة احتجاز holding point
منطقة ادارية administrative area
[هي المنطقة الخلفية التي توضع فيها الـوحدات الاداريـة في مسـرح العمليـات او التمـارين التعبوية]
منطقة الاستراحة rest area
منطقة الاسقاط dropping zone
منطقة الاصابة impact area
منطقة اجتماع assembly area
منطقة اجتماع الهندسة
engineer assembly area
منطقة احتياط reserve area
منطقة اخلاء evacuation area
منطقة ادارية امامية للواء
forward brigade administrative area
منطقة ادارية للفرقة
divisional administrative area
منطقة ادارية للواء
brigade administrative area

منطقة اركاب mounting area
منطقة استوائية tropic region
منطقة اسناد support area
منطقة اسناد ساحلية beach support area
منطقة اسناد بحرية naval support area
منطقة اصطفاف الاليات
vehicle marshalling area
منطقة الاسناد الناري fire support area
منطقة الاطلاق launch area
منطقة الأمان safety zone
منطقة التقاء الزوارق boat rendezvous area
منطقة الرمي zone of fire
منطقة الصدى echo area
منطقة الصولة ، الهجوم assault area
منطقة العمل zone of action
منطقة العمليات area of operations
operations zone
منطقة القاء dropping zone
منطقة التوة الضاربة striking force area
منطقة المانع barrier area
منطقة الملتقى rendezvous area
منطقة المسؤولية area of responsibility
منطقة النفوذ area of influence
منطقة أمن security area
منطقة اقامة lodgement area
منطقة انذار warning area
منطقة انتشار deployment area
منطقة انطلاق العجلات البرمائية
amphibious vehicle launching area
منطقة بحرية maritime area
منطقة بحرية دفاعية defensive sea area
منطقة البروج zodiac
منطقة التأثير area of interest
منطقة تبعثر او تشتيت dispersion area

مقذوف او صاروخ تعبوي **tactical missile**
مقذوف او صاروخ جو ـ أرض
air to surface missile
مقذوف او صاروخ جو ـ جو **air to air missile**
مقذوف او صاروخ جوي غير موجه
aircraft rocket
مقذوب او صاروخ حر **free missile**
مقذوف او صاروخ حر الطيران
free flight missile
مقذوف او صاروخ ذاتي التوجيه
fire and forget missile
مقذوف او صاروخ طوّاف **cruise missile**
مقذوف او صاروخ عابر للقارات
intercontinental missile
مقذوف او صاروخ غواصات
submarine launched missile
مقذوف ، صاروخ لتدمير مدرجات الاقلاع
مقذوف او صاروخ مضاد **dibber anti-ballistic**
مقذوف ، صاروخ مضاد للمقذوفات او الصواريخ البالستية **anti-ballistic missile**
مقذوف او صاروخ موجه **guided missile**
مقذوف او صاروخ موجه
guided ballistic missile
مقذوف او صاروخ موجه جو / أرض
air to ground guided missile
مقذوف او صاروخ موجه جو / جو
air to air missile
مقذوف او صاروخ موجه جو / جو طويل المدى
long range air to air missile
مقذوف او صاروخ موجه جو / سطح
air to surface missile
مقذوف او صاروخ موجه يطلق من طائرة
aircraft missile

مقذوف متطور جو / جو طويل المدى
advanced long range
air to air missile
مقذوف موجه مضاد لأسلحة الدفاع الجوي
air defense suppression missile
مقذوف او صاروخ هجومي قصير المدى
short range attack missile
مقذوف مهيأ **prepared missile**
مُقِرٌ جيروسكوبي **gyrostabiliser**
مقر الصمام **valve seat**
مقر القفل **locking recess**
مقرنة **coupler**
مقسى (مطبع) **tempered**
مقسم **voltage divider**
مقص منضدي **bench shears**
مقصورة ، حجرة **cabin**
مقشاط اعقف **hook scraper**
مقطع او قسم (مدفعية) **section**
[نصف سرية مدافع او هاونات في العادة مؤلفة من مدفعين الى ثلاثة مدافع ، يقودها ملازم ، ويمكن ان ترمي على هدف وتؤثر فيه] .
مقطع خندق **section of a trench**
مقطورة صغيرة نصف مقطورة **semi trailer**
مقعد القذف **ejection seat**
مقعد قذفي صفر صفر **zero zero ejection seat**
مقعّر **concave**
مُقَوِّرة **reamer**
مقورة لولبية **spiral fluted reamer**
مقورة مستقيمة **straight fluted reamer**
مقوّم [مادة تقوم التيار المتناوب الى تيار مباشر] **rectifier**
مقوم (تنغر) **tunger rectifier**
[نوع من انواع المقومات يستعمل الصمام الثنائي]

مُقوِّم ، مشكِّل او مكوِّن وحدة او كلًا تاماً constituent
مقياس ، معيار gauge
مقياس الارتفاع altimeter, elevation gauge
مقياس ارتفاع راداري radar altimeter
مقياس الارتفاع المطلق absolute altimeter
مقياس استقامة الجوف bore straight gauge
مقياس اميتر (آلة لقياس قوّة التيار الكهربائي) ammeter
مقياس التبخر atmometer
مقياس التخويشة (الجزء الأعلى من الثقب) countersink gauge
مقياس التسارع accelerometer
مقياس التيار بالتحليل الكهربائي voltameter
مقياس الجوف (اسلحة) pullover gauge
مقياس الحيود الضوئي اقطار الاجسام الصغيرة) diffractometer
مقياس بسلك ساخن hot-wiremeter
مقياس رسم الخارطة map scale
مقياس الزلزال seismometer
مقياس الزيت oil gauge
مقياس شدة الاضاءة photometer
مقياس الطاقة wattmeter
مقياس عزم الدوران torque wrench
مقياس العمق depth gauge
مقياس البعد telemeter
[جهاز لقياس معلومات كالسرعة والضغط والحرارة وارسالها بواسطة الامواج اللاسلكية لمحطة بعيدة]
ترقيم ، تدرّج graticule
مقياس فتحة المؤخرة (اسلحة) breech bore gauge
مقياس فرق الجهد potentiometer

مقياس المقاومة ohmeter
مقياس المكبس piston size
مقياس الميل clinometer
مقياس النسبة ratiometer
مقياس صغير منزلق على اداة مدرجة لتبيان كسور تقسيماتها vernier
مقياس الوقود fuel gauge
مكان التشكيل او التجمع forming up place
مكان القيادة point command
مكبح هوائي air brake
مكبح يدوي hand brake
مكبر اولي pre-amplifier
مكبس ، كباس ، غاطس plunger
مكتب السير او حركة المرور العام general traffic office
مكتب السير الفرعي sub traffic office
مقياس الكثافة النوعية للسوائل hydrometer
مكثف capacitor, condenser
مكشاف الذبذبة oscilloscope
مكونات components
مكيف هواء airconditioner
ملء من جهة الفوهة muzzle loading
ملء من جهة المغلاق breech loading
الملابس الواقية protective clothing
ملّاح navigator
ملاح فضاء cosmonaut
ملاحظة طيران airnote
ملاحظة لجنود الجو notam (notice to air men)
ملاحة navigation
ملاحة بعيدة المدى loran (long range navigation)
ملاحة بالقصور الذاتي inertial navigation
ملاحة جوية air navigation

معدل كتلي ، مجموعي mass ratio
معدل الوقود fuel rate
معرض للهجوم vulnerable
معركة مصادمة او تلاقٍ meeting engagement
معركة هاتفية telephone battle
معزِّز ، مقوٍّ booster
معزز الارتداد recoil booster
معزز الشحن (جهاز دفع شحنة المزيج داخل الاسطوانة بالمحرك) supercharger
معزز الفوهة muzzle booster
معسكر استجمام ، الاستراحة recreation camp
المعطي donor
مرقب معقب tracker
معقد او متطوّر sophisticated
معلومات data
معلومات الهدف target data
معنويات عالية high morale
معنويات القتال offensive spirits
معوض الطور phase compensator
(تعويض الاختلاف في طور الموجة في اثناء مرورها من وسط الى آخر او انعكاسها)
معونات عسكرية military aids
معيار الجودة quality standard
مُغَيِّر او منظم الزنجير track adjuster
المعين lozenge
م / غ (مضاد للغواصات) anti-submarine
مغزل او لسان (المظلة) gore
مغلاق breech
مغلاق بلولب متقطع interrupted-screw breech
مغلاق قلاب falling block breech
مغلاق محدد fluted breech
مغناط magneto

مغناطيس كهربائي electromagnet
المغناطيسية magnetism
مغناكهربية electromagnetism
مغنطة magnetisation
مفاعل reactor
المفاعل الذي يعمل بالماء المغلي boiling water reactor
مفاعل الماء الخفيف light water reactor
مفاعل الماء المضغوط pressurised water reactor
مفاعل نووي nuclear reactor
مفاعلة سعوية او سَعَة capacitive reactance
مفتاح key, switch
مفتاح الاشعال ignition switch
مفتاح انتقاء ، اختيار selector switch
مفتاح ضبط adjusting knob
مفتاح حدي (كهرباء) limit switch
مفتاح حُق او مغرز socket spanner
مفتاح رئيسي master switch
مفتاح ربط over head spanner
مفتاح الشحن charging switch
مفتاح شد للضبط (مفتاح انكليزي) adjustable spanner
مفتاح الانذار الضغطي pressure warning switch
مفتاح كهربائي switch
مفتاح المصدات (جهاز يعمل على اقفال المغلاق وتنظيم تقدم الموقع النهائي) buffer key
مفجِّر ـ صِمَام exploder, fuze
مفرزة ، كتيبة detachment
مفرزة استطلاع reconnaissance detachment
مفرزة الاصلاح الخفيف (مجموعة صغيرة من الافراد الفنيين) minor repair detachment

مفرزة party
مفرزة التجنيد recruiting party
مفروز بالتوازي parallel tapered
مفصل عام universal joint
مفقود في القتال missing in action
مفك screw driver
مفكرة aide memoire
مفكرة استخبارات intelligence diary
مفكرة الحرب war diary
مفكرة الوحدة وتاريخها
unit journal and history
مقاتلة fighter
مقاتلة تفوق جوي air superiority fighter
مقاتلة خفيفة light fighter
مقاتلة قاذفة fighter bomber
قاذفة ليلية night fighter
مقاوم resistor
مقاوم للاحتكاك anti-friction
مقاوم للتجمد anti-freeze
مقاوم للتعفن decay resistant
مقاوم للخبط (مواد anti knock
(مواد تضاف لضمان اكمال عملية الاحتراق
داخل الاسطوانة)
مقاوم للحرارة heat resistant
مقاومة drag
مقاومة الارض ground resistance
مقاومة الاستطلاع counter surveillance
مقاومة التدحرج rolling resistance
مقاومة الطليعة head resistance
مقاومة بالتوازي resistance in parallel
مقاومة غير عسكرية non-military resistance
مقاومة المهبط plate resistance
مقاومة الميدان field resistance
مقاومة بالتفريغ shunt resistance

مقاومة نازفة bleeder resistance
مقاومة سحب drag
مقاومة هوائيه air resistance
مقبس (مجمع اسلاك كهربائية) receptacle
مقبض امامي forehand grip
مقبض تسديد البطانة
lateral bore sighting knob
مقبض حبل الفتح rip-cord grip
مقبض النقل carrying handle
مقبض نصب cocking handle
مُقدِّرة ، مُعَيِّنة المدى range finder
مقدم lieutenant colonel
مقذوف ، صاروخ projectile, missile
المقذوفات ذات الطاقة الحركية
kinetic energy projectile
مقذوف او صاروخ ارض ـ أرض
surface to surface missile
مقذوف او صاروخ انسيابي
aerodynamic missile
مقذوف او صاروخ أرض / جو
surface to air missile
مقذوف او صاروخ بالستي ballistic missile
مقذوف او صاروخ بالستي بحري
sea launched ballistic missile
مقذوف او صاروخ بالستي طويل المدى
long range ballistic missile
مقذوف او صاروخ بالستي عابر للقارات
intercontinental ballistic missile
مقذوب او صاروخ بالستي قصير المدى
short range ballistic missile
مقذوف او صاروخ بالستي متوسط المدى
medium range ballistic missile
مقذوف او صاروخ بالستي يطلق جوا
air launched ballistic missile

مصدم المدك piston stud
مصدمة stud
مصدمة ذات نابض spring stud
مصطبة رمي دائرية circular firing platform
مصطبة رمي firing barbette
مصطلحات عسكرية military terminology
مصعد anode
مصفاة ، مُرشِّح filter
المصفاة الرئيسية main filter
مصفاة هواء oil bath filter
(مصفاة هواء ذات صمام زيتي)
مصفاة الوقود fuel filter
مصنع اكسجين سائل lox plant
مصنع ثلج ice plant
مضاد للاختراق anti penetration
مضاد للدبابات anti-tank
مضاد للرادار anti-radar
مضاد لصوامع الصواريخ counter silo
مضاد للطائرات anti-aircraft
مضاعف التردد frequency multiplier
مضاعف الحركة servo (control)
(اداة التحكّم المؤازر)
مضبوط او مهيأ بشكل دائم permanently set
مضخة pump
مضخة بنزين (بترول) petroleum pump
مضخة التسارع accelerating pump
مضخة تنظيف purge pump
مضخة رغوة foam extinguisher
مضخة زيت oil pump
مضخة سوائل hydraulic pump
مضخة الكابحة الرئيسية brake master cylinder
مضخة كربون تتراكلورايد
carbon tetrachloride pump
مضخة نزح bilge pump

مضخة وقود fuel pump
م / طـ (مضاد للطائرات) anti aircraft
مضخم الصد buffer amplifier
مضخم الصوت amplifier
مضخم مغناطيسي magamp
مطابقة coincidence
مطابقة خارج النجوم stellar map-matching
مطابقة المشاهد scene matching
مطار aerodrome, airfield
مطار اعادة الانفتاح re-deployment airfield
مطار اعادة التجمع regroup airfield
مطار الطائرات المروحية او السمتية heliport
مطار انطلاق departure air field
مطار انقاذ recovery air field
مطار بديل alternate aerodrome
مطاردة tail chase
مطار تفرق dispersal air field
مطار رئيسي master aerodrome
مطار للهبوط الاضطراري strip (air)
مطار متقدم advanced landing field
مطار ممهد pioneer airfield
مطار متقدم او قاعدة جوية متقدمة
advanced airfield/base
مطبخ متنقل travelling kitchen
مطبخ ميداني متنقل field cooker in lorry
مطرقة hammer
مطرقة تسطيح planishing hammer
مطرقة وثابة ، اوتراوية rebounding hammer
مُطفئة extinguisher
مطفئة ثاني اكسيد الكربون
carbon dioxide extinguisher
مطفئة حريق ثابتة fire extinguisher fixed type
مطفئة حريق بمضخة يدوية
fire extinguisher hand pump type

مطلق absolute
مطلق حركة starter
مطلي بالكروم chromium plated
مطلي بالنيكل nickel plated
مطهر ، مبيد جراثيم antiseptic, disinfectant
مظلة هبوط parachute, chute
مظلة امداد cargo parachute
مظلة ايقاف parabrake
مظلة تباطؤ deceleration chute
مظلة توجيه drogue chute
(المظلة الابتدائية التي تسحب المظلة الرئيسية)
مظلة جوية air umbrella
مظلة حرة free-type parachute
مظلة دائرية منبسطة flat circular, canopy
مظلة دمية او زائفة dummy parachute
مظلة بحبل واق attached-type parachute
مظلة صدر chest parachute
مظلة ظهر back-type parachute
مظلة مساعدة او مؤازرة
pilot chute (pilot parachute)
مظلة او غطاء مقاتلات fighter cover
مظلة منزلقة slipping parachute
مظلة موجهة guide surface parachute
مظلي paratrooper
معاد ، عدائي hostile
معامل الانكسار refractive index
معامل الحركية الهوائية aerodynamic cœfficient
معامل حمولة الاجنحة
wing loading coefficient
معاوقة impedance
المعاون ، المساعد aide
معاون ضابط aide-de-camp
معاونة penaids
معاونة ادارية او سند اداري logistic support

معايرة البوصلة compass calibration
معايرة التسديد boresighting
معبىء تلقائي automatic loader
(طائرة) اعتراضية interceptor
معترضة (طائرة) يقودها طيار
manned interceptor
معتم ، مظلم opaque, obscure, dark
معجون putty
معجون او مركب السحج (الحك)
grinding compound, or paste
معدات ارضية ground handling equipment
معدات الحاسبة الالكترونية hardware
معدات حربية ordnance
معدات الدعم الارضي
ground support equipment
معدات السيطرة على النيران
fire control equipment
معدات الميدان field equipment
معدِّل modifier, compensator
معدلات الدقة standard of accuracy
معدل الانذار الزائف false alarm rate
(معدل التشويش ويظهر على ساعة معينة في جهاز الرادار)
معدل تزويد المعركة اليومي
daily combat supply rate
معدل الرمي rate of fire
معدل الرمي (العملي ، الحقيقي)
rate of fire (practical)
معدل الرمي (الدَّوري) (النظري)
rate of fire (cyclic)
معدِّل الذبذبة frequency modulator
معدل السرعة المتجاوزة
average trespassed speed
معدل السير rate of march

مساكة العدة او عمود دوران المخرطة mandrel
مساندة ارضية ground support
مساندة بالنيران fire support
المساندة الجوية لاغراض الاعتراض
air aid to intercept
مساندة قريبة close support
مسبار ، مجسّ probe, sounder
مسبار قياس الزيت dipstick
مسبار مدى الصدى accoustic echo ranger
مسببات الحريق causes of fire
مستذاب ، قابل للذوبان او الاستئصال ablative
مستشار فني technical adviser
مستقبل receiver
مستقبل اشارة (راديو) radio receiver
مستكن ، جامد ، ساكن static
مستلزمات الخنادق trench requirements
مستنقع marshland
مستوى التدريب training level
مستوى الزيت oil level
مستوى سطح البحر mean sea level
المستوى الصحي hygiene level
المستوى المناسب للطيران cruising level
مستودعات الجيش military stores
مستودعات طوارىء emergency stores
مستودع ارزاق food store
مستودع التموين الاحتياطي
supply reserve depot
مستودع تموين القاعدة base supply depot
مستودع التموين او التزوّد الرئيسي
main supply depot
مستودع ذخيرة ammunition depot
مستودع زيوت oil depot
مستودع المعدات equipment depot

مستودع وقود fuel dump
مسح جوي aerial survey
مسددة sight
مسدس pistol
مسدس تشحيم greasing gun
مسدس رش spraying gun
مسدس رشاش machine pistol
مسدس ذو نصب تلقائي
self-cocking revolver
مسدود obstructed, clogged
مسرب ، فتحة nozzle
مسرب تجميع convergent nozzle
مسرب تجميع وتفريق
convergent divergent nozzle
مسرب تفريق divergent nozzle
مسرب حراري heat sink
مسرح العمليات theatre of operations
مسرح العمليات التعبوي tactical scene
مسرف ، مزنجر tracked
مسطرة حاسبة slide rule
مسلخ ميدان field butchery
مسمار الامان safety catch, safety pin
مسمار الامان rip-cord pin locking
مسمار التثبت locking pin, dowel
مسمار التركيب الامامي
foreward mounting pin
مسمار التركيب الخلفي للركيزة
rear mounting pin for tripod
مسمار الزنجير ، او السلسلة track pin
مسمار عتلة التشغيل
actuating lever pivot pin
مسمار قص shearpin
مسمار محور الغطاء العلوي topcover pivot pin
مسمار مشقوق cotter pin

مسمار المكبس gudgeon pin, piston pin
مسند السلاح أخمص الحاضن trail
مسند كتفي shoulder piece
مسنن , ناقل الحركة) gear
مسنن تفاصلي differential gear
مسننات كوكبية planetary gears
مسنن التوزيع (مسنن توقيت) timing gear
مسنن حلزوني worn gear
مسنن دوران فني epicyclic gear
مسنن صغير pinion
مسنن طليق idler
مسنن لولبي helical gear
مسنن مُدار driven gear
مسنن مدير driving gear, electrical resonance
مسننة زالقة sliding ratchet
مسننة طوقية annular wheel
(دائرة معدنية ذات تسنين داخلي)
مسواة الارتفاع elevation quadrant
(بصريات)
مسؤول عن in charge of
مسيطر / مراقب امن المنطقة الخلفية
rear area security controller
مسيطر / مراقب تقاطع interceptor controller
مسيطر / مراقب جوي air controller
مسيطر / مراقب جوي امامي
forward air controller
مسيطر / مراقب جوي تعبوي
tactical air controller
مسيطر / مراقب دفاع جوي
air defence controller
مسيطر / مراقب قاطع sector controller
مسيطر / مراقب قيادة command controller
مسيطر / مراقب مدفعية artillery controller
مسيطر / مراقب air defence artillery
مدفعية الدفاع الجوي controller
مسيطر / مراقب مقاتلات fighter controller
مسيطر / مراقب مقاومة الطائرات البحرية
naval anti-aircraft controller
المسيطر او المراقب المناوب duty controller
مسيرة الاقتراب approach march
مسيرة عبر الضواحي cross-country march
مسيرة يوم day's march
مشارف outskirts
مشاة آلية mechanized infantry
مشاة محمولة mounted infantry
مشبك clamp
مُشْبه simulator
مشبه طيران flight simulator
مُشحِّم ، مُزَيِّت lubricant
مشرف او رقيب الاطفائية fire supervisor
مشط الذخيرة clip
مشعّ (للتبريد والتسخين) radiator
مشعاع ، مُومِض scintillator
مشغل ميكانيكي primer, torch, igniter
مشعل عام (المتفجرات)
mass detonating (explosives)
مشغل actuator
مشغل المحرك motor starter
مشمع ارضي ground sheet
المشي في الفضاء space walk
مصاطب ناتئة outriggers
مصباح خافت (مصابيح glim lamp
تعمل على البطارية السائلة توضع حول الطائرات في موقفها في الليل)
مصحح ، مُقوِّم rectifier, tab
مصدات buffer friction cups
مصد ارتداد recoil pad
مصدر القدرة power supply

مركز تنسيق نيران المساندة
او الدعم او المؤازرة
fire support coordination centre
مركز توجيه الدفاع الجوي
air defence direction centre
مركز توزيع centre of distribution
مركز الثقل ، مركز الجاذبية
centre of gravity, point of balance
مركز جمع او نقطة تجميع الاصابات
casualty collecting post
مركز نووي ، احيائي كيمياوي
nuclear, biological, chemical centre
مركز الراصد observer centre
مركز ساحل او شاطىء beach centre
مركز سرية المدفعية battery positions
مركز السيطرة الجوية التعبوي
tactical air control
مركز سيطرة دفاع جوي
air defence control center
مركز سيطرة مراقبة الاخلاء الطبي الجوي
aeromedical evacuation control centre
مركز سيطرة / مراقبة الدفاع الجوي
air defence control
مركز سيطرة او مراقبة السابلة الجوية
air defence control centre
مركز سيطرة او مراقبة النقل
transport control centre
مركز سيطرة مراقبة وتقارير للتنقل
movement report and control centre
مركز الطفو او العوم metacentre
مركز عمليات الدفاع الجوي
air defence operation centre
مركز عمليات القطاع
sector operation centre

مركز عمليات القطاع sector operations centre
مركز عمليات القتال combat operations centre
مركز عمليات النقل الجوي
air transport operations centre
مركز عمليات رمي المدفعية البحرية
naval gunfire operations centre
مركز العمليات المشتركة
joint operation centre
مركز العمليات المضادة للطائرات
anti aircraft operations centre
مركز عمليات مقاومة الطائرات
anti aircraft operations centre
مركز عيادة القيادة sick quarter station
مركز القدح - مركز قوة (صد)
centre of percussion, counter force
مركز مخابرة او اشارة signal centre
مركز مخابرة الصولة او الهجوم
assault signal centre
مركز المجمع الاحيائي الكيمياوي
chemical collection centre
مركز مخابرة او اشارة قيادة
command signal centre
مركز مخابرة منطقة area signal centre
مركز مراقبة جوية air traffic control centre
مركز مراقبة وتقارير
control and reporting centre
مركز المراقبة الامامي forward control post
مركز مراقبة المنطقة air control centre
مركز المعلومات information centre
مركز معلومات الدفاع الجوي
air defence information centre
مركز معلومات المساحة
survey information centre
مركز معلومات الطيران flight information centre

مركز معلومات، مدفعية الدفاع الجوي
air defence artillery
information centre

مركز معلومات الهدف
target information centre

مركز مقاومة — resistance centre
مركز مواصلات — communication centre
مركزية — centralization
مرفاع — jack, cylinder
مرفق ، وُصْلَة — elbow
مرقب — periscope
مِرْكَم ، مكدِّس — accumulator
مرن ، مُتَمغِّط — elastic
مروحة — propeller
مروحي — turboprop
مرونة — flexibility, elasticity
المرونة التعبوية التكتيكية — tactical flexibility
المرونة الحرارية الهوائية — aerothermoelasticity
(مرونة الهيكل تحت تأثير الحرارة والحركية الهوائية)
مرونة هوائية — aeroelasticicity
مرؤوسون ، تابعون ، ثانويون — subordinates
المريخ — Red Planet, Mars
مريض قادر على السير — walking patient
مزامن — synchronizer
مجاز او مسار العربات — wheel track
مزدوجة حرارية (مستكشف درجة الحرارة) — thermocouple
مزعنف — finned
مزلاج — latch
مزلاق — foil
مزلقة — bridge charger guide
مزواة — theodolite
مزيج الاسلحة — weapons mix

مزيج ثقيل — rich mixture
مزيج خفيف — lean mixture

مزيج الكلور وحامض الكبرتيك
chlorosulphoric acid mixture

مزيج مخفف — weak mixture
مزيج مشبع — rich mixture
مزيج الوقود — fuel mixture
مزيل التشويش (مزيل التضاريس الطبيعية عن شاشة الرادار) — anticlutter
مسار — trajectory
مسار الطيران — flight path
المسار العالي — upper trajectory
مسار قذافي — ballistic path
المسار المسطح ، المنبسط — flat trajectory
المسار المنخفض — depressed trajectory

مساعد مدير التموين والنقل
assistant director of supply and transport

مساعدات الاختراق — penetration aids

مساعد رئيس هيئة الاركان للادارة
assistant chief of staff for administration

مساعد مدير التموين والنقل
assistant director of supply and transport

مساعدة لتنفيذ عمليات وتدريب تعبوي متخصص — farm-gate operations
مساعفة ، صيانة — maintenance
المسافة المقطوعة — distance covered
مسافة الاستطلاع — distance reconnaissance
مسافة الاقتحام — assaulting distance
مسافة الامان (المتفجرات) — explosive safety distance
مسافة الانفجار — distance of burst

المسافة بين السيارات
distance between vehicles

مسافة التفويت — skip distance

مراقب (جوي) controller (air)
مراقب مدفعية artillery observer
مراقب ، مشرف surveillant or observer
مراقب مطبوعات censor
مراقبة ، اشراف surveillance
مراقبة الاشعة تحت الحمراء
infrared surveillance
مراقبة الجودة او النوعية quality control
مراقبة الالغام mine watching
مراقبة المعركة combat surveillance
مراقبة بحرية sea surveillance
مراقبة جوية air surveillance
مراقبة رادارية radar surveillance
مراقبة ساحة المعركة battlefield surveillance
مراقبة لاسلكية او مراقبة الاتصالات
monitoring
مراقبة مضادة counter surveillance
مراقبة النوعية quality control
المرئي ، فيديو video
مرتزقة mercenaries
مرتسم او تصور مخروطي conic projection
مرتسم او تصور مطابق conformal projection
مرتكز رفع المدفع وخفضه
gun trunnion cantilever
مرجع reference
مِرْجَل غَلاَّية boiler
مرحّل ، اداة تتلقى الرسائل البرقية relay
او البرامج الاذاعية وترسلها وتنقلها بقوة اعظم
وبذلك تضاعف المسافة التي تنقل عبرها
مرحلة stage
مرحلة استثمار الفوز exploitation stage
مرحلة التدمير destructive stage
مرحلة تمهيدية preparatory stage
مرحلة الصولة او الهجوم assault stage

مرحلة العمليات الأولية
initial operational phase
مرحلة نهائية terminal phase
مردود مادي cost effectiveness
مرذاذ atomizer
مرساة anchor
مرساة طافية sea anchor
مرسى anchorage
مرسى اجتماع assembly anchorage
مرسى اسطول متقدم
advanced fleet anchorage
مرسى الاحتفاظ holding anchorage
مرسى التحويل transfer berth
مرسى طوارىء emergency anchorage
مرسى محرّم ، محظور prohibited anchorage
مرسِل اشارة (راديو) synchro transmitter
مرشِّح امرار حزمة band pass filter
مرشح ترددات منخفضة low-pass filter
مرسل ، جهاز الإرسال transmitter
مرشحة عامة all purpose canister
مرشحة غبار dust respirator
مرشد أدلاّء الطريق pathfinder beacon
مرشد او طيار pilot
مرشد او كفيل sponsor
مرشد ارساء berthing pilot
مرشد استدلال personal locator beacon
شخصي
مرشد الالقاء الجوي drop master
مرشد القفز jump master
مرشد المحمولين جوا airborne beacon
مرشد بث لا اتجاهي
non directional radio beacon
مرشد رادار radar beacon
مرشد ساحل beach master

مرشد الطائرة marshaller
مرشد الطريق (دليل) road guide
مرشد غماز blinking beacon
مرشد قيادة command guidance
مرشد لاسلكي radio beacon
مرشد مكان الطائرة الساقطة
crash locator beacon
مرشد ملاحي beacon
مرشد مؤشر مروحي fan marker beacon
مرشد نهاري day beacon
مركبة الاطلاق launch vehicle
مركبة انزلاق مدارية orbital glider
مركبة جوية air ship
مركبة الرجعة او العودة re-entry vehicle
مركبة عودة ذات multiple independent
مركبة العودة القابلة للمناورة
manoeuvrable re-entry vehicle
رؤوس متعددة ومستقلة الأهداف
target re-entry vehicle
مركبة فحص الطيران flight test vehicle
مركبة قيادة command vehicle
مركبة اللاسلكي radio vehicle
مركبة مزنجرة او مسرفة tracked vehicle
مركبة نصف مسرفة semi-tracked vehicle
مركبة هوائية aerodynamic vehicle
مركز centre
مركز ادارة الرمي fire direction centre
مركز استخبارات المعركة
combat information centre
مركز استخباري intelligence centre
مركز الراصد الارضي ground observer centre
مركز الرسائل message centre
مركز الاسناد direct air support centre
الجوي المباشر

مركز الاصابة centre of impact
مركز الانتشار centre of dispersion
مركز الانفجار centre of burst
مركز التوجيه tactical air direction
الجوي التعبوي centre
مركز السيطرة الجوية التعبوية
tactical air control centre
مركز السيطرة النووية الاحيائية الكيمياوي
nuclear, biological, chemical control centre
مركز السيطرة والتقارير الجوية
air control and reporting centre
مركز الفيلق الطبي corps medical centre
مركز العمليات التعبوية ، التكتيكية
tactical operations centre
مركز العمليات الجوية المضادة
counter air operations centre
مركز العمليات المشترك joint operations centre
مركز الكتلة centre of mass
مركز بنزين petroleum point
مركز بيانات دفاع جوي
air defense data centre
مركز تجنيد independent recruiting
مركز تجريد الاصابة stripped centre of impact
مركز تحميل load centre
مركز تصفية filter centre
مركز تنسيق الاسلحة المساندة ، اسلحة الاسناد
supporting arms co-ordination centre
مركز تنسيق الاسناد الناري
fire support co-ordination centre
مركز تنسيق الطيران
flight co-ordination centre
مركز توجيه الدفاع الجوي
air defence direction centre
مركز توجيه helicopter direction

محور جانبي lateral axis
محور خامد ، ساكن dead axle
محور خلفي rear axle, back axle
محور الدفع thrust axis
محوّل transformer
محوّل زاوية التطور phase inverter
محوّل عزم الدوران torque convertor
محوّل مرجع reference transformer
محيط طبيعي shirtsleeve environment
(حجرة لا تحتاج لبدلة ضغط)
مخالفة ، نقض infraction
مخبار الاستمرارية continuity tester
مخبز bakery
مخبز ميدان field bakery
مختبر laboratory
مختص بالهواء والغازات pneumatic
مخرز او مثقب مركزي centre punch
مخرطة lathe
مخرمة مشقوقة split die nut
مخروط cone (locking cone)
(قفل المظلة)
مخروط الفوهة muzzle cone
مخزن magazine
مخزن ذخيرة igloo magazine, charger case
مخزن صواريخ stable
مخزن الوقود أو غرفة محصنة تحت الارض bunker
مخطط الاحتلال plan of occupation
مخطط الاداء او الانجاز الرأسي او العمودي
vertical performance diagram
مخطط تحميل load line diagram
(الصمامات الكهربائية)
مخطط السيطرة او المراقبة على الرمي
fire control chart
مخطط منظر ارضي land-scape sketch

مخففات الصدمة shock absorber
ماص الصدمة
مخفف الدهان paint thinner
مخفف او كاتم الصوت muffler
مخفف نابض او قفاز spring absorber
مخفف الصدمات ، مِصدّ ، عازل buffer
مخفف الوميض flash supressor
مخلب سدادة pawl, spigot
مخلب او ماسكة او مِزْلاج الغطاء الخلفي
rear cover catch
مخلب او ماسكة او مِزلاج الغطاء العلوي
top cover catch
مُخْمِد damper
مخمد الاهتزاز vibration damper
مخمد زيتي oil buffer
مدى الأمان radius of safety
مدى أدنى minimum range
مدى الرؤية visibility
مدى الرؤية الارضية ground visibility
مدى الرؤية للطيران flight visibility
مدى استخدام الطائرة
aircraft utilization range
مدى السلاح المؤثر effective range
مدى الاسلحة ضد الدبابات
anti-tank weapon range
مدى الاسناد supporting range
المدى الأقصى maximum range
مدى الانتقال الاقصى ferry range
مدى الانفجار burst range
مدى استخدام الطائرة aircraft utilization
مدى السير cruising range
مدى الشظية fragment distance
مدى ، شوط ، مَسِير throw, range
مدى الصمام fuze range

مدى العمل radius of action
المدى الفعال للمدفع
effective range of the gun
مدى قتالي radius of a combat mission
مدى قذافي ballistic limit
مدى مائل slant range
مدى مصحح corrected range
مدى معدل adjusted range
مدى المناورة في القتال الجوي
air combat manoeuvring range
مدى المهمة القتالية
radius of combat mission
مدى مؤثر effective range
المداخل والمخارج entrances and exits
مدار orbit
مدار ارضي earth orbit
مدار دائري circular orbit
مدار متزامن synchronous orbit
المدار المتزامن مع الأرض geo-synchronous
مدار مواجه trapped orbit
مداري tropical
مدرب رياضة coach
مدخل (الممر الفرعي الذي threshold
تعتمده الطائرات)
مدخل الهواء (فتحات air intake
خول الهواء الى محركات الطائرة)
مَدْرَج او مَهْبِط runway
مدرجة كريات ، مسابقة ، مباراة race
مدرسة التموين والنقل
supply and transport school
مدعم الدفع thrust augmenter
مدفع ، بندقية ، مسدس gun
مدفع الكترونات ، electron gun
قاذف الكتروني

مدفع ثابت ، راسخ fixed gun
مدفع ذاتي الحركة self-propellend gun
مدفع عديم الارتداد recoilless gun
مدفع الفيلق corps gun
مدفع هاون mortar
مدفعية الدفاع الجوي air defence artillery
المدفعية ذاتية الحركة self-propelled artillery
المدفعية المقطورة towed artillery
مدفعية السواحل coast artillery
مدقة خشبية mallet
مدك ، كباس ، مكبس piston
مدمرة destroyer
مدمرة النسافات torpedo boat destroyer
مدمرة حراسة (مواكبة) destroyer escort
مدة أو أمد الاحتراق burning duration
مدة النقل travelling time
مدير director, manager
مدير التموين والنقل director of supply
مديرية الاستخبارات intelligence directorate
مذبذب، مؤرجح oscillator
مذبذب التراخي relaxation oscillator
مذبذب التردد التضاربي
beat frequency oscillator
مذبذب موضعي local oscillator
مذكرة directive
مذنَّب comet
مذيب solvent
مراحل الحرب war phases
مراسل correspondent
مراسلات عسكرية military correspondence
مراقب observer
مراقب اعلى senior controller
مراقب الالغام mine watcher

مترادف	tandem
متراص	piled-up
متراكب	superimposed
المترنحات الثماني	wobbly eight
متساطح (مُستوٍ مع السطح المحاذي)	flush
متشظية انشطارية (قنبلة)	fragmentation
متطاير ، متفجر	volatile
متطلبات الأمن	security requirements
متعدد المهام	multi-role
متعهد	contractor
متفاوت الحال أو الطور	out of phase
متفجرات	explosives
متفجرات انبوبية نوع من البارود	cordite
متفجرة وقود / هواء	fuel/air explosive
متقبل	acceptor
متكامل	intergral
متمم الفوهة أداة ملحقة بالفوهة	muzzle attachment
متوازن ، راسخ ، ثابت	stabilized
متوازن على محاور	gimballed
متوافق الحال او الطور	phase, in
منظِّم الحرار	thermostat
مثقاب ، حافة خشنة	burr
مثقب	drill, punch
مثلثة الشطب	three-pronged
مجازفة خاصة او شخصية	private venture
مجال	field
مجال كهربائي ساكن	electrostatic field
مجال مغناطيسي	magnetic field
مجرى ، قناة	duct
مجرى الاملاء او التغذية	feed way
مجرى او مِلَفّ البكرة	sheave
مجرى الخرطوش او الطلقة	cartridge guide
مجرة	galaxy
مجزأ الطور	split-phase
مجس ، مكشاف	sensor
مجس الأشعة تحت الحمراء	infrared sensor
مجسم بعدي	stereoscopic
مجموعة او كتلة التسديد	sight assembly
مجموعة التسديد البصرية	peep sight assembly
مجموعة السيطرة الجوية التعبوية	tactical air control group
مجموعة التعويض الفوري	immediate replenishment group
مجموعة جيوش	army group
مجموعة دوائر دارات كهربائية	circuitry
مجموعة الذيل (وحدة الذيل)	tail unit
مجموعة رئيسية	major assembly
مجموعة السبطانة	barrel group
مجموعة عدسات	lens combination
مجموعة فرعية	sub assembly
مجموعة قتال	battle group
مجموعة القدرة	power assembly
مجموعة المظلة	parachute assembly
مجموعة نقل	transport group
مجموعة نقل القدرة	power train assembly
مجموعة وسادة الظهر	cushion back assembly
مجموعة وسادة المقعد	cushion seat assembly
مجند مستجد	raw recruit
مجهر الكتروني	electronic microscope
مجهز للاتصال اللاسلكي	fitted radio communication
محاثة	inductance
محاثة تبادلية	mutual inductance
محاذاة	alignment
محاكاة ، تشبيه تقليد	simulating
المحاكي ، الممثل التدريبي [جهاز يشبه حجرات قيادة آلية او سلاح]	simulater

محبس سدادي plug tap
محبط spoiler
محث inductor
محدب convex
محدد التيار current limiter
محدِّد الموضع localizer
محدِّد موقع plane position indicator
الطائرة ، شاشة تحديد الموقع [جهاز رادار يظهر على شاشته ارتفاع الهدف وبعده واتجاهه]
محرق لاحق afterburner
محرك ، مولد كهربائي motor
dynamo, power plant
محرك الابتداء starter motor
محرك ترددي reciprocating engine
محرك حراري heat engine
محرك دائري radial engine
محرك ذو رأس مستو level head engine
(محرك ذو صمامات جانبية)
محرك ثنائي الاشواط two stroke engine
محرك رباعي الاشواط four stroke engine
محرك صاروخي ثانوي او مساعد
auxiliary rocket engine
محرك صاروخي معزز boost rocket
محرك متزامن synchronous motor
محرك متعدد الاسطوانات
multi-cylinder engine
محرك متعدد الوقود multi-fuel engine
محرك مساعد (محرك صغير auxiliary engine
بالدبابة لتدوير مولد كهرباء عند عمل الآلة)
محرك مروحي turbofan engine
محرك نفاث turbojet engine, jet engine
محرك نفاث تضاغطي ramjet engine
[محرك يولد قوة دفع بواسطة ضغط الهواء باتساع مجرى الهواء ثم حرق الوقود به]

محرك نووي nuclear engine
محرك هجين hybrid engine
محرك يعمل بالحقن injection system engine
محروقات او مواد قابلة للاحتراق combustibles
محطة اخلاء clearing station
محطة ارضية ground station
محطة اسعاف الكتيبة regimental kit station
محطة انقاذ او تخليص او تحرير rescue station
محطة تجميع collecting station
محطة التضميد main dressing station
الرئيسية (المكان الذي يستقبل اصابات المعركة ويعالجها)
محطة رادار رئيسية master radar station
محطة فضاء space station
محطة وقود fuel station
محفَّة او نقالة stretcher
محفور engraved
المحفوظات ، السجلات archives
محقن ، حاقن injector
محكَّم اقدم او مقدَّم senior umpire
محكمة عسكرية court martial
military tribunal
محلل الذبذبات الكهربائية
electro harmonic analyser
منحل بالكهرباء electrolyte
محمل bearing
محمل دفعي thrust bearing
محمول بحرا seaborne
محمول جوا airborne
محور swivel, axle
محور ارتكاز pivot
محور أمامي front axle
محور التركيب mounting pintle
محور التموين الرئيسي main line of supply

selected mine	لغم منتخب
spring mine	لغم وثاب او قافز
primary windings	لفائف اولية
compound winding	لف مركب
roll, loop	لفة ، انشوطة (لفة الطائرة حول محورها)
extractor	لقاف او مقتلع ، او مستخرج
extraction	لقف او قلع ، او انتزع
«pack-up»	للرحيل استعد !
carbonising flame	لهب كربوني (يحصل عند تخفيف نسبة الاوكسيجين في الشعلة)
oxidizing flame	لهب مؤكسد
major general, brigade	لواء
parachute logistics regiment	لواء اداري مظلي
accessories	لواحق ، توابع
name plate	لوحة الاسم
instrument panel	لوحة الآلات الدقيقة
sight blade	لوحة التسديد
headup display	لوحة جهاز عرض المعلومات
mobility chart	لوحة الحركة او التنقل
field mines chart	لوحة ،و قائمة حقول الغام
dash panel	لوحة العدادات
distance chart	لوحة او قائمة المسافات
set screw	لولب تثبيت
counter sunk screw	لولب غائر
spiral	لولبي
colour code	لون رمزي
physical fitness	لياقة بدنية
laser	ليزر اشعة تحدد المسافة
gaseous laser	ليزر غازي

CPSIA information can be obtained
at www.ICGtesting.com
Printed in the USA
FFOW03n0713161115
18690FF

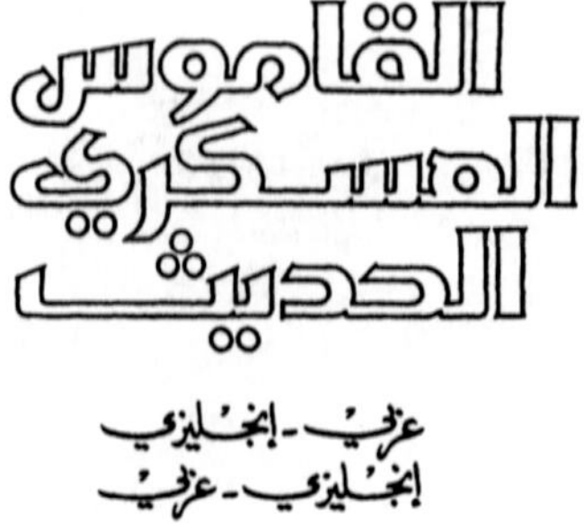
القاموس
العسكري
الحديث
عربي - إنجليزي
إنجليزي - عربي

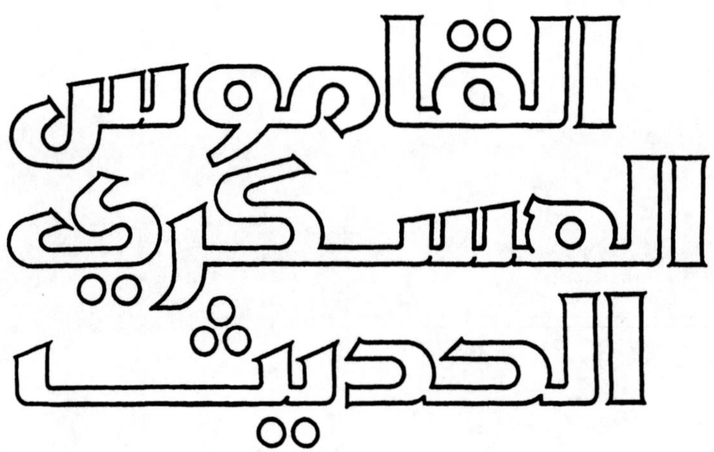

عربي - إنجليزي
إنجليزي - عربي

إعداد: ماهر الكيّالي

المؤسّسة
العربيّة
للدراسات
والنشر

المحتويات

الإهداء

إلى أخي عبد الوهاب ..
وسائر شهداء الكلمة

مقدمـــة

كل مجال من مجالات النشاط الانساني له الفاظه وتعابيره ومصطلحاته الخاصة بل ورطانته احياناً ، وهذه كلها يبتكرها ويطورهـا المشتغلون في ذلك الحقل والمهتمون به . وحقل الدراسات العسكرية ليس شاذاً في هذا المضمار . لقد بُذلت في النصف الأخير من هذا القرن جهود كبيرة لتنقيح المصطلحات والمفاهيم العسكرية ـ خاصة جهود تلك الهيئات الرائدة في هذا المجال ، اذكر منها جامعة الدول العربية التي صدر عنها مؤخراً المعجم العسكري الموحد برئاسة اللواء الركن محمود شيت خطاب وقد كان هذا المعجم رائداً في هذا المجال ، كذلك ضمت موسوعة السلاح المصورة التي صدرت عن دار المختار في جنيف عدداً من المصطلحات العسكرية الحديثة . ثم توالت الجهود من هنا وهناك ، ولم يكن آخرها ما قام به مجمع اللغة العربية الاردني الذي اصدر عدة كتيبات تحتوي على مصطلحات عسكرية لمختلف الأسلحة ، وهو ما يزال يسعى لاستكمال تلك المصطلحات مستعينا بصفوة من العسكريين واللغويين لبلوغ الهدف المنشود .

كذلك هناك جهود على المستوى المحلي في العديد من الأقطار العربية لوضع معاجم ومراجع تتناول مختلف مجالات العلم العسكري . كما تسعى بعض دور النشر الاجنبية ومنها البريطانية لنشر معجم بعدة لغات . ونحن قد افدنا من جميع هذه الجهود اضافة الى جهود اللواء شوقي بدران في مصر الذي اصدر موجز المصطلحات العسكرية ، واللواء محمد فتحي امين في العراق الذي نُشر له قاموس (عربي / انجليزي) بالمصطلحات العسكرية .

تمر المفاهيم العسكرية في مرحلة من التطور ولا تزال ، وأمامنا مجالات كثيرة

لابد من البحث فيها وتحليلها وتفهمها . فالأوضاع العسكرية ، كما نعلم ، ديناميكية في تكوينها ، دائمة التحرك والتطور بطبيعتها ، فهل يمكن للمصطلحات المستعملة في العلم العسكري ان تكون دقيقة وشاملة كما هي الحال في المصطلحات المتداولة في العلوم الطبيعية ؟ ومهما كانت حجج المعارضين او المؤيدين لتوحيد المصطلحات العسكرية ، فمن الواضح ان تحقيق التوحيد ، يواجه بعض المصاعب من الناحية العملية ، وعلى أية حال ، فقد نتجاوز الحقيقة والواقع اذا ادعينا ان نشر قاموس مشترك للمصطلحات العسكرية قد يترك الآن اكثر من اثر في مجالات الاستعمال الفعلي ، فتوحيد المصطلحات امر لن يتحقق بشكل علمي فعّال ، قبل مضي سنين طويلة وتعاقب اجيال جديدة من الباحثين العسكريين .

ولهذا رأينا عند قيامنا باختيار مصطلحات هذا المعجم ان نسلك طريق التسهيل ونحصر محتوياته في ما يلي :

أ ـ التعابير العسكرية الأساسية المتعلقة بمبادىء العلم العسكري ونظرياته العامة .

ب ـ التعابير الهامة الشائعة في مختلف انواع الاسلحة كسلاح الجو والتموين والنقل والصيانة والمشاة الخ .

ج ـ المصطلحات التي تصف اوجه الحرب المختلفة دون الاسترسال في شرحها شرحا لا يفيد منه غير الاختصاصيين في هذه الحقول .

د ـ مصطلحات خاصة بمواضيع اخرى لها علاقة بالعلم العسكري كالاقتصاد والاحصاء وعلم الاجتماع ، والعلوم السياسية وذلك بالقدر الذي يربطها بها .

هـ ـ اهم المختصرات والتعابير المتداولة في الادبيات العسكرية .

ان هذا العرض الموجز للاطار الذي وضعنا فيه معجمنا قد يساعد على تفسير الاسباب التي دعتنا الى ادراج كلمات معينة فيه وحذف كلمات اخرى منه . فهدفنا لم يكن جمع اكبر عدد ممكن من المصطلحات وشرحها ، فالمصطلحات التي يستطيع المرء ان يجدها في المعاجم العادية والتجارية قد اسقطت من هذا المعجم تفاديا للتكرار الذي لا طائل تحته . وفي بعض الحالات اعطينا المصطلح الواحد تعريفات بديلة لكي يتمكن كل من يعتمد هذا المعجم من اختيار التفسير الذي يناسب حاجته على النحو الأفضل . ان الهدف الأول ، بل الوحيد ، الذي نرمي الى تحقيقه

من هـذا المعجم هو ان يجد فيه البـاحثون من عسكـريين ومـدنيين بعض مـا يسعـون وراءه من الفائدة العملية .

وأخيراً لقد حاولنا الإفـادة قدر الامكـان من جهود من سبقـونا في هـذا المضمار افـرادا وهيئات فلهم شكـرنا ، كـذلك اشكـر العميد الـركن نبيل قـريطم امـين عـام مجلس الدفاع الأعلى في الجمهورية اللبنانية لقيامه مشكورا بالمراجعة النهائيـة للقامـوس مما زاد في تدقيق العـديد من المصـطلحات والمفـاهيم العسكريـة كما أشكـر الصـديق الكبير الدكتور اسعد رزوق لمراجعته المسوّدات وملاحظاته القيمـة ، والإخوة والأخـوات العـاملين في المؤسسة العـربية عـلى مساعـدتهم في مراحـل الاعـداد وأخص منهم أخي واستـاذي رشـاد بيبي الـذي اشكـره عـلى مـا بـذل من جهـد ووقت في تصحيـح المصطلحات ولفته انتباهي الى العديد من الأمور التي حسنت القاموس .

بقي ان نشـير الى ان هذا القـاموس يسـد حاجـة ماسـة شعرت بها في مراحـل زمنية مترجماً وناشـراً للعديـد من الكتب العسكريـة ، وهو يـأتي من ضمن ما تهتم بـه المؤسسـة العـربيـة للدراسـات والنشر في مجـال نشر الفكـر العسكـري الـذي تعتبـر الموسوعة العسكرية التي اصدرتها المؤسسة أحـد أهم الجهود الـريادية العربيـة الشاملة في هذا الحقل .

وفقنا الله جميعا لخدمة امتنا .

ماهر الكيالي

١٩٨٦

أ

ابتزاز نووي nuclear blackmail
إبدال الحجرة rechamber
ابراق ، طريقة ارسال المورس keying
إبرة ثابتة needle
ابرة الرمي firing pin
إبطاء سلاح secure arms
ابعاد [الطول والعرض والارتفاع للمركبات او الدبابات والمقاييس الأخرى] dimensions
اتجاه direction, bearing
اتجاه امامي forward bearing
اتجاه التسديد direction of lay
اتجاه الحركة direction of motion
الاتجاه الحقيقي true bearing
اتجاه خلفي backward bearing
اتجاه الدوران direction of rotation
اتجاه القوة direction of force
اتجاه لاسلكي radio bearing
الاتجاه المغناطيسي magnetic bearing
اتجاه الهبوط direction of landing
اتصالات لاسلكية للافراد personnel radio communication
اتفاقية convention
اتلف destruct
اثارة excitation
اثارة صوتية acoustic excitation

اجتماع أمني safety meeting
اجراءات procedures, measures
إجراءات الكترونية مضادة electronic counter measures
اجراءات الكترونية مضادة للمضادة electronic counter- counter measures
اجراءات امنية security procedures
اجراءات الانزال للطائرة let down procedures
اجراءات التبديل alternation mechanics
اجراءات تجاوزية by-passing procedures
اجراءات ثابتة للعمليات standing operations procedures
اجراءات المعركة battle procedures
اجراءات الميدان الصحية field sanitation
اجراءات مضادة counter measures
اجراءات مضادة سلبية passive counter measures
أجزاء أساسية components
الأجنحة المتحركة swing- wings
اجهاد زائد ، إرهاق مفرط overstrain
اجهاد الشد tensile stress
(عملية حرارية لازالة الاجهادات الداخلية للمعادن الحديدية) .
اجهاد الطيران flying stress
اجهاد المطاوعة yield strain

اجهزة امان	safety devices
اجهزة تنظيم الرمي السريع او رمي الصلي للنيران	burst fire regulators
اجهزة أو انظمة كشف الظواهر المغنطيسية الشاذة	abnormal magnetic phenomena detection systems
اجهزة الملاحة الهجومية الكترونيات الطيران الهجومية	offensive avionics
احادي	monopode
احادي القشرة	monocoque
احاطة	envelopment
احتراق	combustion
احتراق ثابت الضغط	constant pressure combustion
احتراق مكبوح	inhibited burning
احتكاك التدحرج	rolling friction
احتلال عسكري	military occupation
احتمال القتل (الاصابة)	kill probability
احتمالية القتل برمية واحدة	single shot kill probability
احتياط	reserve
احتياط العمليات	operational reserve
احتياط المتقاعدين	retired reserve
احتياط المعدات	equipment reserve
احتياط الوحدة	unit reserve
احتياط تعبوي ، تكتيكي	tactical reserve
احتياط جاهز	ready reserve
احتياط استراتيجي	strategic reserve
احتياط عائم	floating reserve
احتياط عام	general reserve
احتياط متهيء	stand-by reserve
احتياط متوازن	balanced reserve
احداثيات	coordinates
احداثيات كروية	spherical coordinates
إحديداب	combe
اخاديد لولبية	spiral grooves
اخاديد متعرجة	zig-zag grooves
ارتفاع	elevation
ارتفاع ادنى	minimum elevation
ارتفاع اضافي	extra elevation
ارتفاع اضافي او ارتفاع مفرط	super elevation
ارتفاع الاسقاط	release altitude
ارتفاع الالقاء	drop altitude
ارتفاع التحويل	transition altitude
ارتفاع الحاجز او الحاجب	screening elevation
ارتفاع الموقع	height of site
ارتفاع امثل	optimum height
ارتفاع امثل للانفجار	optimum height of burst
ارتفاع امين	elevation of security
ارتفاع امين ادنى	minumum safe altitude
ارتفاع حرج او خطر	critical altitude
ارتفاع حقيقي أو مثالي	true altitude
ارتفاع عال	high altitude
ارتفاع عمودي او متواصل	zoom
ارتفاع انتشار المظلة او نشر المظلة	parachute deployment height
ارتفاع فلكي	astro altitude
ارتفاع مصحح او معدَّل	corrected elevation
ارتفاع مقدر	rated altitude
ارتفاع مطلق	absolute altitude
ارتفاع معدل او مضبوط	adjusted elevation
ارتفاع نقطة	spot elevation
ارتفاع نقطة التحول	break of altitude
ارتفع (بالأمر) (الغاء عملية الهبوط بعد الاستعداد)	over shoot
الارتكاز على الركبة	kneeling supported

ارزاق	rations
ارزاق جافة	dry rations
ارزاق الطوارىء	emergency rations
ارزاق المزودة (الجراب)	rations haversack
ارزاق الميدان	field rations
ارزاق ناضرة ـ طازجة	fresh rations
ارشاد سلبي	passive guidance
ارض ـ ارض	ground-to-ground
أرضاً سلاح !	ground arms
ارض التدريب	drill ground
ارض حيوية	vital ground
ارض صوانية	flinty land
ارض متموجة	undulating ground
ارض مكشوفة	open country
ارض مهمة أو أساسية	key terrain
ارض ميتة	dead ground
ارض هبوط	landing area
ارض وعرة	rough land
اختبار الاستمرارية (كهرباء)	continuity test
اختبار جوي (للطائرة)	air test
اختراق	penetration break-through
اختراق استراتيجي	strategic break-through
اختراق عازل	interdiction penetration
اختراق على ارتفاع منخفض	low level penetration
اختراق عميق	deep penetration
اختلاط السوائل (اختلاط الماء والزيت في علبة المرفق)	crankcase dilution
اختلاف المنظر ، زيغان	parallax
اختناق	choke
اخفاء [مجموع التدابير الخاصة التي تتخذ للاختفاء عن رصد العدو البري والجوي] .	concealment
اخدود (في القمر)	rille
اخفاق الاطلاق	misfire
اخلاء	evacuate, evacuation
اخلاء الاصابات	casualty evacuation
اخلاء طبي جوي	aeromedical evacuation
أخمص ، عقب البندقية	butt
اخمص قابل للانفصال	removable butt
أخمص قابل للانكماش	retractable butt
اداء الطائرة	aircraft performance
الاداء العام	general handling
ادارة التحركات	movement control
ادارة شؤون الافراد	personnel management
ادارة العمليات	conduct of operations
ادارة او مصلحة المدفعية	ordnance department
اداة	instrument
اداة تفجير كهربائي	electro explosive device
اداة السيطرة على الشغب	riot control agent
ادوات ، عدة	tools
اذاعة الاستطلاع	reconaissance broadcast
اذن مخرشة ، مخدوشة	milled ear
ارتباط المساحات المتبادلة	area correlation
ارتجاج ، تذبذب ، تمايل	wobbling
ارتداد السلاح عند الاطلاق	recoil
اركان الفرقة	divisional staff
اركان عامة	general staff
ارهابي	terrorist
ازاحة فيزيائية ، او مادية	physically displace
ازاحة المكبس	piston displacement
ازالة الانقاض	debris clearing
ازالة التلوث	decontamination
ازالة التضمين (استرداد الرسالة الصوتية من الموجة الحاملة)	demodulation
ازالة الضغط	decompressions
ازالة الكربون	decarbonizing
ازالة الاستقطاب	depolarization

ازميل chisel
استخبارات intelligence
استخبارات اساسية basic intelligence
استخبارات اقتصادية economic intelligence
استخبارات الأرض terrain intelligence
استخبارات الاشارات signal intelligence
استخبارات الأمن الداخلي internal security intelligence
استخبارات التملص والهرب evasion and escape intelligence
استخبارات الحرب الذرية والكيماوية والجرثومية intelligence of atomic
استخبارات الحرب النفسية psychological warfare intelligence
استخبارات الساحل beach intelligence
استخبارات الأحوال الجوية weather intelligence
استخبارات العمليات operational intelligence
استخبارات الكترونية electronic intelligence
استخبارات المدفعية artillery intelligence
استخبارات المعركة ـ القتال combat intelligence
استخبارات المواصلات communications intelligence
استخبارات الهدف target intelligence
استخبارات آنية current intelligence
استخبارات تعبوية tactical intelligence
استخبارات جوية استراتيجية strategic air intelligence
استخبارات سِيرة الأشخاص biographical intelligence
استخبارات داخلية domestic intelligence
استخبارات استراتيجية strategic intelligence
استخبارات سياسية political intelligence
استخبارات عسكرية military intelligence
استخبارات عسكرية ـ استراتيجية strategic military intelligence
استخبارات علمية scientific intelligence
استخبارات فنية technical intelligence
استخبارات محلية local intelligence
استخبارات سَيْر المعركة order of battle intelligence
استخبارات هيئة الركن staff intelligence
استخلاص extrapolation
استخلاص المعلومات debriefing
استراحة طويلة long halt
استرح stand easy
الاسترشاد بالخارطة map-matching guidance
استطلاع ـ استكشاف reconnaissance
استطلاع ارضي ground reconnaissance
ستطلاع بصري visual reconnaissance
استطلاع الكتروني electronic reconnaissance
استطلاع المعركة combat reconnaissance
استطلاع المقاتلات fighter reconnaissance
استطلاع المناطق المائية hydrographic reconnaissance
استطلاع الموضع او الموقع reconnaissance of position
استطلاع بالرمي reconnaissance by fire
استطلاع بالقوة reconnaissance in force
[وسيلة عسكرية تستخدمها القوات العسكرية للتقدم باتجاه العدو لاجباره على الرماية لتحديد نوع اسلحته ومواقعه]
استطلاع تصويري photographic reconnaissance
استطلاع تعبوي tactical reconnaissance
استطلاع تلفزيوني television reconnaissance
استطلاع جوي air reconnaissance

استطلاع جوي بصري visual air reconnaissance
استطلاع جوي تصويري air photographic reconnaissance
استطلاع جوي تعبوي tactical air reconnaissance
استطلاع استراتيجي strategic reconnaissance
استطلاع الساحل beach reconnaissance
استطلاع قريب close reconnaissance
استطلاع القنابل bomb reconnaissance
استطلاع المواصلات communications intelligence
استطلاع متوسط intermediate reconnaissance
استطلاع مسلح armed reconnaissance
استطلاع منطقة area reconnaissance
استطلاع نقطة spot reconnaissance
استطلاع نووي nuclear reconnaissance
استطلاع بصري visual reconnaissance
استطلاع الطرق route reconnaissance
استطلاع عام general reconnaissance
استعصاء ، ازدحام ، تشويش jamming
استقرار الدوران (دوران القذائف) spin stabilization
استقطاب polarization
استنساخ فوتوغرافي photocopying
اسطوانة cylinder
اسطوانة تتأرجح جانبيا side-swing cylinder
اسطوانة المدى range drum
اسطوانة المسدس pistol cylinder
اسطوانة غاز gas cylinder
اسطواني cylindrical
اسقاط drop
اسقاط جوي air drop
اسلاك متعددة المحور coaxial cables
اسلاك الأعتدة trip wires
اسلاك شائكة barbed wires
اسلحة weapons
أسلحة أرضية ground arms
اسلحة تكرارية repetition arms
اسلحة التوافق compromise weapons or arms
اسلحة خفيفة small arms
اسلحة فردية individual weapons
أسلحة منطقة area weapons
اسلحة ذات دفع اضافي auxiliary - prpelled weapons
اسلحة تلقائية automatic weapons
اسلحة ذاتية الحركة self propelled
الأسلحة ذات السقوط الحر free-fall weapons
اسلحة الفصيل والسرية platoon and company weapons
اسلحة مخرَّبة sabotaged weapons
اسلحة نووية تعبوية tactical nuclear weapons
[اسلحة نووية من المستوى الذي يستعمل على ارض المعركة ضد أهداف تعبوية] .
اسلوب تقييم البرنامج ومراجعته program evalution and reviews technique
اسلوب sentries method of
التحدي بالخفراء challenging by sentries
اسلوب التباطؤ بالسرعة decelerating system
اسلوب أو نظام القدح percussion system
اسلوب او نظام المغلاق المقفل locked breech, closed-breech system
اسلوب او نظام المغلاق المفتوح open-breech system
اسلوب مباشر direct process
اسم رمزي symbolic name
اسم المرسل (في البرقيات) drafter's name
اسناد support

اسناد المعركة combat support
اسناد النقل الجوي air transport support
اسناد جوي air support
اسناد جوي بعيد المدى لمقاومة الغواصات
anti submarine air distant support
اسناد جوي تعبوي tactical air support
اسناد جوي هجومي offensive air support
اسناد جوي عام general air support
اسناد جوي غير مباشر indirect air support
اسناد جوي فوري immediate air support
اسناد جوي قريب close air support
اسناد جوي مدبر preplanned air support
اسناد عام general support
اسناد غير مباشر indirect support
اسناد قاعدة عائم floating base support
اسناد قريب close support
اسناد مباشر direct support
اسناد متبادل mutual support
اسناد متوازن balanced support
اسناد مرتجل impromptu support
اسناد ناري fire support
اسير ، سجين prisoner
اسير حرب prisoner of war
اشارات المرور passing lights
اشارة signal
اشارة انحراف ، خطأ error signal
اشارة قيادة command signal
اشباع المهبط plate saturation
اشتعال فتيلي matchlock
اشتعال مبكر (للوقود) firing back
[تفجر الوقود قبل الاوان] .
أشرطة فتح المظلة pack opening bands
أشرطة قماشية harnesses
اشعاع بطيء low order radiation

اشعاع ضعيف soft radiation
اشعاع كهرو مغناطيسي electro magnetic radiation
الاشعاع المعزز enhanced radiation
اشعاع نووي nuclear radiation
اشعال مقدم ignition, advanced
إشعال مؤخر ignition-retarded
إشعال برتاج القدح percussion fiercing lock
اشعة سينية ، اكس X-rays
اشعة فوق البنفسجية ultra-violet rays
اشعة جاما gamma rays
اشعة كونية cosmic rays
اشعة الليزر [شعاع مركز لنوع من الضوء يسلط على الهدف لمعرفة مسافته] laser
اشعة متبقية residual radiation
اشواط المحرك engine strokes
اصابة تغير الضغط barotrauma
اصابة خارج المعركة non-battle injury
اصطدام collision, impact
اضطراب هوائي turbulence
إطارات tyres
اطار المجال field frame
اطارات مصمتة او متينة solid tyres
اطار مفصلي hinged frame
إطباق lock- in
اطعمة معلبة canned rations
اطفأ الأنوار lights out
اطلاق launch
اطلاق بارد cold launch
اطلاق جوي air launch
الاطلاق الساخن hot launch
اطلاقة باليستية او ذاتية الدفع ballistite cartridge
اطواق الانضغاط compression rings

اطلاق نار زائف او رشقات زائفة او كاذبة simulation fire
اعادة البث rebroadc asting
اعادة التجميع regrouping
اعادة تجهيز turn around
اعادة تصنيف reclassification
اعادة التعبئة refueling
اعادة ضمنية passive homing
[العودة الى الهدف بعد تسلم الاشارة]
اعاقة المقدمة nose drag
اعتراض interception, objection
اعتراض بتوجيه قريب close controlled interception
اعتراض تدريبي practice interception
اعتراض جوي airborne interception
(محمول جوا)
اعتراض خاطىء missed Interception
اعتراض متحكم به من الارض ground controlled interception
اعسر left-handed
اعلى درجة ممكنة للاصابة highest possible score
أعلى رتبة senior
اعلى سرعة maximum speed
اعمال دفاعية defence works
اعمال الصيانة task system of maintenance works
اعياء ، إنهاك fatigue
اغلاق (اسلحة) locking
افتراضات الخسائر او تخمينها assumption of losses
افلات المظلة canopy release
اقتحام ثقيل heavy assault
اقتراب ground controlled approach
مسيطر عليه من الأرض
اقتراب نهائي / مرحلة هبوط الطائرة final approach
اقتران متغاير (في التردد) heterodyne
أقسام حاملة bearing surfaces
أقصى ارتفاع للمقذوف maximum ceiling
أقصى مدى ارضي maximum ground range
اقطاب البطاريات battery terminals
اقطاب مضادة counter poles
إقفال locking
اقلاع take off
اقلاع بمساعدة نفاث jet-assisted take-off
اقلاع عمودي vertical take off
اقلاع فوري take scramble
اقلاع وهبوط قصيران short take off and landing
اقلاع وهبوط عموديان vertical take off and landing
اقمار التقصي fetch satellite
أقمار نظام الكتروني electron class satellite
اكسجين غازي gaseous oxygen
الى الامام سلام salute to the front
الى الخلف در about turn
الى اليسار انظر eyes left
الى اليسار سلام salute to the left
الى اليمين انظر eyes right
الى اليمين سلام / تدريب اداء التحية salute to the right
التحام hand to hand fight
التحام (مركبات الفضاء) docking
التحام نووي nuclear fusion
التفاف من الجناح out flanking
آلة تشكيل shaping machine

آلة تصوير مائلة oblique camera
آلة التفريز ، خرّاطة milling machine
آلة قياس الجهد الكهربائي electrometer
آلة طابعة typewriter
آلة ، ماكنة machine
الحاق attachement
الحثّ والاستقراء electric inducation
أسلحة مخصصة او موزعة weapon alloted
أسلحة مقيدة او مغلقة
(اسلحة في وضع التأهب ، لا ترمى الا اذا قام العدو بالرماية)
العاب بهلوانية aerobatics
الغاء ، اجهاض abort
الالغام والمصائد mines and body traps
الكترون (وحدة الشحنة السالبة) electron
الكترون حر (الكترون موجود في المدار الأخير من مدارات الذرة) free electron
الكترون سالب negative electron
الكترونيات electronics
الكترونيات الطيران avionics
آلية mechanism
آلية الارتداد (للمدافع) recoil mechanism
آلية التسديد بالاتجاه traversing mechanism
آلية تلقيم من الخلف breech loading mechanism
آلية الثقل المعاكس counter-weight mechanism
آلية رمي بالزناد trigger firing mechanism
آلية رمي مسيطر عليها بحبل صغير
landyard-controlled firing mechanism
آلية الزناد trigger mechanism
آلية ضبط servomechanism
آلية غلق للحركة في الارتفاع lock mechanism screw elevation

آليات برمائية sea land vehicles
آليات المؤخرة breech mechanism
أمان المقبض grip safety
امبير / وحدة قياس التيار الكهربائي ampere
امبير ـ دورة ampere-turn
امبير ـ ساعة ampere-hour
امتصاص suction
امدادات طبية medical supplies
امدادات غذائية food supplies
الامداد والتجهيز logistics
آمر commanding officer , commander
آمر الاطلاق releasing commander
آمر الحرس sergeant of guard
آمر الدفاع الجوي air defence commander
آمر الدفاع الجوي المحلي local air defence commander
آمر الدفعة stick commander
آمر الساحل beach commander
آمر العجلة vehicle commander
آمر دفاع مقاومة الطائرات anti-aircraft defence commander
آمر قِطَاع او جبهة sector commander
آمر مدفعية الدفاع الجوي air defence artillery commander
أمر order
أمر اداري administrative order
أمر اعتيادي routine order
أمر انذاري warning order
أمر تنقل movement order
أمر حجز او اعتقال capias
أمر ركوب embarkation order
أمر مراقبة البث emission control order
امر شفوي verbal order, oral order
امر عمليات operation order

امر مجزأ fragmentary order
الامر اليومي order of the day
امكانيات العدو enemy capabilities
إملاء load
أمن security
أمن الاشعاع radiological safety
أمن الكتروني electronic security
امن مادي ، حماية جسدية physical security
امن المخابرة أو الإشارة signal security
امن المنطقة الخلفية rear area security
امن المواصلات communications security
امن بث الكتروني electronic emission security
امن جماعي collective security
امن داخلي internal security
امن قومي national security
امن كيمياوي chemical security
اموال الوحدة unit funds
اميتر (اداة لقياس الكهرباء بالأمبير) ammeter
امين مستودع storekeeper
انابيب الوقود fuel pipes
انبوب tube
انبوب اسلاك conduit
انبوب الزيت oil pipe
انبوب غير ملحوم seamless tube
انبوب متشعب manifold
انتاج بالجملة mass production
انتباه attention
انتقاء السواقين وتدريبهم drivers selection and training
انتشار التفجير propagating explosion
انتفاخ swell
انتقائية selectivity
انتهاء الانذار all clear
انتهاك violation

الانتلبية (المحتوى الحراري ، السعة الحرارية لوحدة الكتلة) enthalpy
انجذاب الكتروني electron affinity
انجاز performance
انجزت المهمة mission accomplished
انجزت المهمة المرئية visual mission accomplished
انحدار declination
انحراف deviation
استهلاك ، استنزاف ، إتلاف exhaustion
انذار alert
انذار ارضي ground alert
انذار احمر red warning
انذار السموم toxic warning
انذار بالحوم محمول جوا airborne alert
انذار بالضربة النووية nuclear strike warning
انذار تعبوي tactical warning
انذار طوارىء emergency alarm
انذار استراتيجي strategic warning
انذار مبكر early warning
انذار مبكر للدفاع الجوي air defence early warning
انذار محلي local warning
انذار مسبق advanced warning
انذار وهمي mock alert
انذار يومي daily alarm
انزلاق افقي horizontal sliding
انسجام ، توافق compatibility
انسحاب على الأقدام foot withdrawal
انسداد هوائي air lock
انشطار هوائي نووي nuclear fission
انشوطة او عُقدة loop
انشوطة التوائية hesitator loop
انطلاق الخرطوشة قبل الأوان premature discharge

انطفأ المحرك flame out
أنظمة الأمان safety regulations
انعدام الجاذبية zero gravity
إنعكاس الضوء ، تفكير ، فكرة reflection
انف / مقدمة الشكل الانسيابي nose
انفتاح ، تطوير development
انفتاح استراتيجي strategic development
انفجار outburst
انفجار الفوهة muzzle burst
انفجار تحت السطح sub-surface burst
انفجار تماس graze burst
انفجار تنططي أو وثّاب ricochet burst
انفجار جوي air burst
انفجار على السطح surface burst
انفجار مبكر early burst
انفجار نووي على السطح nuclear surface burst
إنقاذ save, rescue, deliverance
إنقاذ بحري بالطائرة air/sea rescue
انقضاض ، غوص dive
انقلاب عسكري coup d'etat
انكسار الضوء refraction
انهاء التعبئة ، تسريح demobilization

انوار مدرج (مصابيح تعمل على الزيت) groose necks
اهتزاز (اهتزاز العجلات الأمامية نتيجة خطأ في جهاز التوجيه) shimmy
اهمد ، أخمد deactivate
أوار المعركة heat of the fight
اوامر الانفتاح order of development
اوامر الحريق fire orders
اوامر العمليات الثابتة standing operation procedure
اوامر المعركة combat orders
الأوتومائية automation
الأوج ، منطقة الأوج [اعلى نقطة يصلها مقذوف او قمر صناعي في مداره] apogee
اورستد [وحدة شدة مجال المغناطيس] orsted
اوقف الرمي cease firing
اوكسجين سائل liquid oxygen
أول اوكسيد الكربون carbon monoxide
ايجابي active
ايجاد المدى بالصوت والوميض sound and flash ranging
ايجاز briefing
أيمن right handed

باثّ	emitter
باحث نشيط (معنى مجازي)	ferret
بارجة	battle ship
بارود بلا دخان	smokeless powder
بارومتري ، له علاقة بالتغيرات الجوية	barometric
بازوكا ، سلاح خفيف يحمل على الكتف تطلق منه الصواريخ على الدبابات او نحوها .	bazooka
باطل	null, inert
بافابوز (نظام رادار ينذر بحدوث هجوم بواسطة المقذوفات البالستية)	pave pawa
باكبار (نظام للمراقبة الفضائية فوق المحيط الهادىء)	pacbar
بالستي / بالستيكي	ballistic
بث	emission
بث ثانوي	secondary emission
بثق ، انبثق	extrude
بحث اساسي	basic research
بحث وانقاذ	search and rescue
بحر بقوة صفر	force sea «o»
بحرية	marine
بدالة او محوّل	transducer
بدل أو علاوة تدفئة وانارة	heat and light allowance
بدن	body
بدن (السفينة) او الطائرة	fuselage
براغي متقطعة اللولبة	interrupted threads
« برتقال حلو » (رمز يفيد الاعتراض الجوي ويعني ان حالة الجو مناسبة)	orange sweet
« برتقال مر » (رمز يفيد الاعتراض الجوي وتعني ان حالة الجو غير مناسبة)	orange sour
برج الدبابة	tank turret
برج المراقبة	control tower
برج مصفح	conning tower
بَرَد	hail
بر ـ ستوف (بنزين اصطناعي)	br-stoff
برشام	rivet
برشمة	riveting
برغي متفجر	explosive bolt
برقية شيفرة	cipher telegram
برقية مرئية	message line
برقية واضحة	message in plain language
بركلورات الامونيوم	ammonium perchlorate
بركلورات = ملح حامض البركلوريك	perchlorate
برمائي	amphibious

برمائي (إسم) برمائية (قارب) **amphibian**
برميل أو طبل **drum**
برنامج التحرك ، الانتقال **movement program**
برنامج الطعام **food program**
برنامج (كمبيوتر) **program**
برنيق (دهان) **varnish**
بروتون ، جُسيّم يحمل وحدة من الكهربائية الموجبة ويشكل جزءا من الذرة **proton**
بروز ، دفع **extrusion**
البريد الصادر **outgoing mail**
بريد الوحدة **unit mail**
بزة ، بدلة ، طقم **suit**
بزة التدريب **drill uniform**
بزة الجاذبية **G-suit**
بزة ضغط **pressure suit**
بزة ضغط كاملة **full pressure suit**
بزة فضاء **space suit**
بزة مراسم **full-dress uniform**
بزة مكيفة الضغط **pressurized suit**
بزة الميدان **field uniform**
بصري **optical**
بطارية مصباح **battery torch**
بطارية **battery**
بطاقة **card**
بطاقة تثقيب **punch card**
بطاقة تموين **ration book**
بطاقة المدى **range card**
بطة ، ذيل امام الجناح **canard**
بُعد البؤرة **range**
البعد الزاوي **angular distance**
بعيد المدى **long range**
بكرة **pulley, roller**
بلازما (خليط في أيونات موجبة والكترونات ونيوترونات) **plasma**

بلازما شمسية (يرتفع الى ٩٦٠,٠٠٠ ميل عن الشمس) **solar plasma**
بلسا (خشب) **balsa wood**
بلوتو [الكوكب التاسع للشمس] **Pluto**
بلّور ، بلورة ، بلوري **crystal**
بناء ، هيكل **structure**
بندقية **rifle**
بندقية اقتحام **assault rifle**
بندقية آلية **automatic rifle**
بندقية تحكيم الرمي **spotting rifle**
بندقية تعمل بالترباس **bolt-action rifle**
بندقية تعمل بالقدح **percussion rifle**
بندقية تملأ من جهة المغلاق **breechloading rifle**
بندقية القنص **sniping rifle**
بندقية باطلاق مفرد **single shot rifle**
بندقية بسحب مستقيم **straight-pull rifle**
بندقية بمخزن **magazine rifle**
بندقية آلية أو ذاتية الدفع **automatic rifle**
بندقية قصيرة صامتة **silenced carbine**
بندقية القناص **sniper rifle**
بندقية كلاشنكوف **magazine rifle**
بنية خلية النحل **honey comb structure**
بنية شبكية **lattice structure**
البهر النووي **nuclear dazzle**
بوابة الدفق الواسعة الناتجة عن **flux gate**
مكثّف الاستقطاب **inter electrode capacitor**
بؤرة **focus**
بؤري **focal**
بورون ، عنصر لافلزي **boron**
بوّاق (جندي ينفخ في البوق) **trumpeter**
بوق **horn**
بيان الشحن **way bill**
بيئة ، محيط **environment**
بيئة العمليات **operational environment**

بيروكسيد الهيدروجين **hydrogen peroxide**

بيريسكوب ، منظار الأفق **periscope**

يستخدم في الغواصات والمتاريس

بيضوي **oval**

البيطرة والرواحل **veterinary and remounts**

بيغ بيرد « الطائر العملاق » **big bird**

(تطلق على سلسلة من أقمار التجسس الاميركية)

بيكوفاراد **picofarad**

(جزء من المليون من الفاراد وهو وحدة السعة الكهربائية)

بين عمودين **between perpendicular**

تابع ارضي	earth satellite
تابع قمري	selenoid
تابع متزامن	synchronous satellite
تابع محمول	piggyback satellite
تابع نشيط	active satellite
(تحكم من غرفة العمليات)	
تأثر السطح أو القسرة	skin effect
تاريخ انتهاء الصلاحية	expiry date
تأشير الطرق	marking of routes
تاكامو	TACAMO-take command and
(الطرق التي تستعملها البحرية	move out
الاميركية للاتصال بالغواصات)	
تآكل	corrosion, wear
تأمين ضد الحريق	fire insurance
تأهب !	stand to!
تاو (صاروخ)	TOW
	tube launched, optically tracked wire guided
تأين ، تأيين	ionization
تأين حراري	thermionic emission
تباطؤ	deceleration
تباين	variance
تبخر	evaporation, vapourization
تبديل العقد	replacement of contract
التبديل في اثناء التماس	relief in contact
تبديل القيادة	command alternation
تبريد	cooling
تبريد بالسقي	quenching
تبطين خارجي	shell plating
تتبع آلي	automatic tracking
تتبع بأشعة ليزر	laser tracking
تتبع ملاحي	beacon tracking
تجاوز ، ممر جانبي	by-pass
تجاوزه الزمن ، مهمَل ، مهجور	obsolete
تجديد ، تحديث	modernization
تجربة	dry run, rehearsal
تجربة انزال	drop test
تجربة مقيدة	captive test
تجريد من السلاح	demilitarisation
تجنب التماس	contact avoidance
تجهيزات الحرب	harness fittings
تجهيزات علوية	super structure
تجهيزات الميدان	field equipages
تجهيز بالرجال	manning
تجويف	recess
تجويف طولي	longitudinal groove
تجويف في الوسط	dish center
تحت الحمراء	infra red
تحت المسموع دون السمع	infrasonic
تحتمائي	under water
تحديد المدى راداريا	radar tanging

تحديد الهدف	target allocation
تحذير	warning
تحري الأعطال ، كشف الأعطال	troubles shooting
تحريك بالاحتكاك	friction drive
تحضير الطعام وطبخه	food preparation and cooking
التحكم بالدرع	armature control
التحكم عن بعد	remote control
تحكم لاسلكي	wireless control
تحكم وتوجيه ايجابي	active homing guidance
التحكم والسيطرة	umpiring and control
تحليل	analysis, resolving
تحليل الاتجاه	bearing resolution
تحليل الارض	terrain analysis
تحليل الرموز او الخفايا	cryptanalysis
تحليل بالكهرباء	electrolysis
تحليل السمت	azimuth resolution
تحليل الصورة	photograph interpretation
تحليل العمل	performance analysis
تحليل العمليات	operational analysis
تحليل الماء	hydrolysis
تحليل المدى	range resolution
تحليل المعلومات	data processing
تحليل الهدف	target analysis
تحليل توافقي	harmonic analysis
تحليل حفرة القنبلة	crater analysis
تحليل زاوي	angular resolution
تحليل هدف نووي	nuclear target analysis
تحمّل ، جَلَد ، طاقة	endurance
تحميل	loading
تحميل اختياري	selective loading
تحميل اداري	administrative loading
تحميل القافلة	convoy loading
تحميل القطار	rail loading
تحميل المعركة	combat loading
تحميل الوحدة	unit loading
تحميل بالجملة	bulk loading
تحميل بضاعة	commodity loading
تحميل برمائي	amphibious loading
تحميل تعبوي	tactical loading
تحميل متقاطع	cross loading
تحيز ، محاباة	bias
تحية العلم	saluting of the Colour
تحية والسلاح متنكب	saluting with the rifle at the slope
تخديد	fluting
تخريب	demolition, ruination
تخريب تحت الماء	under water demolition
تخريب جزئي	fractional damage
تخريب سري	sabotage
تخريبات تمهيدية	preliminary demolitions
تخريبات مؤجلة	delayed demolitions
تخزين	storing
تخزين الأسلحة الخاصة	special arms storage
تخزين بارد	cold storage
تخشين ، تلوين مُرقش	mottling
تخصيص ، تحديد ، تعيين	allocation
تخفيض	reduction
تخفيف الحمولة او التخلص منها	jettison
تخلف مغناطيسي	hysteresis
تخميد ، تثبيط	damping
تدابير الحرمان	denial measures
تدابير ألغام مضادة	mine counter-measures
تدابير الكترونية مضادة	electronic counter-measures
تدابير الكترونية مضادة فعالة	active electronic counter-measures efficient

تدابير الكترونية مضادة دفاعية defensive electronic counter-measures
تدابير الكترونية مضادة سلبية electronic passive counter-measures
تدابير امن مضادة security counter-measures
تدابير رادار مضادة radar counter-measures
تداخل ، تشوش ، تصادم interference
تداخل الكتروني electronic interference
تداخل كهرومغناطيسي electromagnetic interference
تدبير مضاد counter-measures
تدرج فوق سطح الأرض او الماء taxi
تدريب drill, training
تدريب بالأسلحة weapon training
تدريب الالتجاء harbour drill
(وقاية من الحرب النووية)
تدريب بالحراب bayonet drill
تدريب تعبوي tactical training
تدريب جماعي ، اجمالي collective training
تدريب خلال العمليات training during operation
تدريب فردي individual training
تدريب عسكري military drill, training
تدريب على اطفاء المحرك . practice flame out
تدريب على الهبوط الاضطراري practice forced landing
تدريب في العراء drill in the open country
تدريب قتالي combat training
تدريب مشترك combined training
تدريب للمعركة combat drill
تدريب الميدان field training
تدريب الوحدة الأساسي basic unit training
تثبيت القطع المعدنية بعضها مع بعض pinning
تدمير ذاتي self destruction
تدمير متبادل مؤكد mutual assured destruction
تدمير نووي nuclear damage
تدويم ، هبوط لولبي spin
تدوين ثنائي binary notation
ترابط bonding
تراجع retrogression
تراجع الانكشاف (للدوريات) clock ray
تراشق نووي nuclear exchange
تراكب ، تداخل ، تشابك overlap
ترانزستور (اداة الكترونية) transistor
ترانزستور وصْل junction transistor
ترباس ، مزلاج ، الجزء المتحرك في السلاح bolt
ترباس التثبيت lock bolt
ترباس دوار rotating bolt
ترباس ذو عروة eyebolt
ترباس قلاب tilting bolt
ترباس مفصلي ومنخفض hinged and falling bolt
ترباس مطوق (مغلق) wrapped bolt
ترتيب الاشعال firing order
ترتيب السير route order
ترتيب منتشر extended order
ترجح (تموج الطائرة حول محورها العرضي) pitch
ترجيح كهربائي electrical bias
تردد (كهرباء) frequency
التردد البالغ الانخفاض extremely low frequency
تردد تكرار النبضات pulse reoccurence frequency
تردد راديوي radio frequency
تردد سمعي audio frequency
تردد صورة الاشارة image frequency
تردد عال جدا very-high frequency

تردد عالٍ مفرط	ultra high frequency
التردد ما فوق العالي المفرط	super high frequency
التردد المداري	orbital frequency
ترذيذ : تحويل الى رذاذ	atomization
ترس	shield
ترس مخروطي ، مائل	bevel gear
التركيز (التخصيب)	enrichment
تركيز التصور	image intensification
ترميم	refit
ترنح	rolling
ترولي أو عربة خفيفة	light trolley
ترياد ، ثالوث	triad
تزامني	synchronous
تزويد	providing
تزويد بالوقود	fuel supply, fueling
تسارع	acceleration
تسامح	tolerance
تسجيل الأداء	logging
تسخين بالحركية الهوائية	aerodynamic heating
التسديد (او التوجيه)	aiming
التسديد الفعال	active aiming
التسديد المتتابع المباشر	direct tracking aiming
التسديد من الجوف	boresighting
تسرب الزيت	oil leakage
تسرّب الهواء	air bleeding
تسريج ، خياطة او درزة مؤقتة	tack (tacking)
تسلا [وحدة الحث المغناطيسي]	tesla
تسلق (صعود)	climb
تسلق أولي	initial climb
تسلل	infiltration
تسلم	taking over
تسلّم الرسالة لاسلكياً	message received by wireless
التسليم بشرط	capitutation
تسليح رئيسي	main armament
التسليم عن ظهر السفينة	free on board
تسمية رمزية	code designation
تسمية رمزية	code designation
تشبع	saturation
تشحيم	lubrication
تشغيل اختباري ـ الفحص على منضدة	bench run
تشغيل بالهواء	air start
تشكيل ، تكوين ، تشكل	formation
تشكيلات الاقتراب	approach formations
تشكيلات التدريب	drill formations
تشكيل بحري ، اسطول صغير	flotilla
تشكيل بالرتل	column formation
تشكيل بالطَّرْق (للمعادن)	forging
تشكيل تتابعي (تشكيل بالتتابع أحده متأخر قليلا وفي نفس المستوى والخط)	line astern
تشكيل التجمع	formation of assembly
تشكيل تعبوي	tactical formation
تشكيل دبابات	tank formation
تشكيل رأس الرمح	V-formation
تشكيل الصندوق ، تشكيل حركات الطيران	box formation
تشكيل قتالي	combat formation
تشكيل قتالي على ارتفاع عال	high level battle formation
تشكيل القوة (العسكرية)	force structure
تشكيل مرتب (إحدى تشكيلات المقاتلات)	close formation
تشكيل هوائي متقلب	loopstick anternna
تشكيل المعركة	battle formation

تشكيل مواجهة (تشكيلات طيران) line abreast
تشكيل الهجوم attack formation
تشميع waxing
تشوه التعويق الطوري phase delay distortion
[تشويه شكل الموجة في اثناء انتقالها من مرحلة تكبير الى اخرى داخل الاجهزة]
تشويش jamming, distortion
تشويش الكتروني electronic jamming
تشويش بحري sea clutter
تشويش جارف sweep jamming
تشويش حاجز barrage jamming
تشويش لاسلكي radio jamming
تشويش مطري rain return
تشويش مقابل ، مضاد anti jamming
تشويش نقطوي spot jamming
تشويش هاتفي cross talk
تشويش ملاحي beacon stealing
تشبيك meshing
تصادم غير مرن inelastic collision
التصفير (للمدافع) zeroing
[توحيد العلاقة بين موجّه (منظار) السلاح والسبطانة ، بحيث يحصل على اصابة دقيقة على مدى السلاح المؤثر على المستوى الافقي حينما يكون الموجه على الصفر] .
تصليح repair
تصليح استبدالي cannibalization
تصليح رئيسي main repair
تصليحات القاعدة base repairs
تصليحات الميدان field repairs
تصليحات خفيفة light repairs
تصليحات صغيرة minor repairs
تصليحات متوسطة intermediate repairs
تصليح شامل over haul
تصميم design
التصميم الأساسي basic design
تصنيف الأهداف ومتابعتها target track classification
تصنيف الخطورة hazard classification
تصنيف السرية security classification
تصوير استطلاعي reconnaissance photography
تصوير القصف bombardment photograph
تصوير بزاوية كبيرة wide angle photography
تصوير بلا مقياس off-seale photography
تصوير جوي air photography
تصوير جوي ثلاثي sterotriplet photography
تصوير جوي ، متنوع mosaic photography
تصوير جوي عمودي vertical air photography
تصوير جوي مائل عالٍ high oblique photography
تصوير جوي مائل منخفض low oblique photography
تصوير مبهم soft focus photography
تصوير جوي مركب composite air photography
تصوير مروحي fan camera photagraphy
تصوير مفصل dicing photography
تصوير منطقة مستمر continuous strips photography
تصوير نقطوي pin point photography
تصوير وثائقي documentary photography
تصوير ملون colour photography
تصوير بالاشعة تحت الحمراء infra-red photography
تصوير ليلي night photography
تضاؤل ، انحلال الذرة decay
تضبيط ، تناغم ، توافق ، انسجام tune-up

تضبيط جماعي ganged tuning
تضخيم amplification
تضمين أو تعديل السعة amplitude modulation
تضمين التردد frequency modulation
تضمين متخالط cross modulation
تطعيم للمعركة battle inoculation
تطهير ، ازالة التلوث decontamination
تطهير المنازل (المباني) house clearance
تطوير ، انماء development
تطوير اولي او ابتدائي initial development
تعبئة ذاتية self loading
تعبئة عسكرية military tactics
التعبئة والتفريغ filling and discharging
تعبوي ، تكتيكي tactical
تعبئة ، تكتيك ، اسلوب tactic
تعديل modification
تعديل تقني technical modification
تعديل السعة (للموجة) amplitude modulation
تعديل سوقي او استراتيجي strategic change
تعرف ، تحديد ، مطابقة identification
تعزيز ، تقوية reinforcement
تعشيق تزامني او متزامن synchromesh
تعشيقة dovetail
تعطل المعدات الأرضية ground equipment failure
تعقب ، اقتضاء ، تتبُّع tracing
تعليق بواسطة قضيب التوائيّ torsion bar suspension
تعليمات instructions
تعليمات الامان safety regulations
تعليمات ، أو آوامر الحرس sentry's orders
تعليمات الصيانة maintenance instructions
(اصلاح شامل) ترميم شامل ، complete overhaul
تدقيق او تنقيح revision
تعويض ، سد النقص replenishment
تعويق ، تأخير delay
تقويم raising or rating
تعيين ، حصة allotment
تعيين المكان location
تعيين موقع العدو enemy location
تغذية feeding
تغذية استرجاعية ، او مُعادة feed back
تغذية بالثقل gravity feed
تغذية بالثقل gravity feed
تفريز ، تخريط milling
تغطية رادارية radar coverage
تغليف ، أو تمتين (للحبال) serving
تغييرات طارئة emergency changes
تغيير القيادة command change
تغيير مفاجىء في المسار G-break
تفاعل متسلسل chain reaction
التفاوت المقبول tolerance
[الاختلاف بالاقيسة للقطع المتجانسة] ، القدرة على التحمل ، تسامح
تفتيش inspection
التفتيش الفني للآليات vehicle technical inspection
تفجر detonation
[احتراق الوقود داخل الاسطوانة قبل وصول الشرارة]
تفجير ، انفجار explosion
التفجير في الجو air-burst
تفريغ discharging
تفوق جوي air supremacy
تقاربية proximity

تقاطع ، اعتراض ، تصدي
interception, intersection

تقاطع التربيع grid junction

تقاطع بياني graphic intersection

تقاطع جوي air interception

تقاطع جوي باسلوب السيطرة القريبة
close controlled air interception

تقاطع جوي مسيطر عليه لاسلكيا
broadcast-controlled air interception

تقاطع ليلي night interception

تقاطع مسيطر عليه controlled interception

تقاطع مسيطر عليه من الارض
ground controlled interception

تقاطع طرق cross roads

تقدم بالطرد المركزي centrifugal advance

تقدير ، تخمين estimate, sensing

تقدير استخبارات intelligence extimate

تقدير التدمير النووي nuclear damage assesment

تقدير الخسائر loss estimation

تقدير الزمن time rating

تقدير العطب damage assessment

تقدير العطب التعبوي tactical damage assessment

تقدير العطب المباشر direct damage assessment

تقدير الموقع (للسفينة) dead reckoning

تقدير مدى الوهن النووي nuclear vulnerability assessment

تقدير موقف appreciation of the situation/ estimate of the situation

تقدير اداري administrative estimate

تقدير الاستخبارات intelligence estimate of the situation

تقديم الشرارة vacuum advance

[تقديم توقيت الشرارة عند زيادة السرعة في المحرك باستعمال خاصة الامتصاص بوصلة خاصة بين الموزع والمحرك]

تقرير report

تقرير ارضي ground report

تقرير استخبارات intelligence report

تقدير استخبارات مهمة جوية
air mission intelligence report

تقرير استطلاع reconnaissance report

تقرير استطلاع طريق
road reconnaissance report

تقرير انفجار نووي nuclear burst report

تقرير آني ، او خاطف snap report

تقرير حالة الجو weather report

تقرير حوادث accident report

تقرير التدريب الشهري
monthly training report

تقرير القصف bombing report

تقرير المهمة mission report

تقرير مفاجىء flash report

تقرير تماس contact report

تقرير سري confidential report

تقرير سامّ toxic report

تقرير الضابط التقويمي
officer evaluation report

تقرير قصف bombing report

تقرير قصف الهواوين mortar report

تقرير قصف مدفعي shelling report

تقرير قيادة command report

تقرير مفصل detailed report

تقرير موقف situation report

تقرير يومي daily report

تقسية الغلاف case-hardening

تقسية المعدن metal hardening
تقلب ، تموج ، دورات على محور roll
تقليدي (أي غير نووي) conventional
تقنيا technologically
تقنية المتفجرات وصناعتها أو صناعة الاسهم النارية pyrotechnics
تقوية الأبنية او تدعيمها strengthening buildings
التقويم الكلي للموجة full wave rectification
توقيف ، أسر ، اعتقال ، استيلاء capture
تقييم المعلومات evaluation of information
تكبير ، تضخيم magnification
وقاية مبكرة ، او تدابير امنية مبكرة early security
تكديس piling up, dumping
تكون الجليد ice formation
تلقائي الاشتعال hyperglowic
تلفأ ، يقطع ، يصمد (ضد) wear
تلقائي ، ذاتي automatic
تلدين ، يقوي ، يلدّن annealing
تلسكوب / مقراب telescope
تلسكوبي دقيق جدا telescopic
تلسين قطعة الأمان في البندقية searing
تلقيم (اسلحة) feeding
تلقيم مزدوج double-loading
تماس contact
تماسك cohesion
تمثيل القوى الموجهة vector representation
تمدد expansion
تمدد طولي expansion, linear
تمدد الغازات والسوائل expansion of gases and liquids
تمديدات الزيت oil piping

تمديد الضمان warranty extend
تمرد ، عصيان mutiny, rebellion
تمرين exercise, practice
تمرين ارضي terrain exercise
تمرين اداري administrative exercise
تمرين بقطعات بجانب واحد one-sided exercise with troops
تمرين عسكري من طرف واحد one-sided exercise with troops
تمرين عسكري من طرفين two-sided exercise without troops
تمرين تعبوي مع قطعات tactical exercise with troops
تمرين خريطة map exercise
تمرين رمي القتال combat firing practice
تمرين رمي الميدان field firing exercise
تمرين اشارة signal exercise
تمرين مشترك joint exercise
تمرين معركة هاتفية telephone battle exercise
تمرين منضدة رمل mini-range exercise
تمرين موحد أو مشترك combined exercise
تمرين موقع قيادة command post exercise
تمرين ميداني field exercise
تموين المعركة combat supplies
تمرين قيادات headquarters exercise
تمرين ليلي night practice
تمرين المباراة competition practice
تمرين هيكلي skeleton exercise
تموج yam, pitch
تموج راداري bobbing
تموين إلحاق follow-up supply
تموين تلقائي automatic supply
تموين جوي air supply
تموين جوي تعبوي tactical air supply

تموين شبه تلقائي او شبه ذاتي
automatic supply
تموين متوازن balanced supply
تموين مدني civilian supply
تموين معركة combat supplies
تموين ونقل supply and transport
تموين يوم one day's supply
تمويه camouflage
تمويه الطرق road screen
تمويه الميدان field camouflage
تمييز الدبابات tank recognition
تمييز الصديق او العدو
identification friend or foe
تمييز الهدف target discrimination
تناوب alternation
التكهّن الجوي weather forecast
تنسيق النيران fire coordination
ت . ن . ت trinitrotoluene (T.N.T.)
(مادة شديدة الانفجار)
تنظيف بالحامض pickling
[تستخدم لتنظيف سطح المعدن المسنن الأقل عدد اسنان في مجموعة المسننات]
تنظيم الحركة regulation of movement
تنظيم هيكلي skeleton organization
تنظيم الواجب task organization
تنغيم ، تضمين ، تعديل modulation
تهديد threat
تهديد صاروخي missile threat
تهرب الضغط blow-by
تهوية ، مص ventilation
تهيؤ standby
توازن القوى balance of power
توازن او استقرار زعنفي fin stabilization
توافقي harmonic

توبوليف طائرة سوفياتية Tupolev
[من انتاج مصمم الطائرات الحربية السوفياتي توبوليف]
توجيه steering, guidance
توجيه آلي نحو الهدف homing
توجيه بالالتقاط homing guidance
توجيه بالتحميل على الشعاع
beam rider guidance
التوجيه بالقصور الذاتي inertial guidance
توجيه بالنجوم stellular guidance
توجيه بصري optical guidance
توجيه بالخارطة map setting (orientation)
التوجيه خلال المسار mid course guidance
توجيه راداري ايجابي active radar homing
توجيه سلبي passive homing guidance
توجيه شعاعي beam riding
توجيه ضمني guidance
[توجيه بوساطة جهاز يبرمج مقدما قبل الانطلاق]
توجيه فعال active guidance
توجيه فلكي celestial guidance
توجيه قيادي command guidance
توجيه كهربائي ـ بصري
electro-optical guidance
توجيه مضاد للاشعاع anti radiation homing
توجيه مضاد للرادار anti radar homing
توجيه نهائي ، او أخير terminal guidance
توزيع الحمولة distribution of load
توزيع النقابات syndicates distribution
توزيع الضغط distribution of pressure
التوسع على الهدف extension on target
توصيلة ، ربط linkage
توضيع ، تركيب superimposed
[وضع شيء حيث يغطي ما دونه]

توقف	stoppage
توقف ليلي	night stop
توقيت الاشعال	ignition timing
توقيت جرينتش	Greenwich mean time
التوقيت الشمسي	solar time
التوقيت المحلي	zulu (Z)
التوقيت القياسي	standard time
توقيت المحرك	engine timing
توقيع	signature
تول كينغ [سلسلة من الرادارات السوفييتية المتوسطة المدى]	Tall King
توليف ، تناغم ، انسجام	tuning
توهج ليلي	airglow
توهين ، إضعاف	attenuation
تيار معاكس او دائري	eddy current
تيار متفجر ، او متدفق [ظاهرة تكون فيها حركة الريح سريعة في اتجاه معين]	jet stream
تيار متناوب	alternating current
تيار مستمر ، مباشر	direct current
تيتانيوم ، عنصر فلزي	titanium
تيلة (دبوس خابوري)	cotter pin

ثائر في حرب العصابات	**guerilla**
ثابت ، ساكن ، دائم	**constant**
ثابت ، ساكن (جزء ساكن في محرك)	**stator**
ثابت الجاذبية	**constant of gravitation**
ثابت العازل الكهربائي	**dielectric constant**
ثابت الوقت	**time constant**
ثبات ، استقرار	**stability**
ثبت الحراب	**bayonet fixed**
ثغرات ، فراغ ، ممر	**gaps**

[الفجوات التي تفتح في حقول الالغام المعادية او الصديقة لتأمين المرور للقطعات المتقدمة]

ثقّابة منضدية	**bench drill**
ثقالة ، ثقل موازن	**counterweight**
ثقل / جاذبية (قنبلة)	**gravity (bomb)**
ثقل فوقي	**topweight**
ثكنة عسكر	**barracks**
ثلاثي الاطوار	**three-phase**
ثنائي	**twin**
ثيرم	**therm**

[وحدة حرارة تعادل ١٠٠,٠٠٠ وحدة حرارية بريطانية] .

ج

الجاذبية gravity
جاسوس spy
جاسوسية ، تجسس espionage
جالون مقياس للسوائل يساوي gallon
٢٣١ إنشا مكعبا او ٣,٧٨٥٣ ليترا في الولايات المتحدة و٢٧٤, ٢٧٧ انشا مكعبا او ٤,٥٤٦ ليترا في انكلترا
جاوس gauss
[وحدة قياس الحث المغناطيسي]
جبهة الاختراق front of penetration
جبهة جيش army front
جبهة العمليات front of operations
جبهة الهجوم front of attack
جحفل أو مجموعة group
جحفل صيانة مختلط
composite maintenance group
جحفل اسناد سيّار mobile support group
جحفل الاستطلاع والتخريب تحت الماء
reconnaissance and underwater demolition group
جحفل الاسناد الناري fire support group
جحفل الركوب embarkation element group
جحفل الساحل البحري naval beach group
جحفل الستر أو التغطية القريب close covering group

جحفل السيطرة الجوية التعبوي tactical air control group
جحفل التعويض أو التكميل المنطلق underway replenishment group
جحفل الزوارق او المراكب boat group
جحفل انزال landing group
جحفل انقاذ salvage group
جحفل برمائي amphibious group
جحفل تعبوي tactical group
جحفل فريق الساحل shore party group
جحفل جيش army group
جحفل خدمة service group
جحفل سيطرة او مراقبة برمائي
amphibious control group
جحفل انقضاض بحري naval assault group
جحفل لواء brigade group
جحفل مدرع armour group
جحفل معركة battle group
جحفل صميم المعركة depth battle group
جحفل معركة امامي forward battle group
جحفل ناقلات ضد الغواصات
anti-submarine carrier group
جحفل واجب task group
جحفل مهمّات برمائي amphibious task group
جحفل هجوم attack group

جدار الاطلسي Atlantic Wall
جدار حاجز revetment wall
جدار عاكس ، جدار عازل fire wall
جداول التدريب training schedules
جداول نيوكمب Newcombs tables
[المسافات بين الاجرام السماوية]
جدول الحمولة entraining table
جدول مجال الرمي range table
جدول عرض المعلومات headup display
جدول المسافات بالاميال mileage table
جديلة اسلاك (كهرباء) wiring harness
جذر الجناح wing root
جر ، قَطر ، سحب to tow
جراب ، غمد ، حق socket
جرّار tractor
جراح الطيران flight surgeon
جرافيت ، شكل من الكربون graphite
جرعة dose
جرد المستودع stock-taking
جرس انذار alarm bell
جرعة الاحتمال tolerance dose
جرعة الاشعاع radiation dose
جرعة التعرّض exposure dose
الجرعة القصوى المسموح بها
maximum permissible dose
جرعة ممتصة absorbed dose
جرعة مميتة lethal dose
جرعة مؤثرة effective dose
جرم فضائي spatial body
جريان صفحي laminar flow
جريح قادر على السير walking wounded
جريح معركة wounded in action
الجزء الطافي من السفينة freeboard
جزيرة island

جسر bridge
جسر متحرك draw bridge
جسر تثبيت bracket
جسر جوي air bridge
جسر ذو ممرين treadway bridge
جسر عائم floating bridge
جسر هجوم spar bridge
جسر مُغلق bridge closed
جسر مفتوح bridge open
أجمة ، حرج bush
جلخ الصمام valve grinding
ثبات ، احتمال / بقاء endurance
لفانوميتر galvanometer
حهاز للكشف عن التيار الكهربائي أو لقياس تيار كهربائي خفيف]
جماعة او فريق ارتباط نيران المدفعية البحرية
naval gunfire liaison team
جماعة اسناد المنقولين جوا (تعمل في منطقة الهبوط)
air mobile support party
جماعة الاستطلاع reconnaissance group
جماعة الاوامر orders group
جماعة او فريق التخريب تحت الماء
under water demolition team
جماعة الجوالة rover group
جماعة او فريق الراصد الارضي
ground observer team
جماعة الساحل beach party
جماعة او فريق السيطرة والتقدير
control and assessment team
جماعة الشاطىء او الساحل shore party
جماعة او فريق العمليات الجوية السيّارة
mobile air operations team
جماعة او فريق الغوص للتطهير
clearance diving team

جماعة المسح الاشعاعي
radiological survey party
جماعة او فريق انزال اللواء
brigade landing team
جماعة تأشير او تعيين **marking team**
جماعة تأشير أو تعيين منطقة الالقاء
dropping zone marking team
جماعة تأشير او تعيين منطقة النزول
landing zone marking team
جماعة او فريق تصليح امامية
forward repair team
جماعة تماس **contact party**
جماعة او فريق رادار الاسناد الجوي
air support radar team
جماعة او فريق رصد نيران المدفعية البحرية
naval gunfire spotting team
جماعة او فريق سيطرة الطائرات المروحية او السمتية
helicopter control team
جماعة سيطرة النار على الساحل
shore fire control party
جماعة او فريق سيطرة جوية
air control team
جماعة سيطرة جوية تكتيكية، تعبوية
tactical air control party
جماعة سيطرة عطب المنطقة
area damage control party
جماعة ادارة بقعة النزول
landing zone control party
جماعة فرق التخريب جمع المعلومات
demolition firing party data collection
جناح ابتر او فرعي او بديل **sub wing**
جناح تدريب الطهاة **cooks' training wing**
جناح التموين والنقل **supply and transport wing**

جناح الطيران **flying wing**
جناح السواقين **drivers wing**
جناح مثلث **delta wing**
جناح المركبة **fender**
جناح مكافحة الحريق **fire fighting wing**
جندي أول **lance-corporal**
جندي جو **airman**
زنجير او سلسلة للآليات **track**
جنوح **beaching**
جنود اختصاص **specialist soldiers**
جنود المظلات او مظليون **parachutists**
جنيح **aileron**
جهاز او ناقل الحركة **gear**
جهاز احساس **sensor**
جهاز ارتداد **recoil system**
جهاز الارتفاع **elevating gear**
جهاز الاشتعال **ignition system**
جهاز انزال **ballute**
جهاز او اختراع **device**
جهاز التبريد **cooling apparatus**
جهاز تتابع **sequencer**
جهاز تحديد نوع الرمي **selective fire device**
جهاز تحكم **governor gear**
جهاز التحكّم عن بعد **remote control**
جهاز تحويل **transmission**
جهاز تسديد بصري **optical sighting**
جهاز التسديد المباشر **direct sight**
جهاز تسديد مساعد **auxiliary bore sight**
جهاز تسوية **levelling device**
جهاز تفصيلي **differential device**
جهاز تقدير المسافة او المدى **range finder**
جهاز تكهن راداري **radar-prediction control**
جهاز التشويش المكرر **repeater jammer**
جهاز تدمير **destructor**

جهاز او نظام توجيه
guidance system (missile)
جهاز الحركة الافقية traversing mechanism
جهاز خزن المعلومات retrieval system
جهاز دلالة ملاحية marker beacon
[جهاز ملاحة يستعمل في المطارات]
جهاز الرفع (للمدفع) elevating mechanism
جهاز الرؤية العاكس reflex sight
جهاز سلبي للرؤية الليلية
passive night vision system
جهاز سونار sonar (sound, navigation
[يقيس مصدر الصدى] and ranging)
جهاز سيطرة flying controls
جهاز سيطرة commander's overide control
الآمر (دبابة)
جهاز الطرد المركزي centrifuge
جهاز الفصل او التعشيق clutch
جهاز قياس المسافة
distance measuring equipment
جهاز لحم welding set
جهاز التلقي والإجابة transponder
جهاز محاكاة الفضاء space simulator
جهاز محاك للحركة motion simulator
جهاز المدى الجامع v. o. r (vhf omnirange)
ذو التردد العالي جدا
جهاز المراقبة ، مرقب monitor
جهاز مزدوج duplexer
[دائرة تمكن من استعمال الهواء للاستقبال]

جهاز مضاد للتشغيل anti-handling device
جهاز الهبوط الآلي
instrument landing system
جهاز يشغل بالدفع
propellant activated device
جهاز يشغّل بالخرطوشة
cartridge actuated device
جهد او توتّر او اجهاد strain
جهد الانهيار breakdown voltage
جهد جوي air effort
جهد القص او الجزّ shear stress
جهد واطىء او منخفض low tension
جو atmosphere
جو / ارض air to ground
جو بدائي primitive atmosphere
جؤجؤ (مقدم السفينة) stem
جو / جو air to air
جو / سطح air to surface
الجو صاف weather clear
جوف bore
جول [وحدة طاقة أو شغل] joule
الجو المحسوس sensible atmosphere
جونيومتر (مقياس الزوايا) goniometer
جيب التمام cosine
جيروسكوب (اداة لحفظ توازن gyroscope
الطائرة او الباخرة)
الجيش العامل standing army
جيوب ماء (لتبريد المحرك) water jacket

حابسة ، ماسكة ، سقاطة detent
حاجب الريح bulkhead
حاجز ، فاصل bulkhead, barrage, baffle
حاجز تشويش jamming barrage
حاجز الصوت sound barrier
حاذقة او ذكية (قنبلة) smart bomb
حارفة او حارف deflector
(حارق ثانوي) محرق لاحق after burner
حاسبة الكترونية ، حاسوب computer
حاسبة رقمية digital computer
حاسوب ، حاسب الكتروني computer
حاشدة ، بطارية battery
حاشية ، حرف ، حافة selvage
حاصرة آلية الارتفاع elevating bracket
حاصرة الموجِّه sight bracket
حاضن السلاح tip stock, carriage
حاضن مشقوق split trail carriage
حافظة الاستواء ، ذات محورين gimbals
[محور جايروسكوبي يعمل على حلقتين متعاكستين]
حافظة او سدادة زيت oil seal
حافظة مسافة (مباعدة) spacer
حافة امامية leading edge
حافة خلفية trailing edge
حافة دائرية flange

حافة عجلة التوازن flywheel rim
حالة الاستعداد او التأهب readiness condition
حالة الاستعداد بالجو airborne alert
حالة الاقتحام assaulting case
حالة الجو المرئية
visual meteorological condition
حالة السيولة liquid state
حالة الجو weather condition
حامل أو حاملة bearer, carrier
حامل الأخمص butt rest
حامل امامي front support
حامل أو غمد الحربة bayonet scabbard
حامل القنابل bomb rack
حامل نقالة stretcher bearer
حاملة افراد مدرعة
armoured personnel carrier
حاملة بالتعليق straddle carrier
حاملة الترباس bolt carrier
حاملة دبابات tank carrier
حاملة طائرات aircraft carrier , flattop
حاملة طائرات نووية nuclear aircraft carrier
حاملة عمود المرفق thrust bearing
[الحاملة الرئيسية لعمود المرفق]
حاملة كرات او كُرَى ball bearing
حاملة مسحوبة او مقطورة tracked carrier

حامي العينية ، النموذج eye guard
حاوية ، صهريج او مستوعب container
حاوية او صهريج أو مستوعب الامداد الجوي aerial delivery (resupply) container
حبال السفينة cordage
حبل الانقطاع break cord or (thread)
حبل تزويد umbilical cord
حبل الرمي او فتح النار في بعض المدافع firing lanyard
حبل الفتح (للمظلة) rip-cord assembly
حبل قراري / ثابت static line
حبة grain
حث inductance
حث ذاتي self-inductance
حث كهربائي مغناطيسي electromagnetic induction
حجاب دخاني smoke screen
حجر التجليخ او الطحن grinding stone
حجرة chamber, cockpit
حجرة الاحتراق combustion chamber
حجرة البندقية chamber (rifle)
حجرة تفريغ الغاز evacuator chamber
حجرة ظهر المركب deck house
حجرة الطيار ، حجرة القيادة بالطائرة cockpit
حجرة المحرك engine
حجم حجرة الضغط [في محرك الاحتراق الداخلي] clearance volume
حد ، تخم boundary
حد الارتفاع ceiling
الحد الأمامي لمنطقة المعركة forward edge of the battle area
حد الأمان safety limit
حدبة cam
حدبة الاسطوانة cylinder cam

الحدث اليومي daily narrative
الحد الجوي للحرارة الاحتكاكية [حد انعدام حرارة الاحتكاك في الجو على علو ١٠٠ ميل] aerothermodynamic border
الحدود الخلفية للفرقة division rear boundaries
حدة النظر visual acuity
حديدي ferrous
حديدية (قنبلة) iron (bomb)
حرارة heat
حرارة التبخر heat of vaporization
حرارة الركود stagnation temperature
حرارة كامنة latent heat
الحرارة المطلقة absolute temperature
حراري thermal
حرب احلاف coalition war
حرب احيائية biological warfare
حملة حربية war campaign
حرب استنزاف war of attrition/attrition warfare
حرب اقتصادية economic warfare
حرب الاذاعات broadcast war
حرب الغام mine warfare
حرب الكترونية electronic warfare
حرب اهلية civil war
حرب باردة cold war
حرب برمائية amphibious warfare
حرب برية جوية land-air warfare
حرب بكتيرية ، جرثومية bacterial warfare
حرب تحفيزية catalytic war
حرب تشنج spasm war
حرب تصادفية او عَرَضية accidental war
حرب تقليدية conventional warfare
حرب مركزية central war

حرب مقدسة « جهاد » holy war
حرب مكافحة العصابات
counter guerrilla warfare
حرب نفسية psychological warfare
حرب نفسية تعبوية او تكتيكية
tactical psychological warfare
حرب نفسية سوقية (استراتيجية)
strategic psychological warfare
حرب نفسية معززة للمعنويات
consolidation psychological warfare
حرب نووية nuclear warfare
حرب وقاية preventive warfare
حرب تقنية technological warfare
حرب جرثومية biological warfare
حرب جوية aerial warfare
حرب جوية سوقية (استراتيجية) strategic air warfare
حرب خاطفة blitzkreig war/lightning war
حرب داخلية internal war
حرب استراتيجية محدودة limited strategic war
حرب سيارة ، متنقلة ، متحركة
mobile warfare
حرب سياسية political warfare
حرب ضد الغواصات
anti-submarine warfare
حرب ضيقة insular war
حرب عادلة just war
حرب عامة general war
حرب القرم Crimean war
حرب عصابات guerrilla warfare
حرب كيمياوية chemical warfare
حرب محدودة limited war
حرب محلية local war
حربة bayonet

حربة ذات تجويف socket bayonet
حربة ذات نصل knife-type bayonet
حرس القوافل convoy guard
الحرق اللاحق afterburning
حركة افقية ، او جانبية traverse
حركة التفاف outflank
حركة تراجع retrograde motion
حركة تراجعية retrograde movement
حركة ساعيّة او منتظمة clockwork
الحركة عبر الشوارع movement via streets
حركة القوافل caravan movement
حركة الكماشة pincer movement
حركة ليلية (في الليل) night movement
حركة محدودة limited movement
حركة مؤشر العداد iron-van movement
الحركيات او النشاطات الحركية dynamics
حركي حراري thermo dynamic
حركي هوائي aerodynamic
الحروب النابوليونية Napoleonic wars
حرير اصطناعي (الريون) rayon
حزام belt
حزام (المظلة) harness, (parachute)
حزام الساق leg strap
حزام الصدر chest strap
حزام المقعد seat belt
حزمة جنبية side band
حزمة النزع extraction groove
حسابات accounts
حساب الموقع dead-reckoning navigatio
حشوة او قذيفة charge, filling, squib
حشوة اضافية ، مُعَزِّزة booster charge
حشوة اعتيادية normal charge
حشوة اعماق depth charge
حشوة تدمير demolition charge

حشوة تمرين practice charge
حشوة وثّابة ، قفّازة springing charge
حشوة ضخمة stacked charge
حشوة دافعة propellant charge
حشوة دالة او محدِّدة spotting charge
حشوة مكيَّفة shaped charge
حشوة صدمة percussion charge
حشوة صوتية جوفاء blank charge
حشوة فالقة او متفجرة explosive charge
حشوة عمياء ، عشوائية blind charge
حشوة كاملة مكافئة equivalent full charge
حشوة لاصقة stick charge
حشوة مجزأة او متعددة الانشطار multi-section charge
حشوة مركبة composite charge
حشوة مجوفة او فارغة hollow charge
حشوة ناسفة pole charge
حشوة ناقصة المخفَّفة reduced charge
حشية gasket
حشية دائرية O-ring gasket
حصان (قوة) horse power
حصة غير مقرَّرة ، لا منهجية non-scheduled period
حظر او مَنْع embargo
حظيرة الطائرة hangar
حفرة الذخيرة recess for ammunition
حفرة العادم (للصاروخ) flame bucker
حفز ، حث ، تحريض ، باعث motivation
حق ، وعاء كُرُوميّ chromed box
حقل ألغام minefield
حقل ألغام ازعاج nuisance minefield
حقل ألغام تعبوي tactical minefield
حقل ألغام حاجز barrier minefield
حقل ألغام وقائي ، حِمائي protective minefield
حقل ألغام دفاعي defensive minefield
حقل ألغام صوري او زائف phoney minefield/dummy minefield
حقل الغام ضد الاشخاص anti-personnel minefield
حقل ألغام ضد البرمائيات anti-amphibious minefield
حقل الغام ضد المحمولين جوا anti-airborne minefield
حقل ألغام مختلط mixed minefield
حقل ألغام مضبوط controlled minefield
حقن الوقود fuel injection
حقن الوقود الكترونيا electronic fuel injection
حقيبة تجهيزات kit
حقيبة جبلية ، حقيبة من جلد rucksack
حقيبة الظَّهْر Ki apsack
حَكَم umpire
حل الشيفرة او الرمز decode
حلزنة [لولبة السبطانة] rifling
حلف شمال الاطلسي NATO North Atlantic Treaty Organization
حلف وارسو Warsaw pact
حلقات جلدية leather washers
حلقات الزيت oil rings
حلقة أو عقدة [حلقة لمنع ارتخاء اللولب] washer, eye
حلقة الاتصال بالأقمار الصناعية satellite link
حلقة الأمان safety washer
حلقة انزلاق slip ring
حلقة تثبيت lock washer
حلقة التعليق lanyard ring
حلقة الحمل sling swivel
حلقة الحمل السفلى lower sling swivel
حلقة الحمل العليا super sling swivel

حلقة جامعة او تجميع	collector ring
حلقة الشبك	piling swivel
حلقة مزعنفة	fin ring
حلقة المؤخرة	breech ring
حلمة	nipple
حلمة التشحيم	grease nipple
حل منظم الرمي	sear release
حلول الظلام ، المغيب ، الغَسَق	last light
حمالة الأخمص	bull strap
حمالة اسطوانية	roller bearing
[حمالات اسطوانية تمتاز بقوة تحمل كبيرة] .	
حمالة امامية	front bearing
الحمالة الرئيسية	main bearing
[مركز دوران عمود المرفق]	
حمالة العمود	rod bearing
[حمالة ذراع المكبس]	
حمالة الفصل او التحرير والاعتاق	release bearing
حمامة « اعتراض جوي »	pigeon
حماية	protection
حماية الأجنحة	flank protection
حماية الدائرة	circuit protection
الحماية في الاستراحة	protection at rest
حماية محلية	local protection
حماية مدرعة	armour protection
حماية المنطقة الخلفية	rear area protection
حمض الأزوت	nitric acid
حمل ثقيل	heavy load
حمل ساكن	dead weight
حمل طائرة	emplane
حمل غير متوازن	unbalanced load
الحمل النهائي او الأقصى	limit load
حملة	campaign
حملة بنادق	fusiliers or fusileer
حمولة	load
حمولة زائدة	extra load
حمولة عادية	clear (aircraft)
حمولة كاملة	full board
الحمولة للحصان الواحد	horse power loading
حمولة مجزأة ، مقسّمة	fractional charge
حمولة (معدل)	wing loading
الحمولة الناقصة	payload
[الوزن الاجمالي للرؤوس الحربية واجهزة التسليح]	
حنو	flate
حافات الحفر (في القمر)	ring wall
حوامة مائية	hydro-airplane
حوض جاف	dry sump
حوض زيت	oil pan
الحوض السفلي للزيت	oil sump
حوض مصفاة الوقود	oil filter bowl
حياد (مسلح)	neutrality
حيدان	deviation
حيز ترددات	frequency band

خارج عن المسار off-route

خارج المدى out of range

خارق - نارق للدروع

armour piercing incendiary

خارق الدروع armour piercing

خاصية الخدامة (خاصية flyweel effect
سريان التيار في دائرات الملف والمكثف الموصلة على التوازي)

كاتم الصوت silencer

خافرة أو طرّاد صغير corvette or escort

خال من الحموضة free from acid

خامل inert

خانق choke

خانة الوقت والتاريخ date time group

ختامي ، نهائي ، محطة terminal

خداع deception

الخدع (التضليل أو الطُّعْم) decoy
[وسائل مساعدة على الاختراق تستعملها مركبات العودة ذات الرؤوس المتعددة]

الخدمة العسكرية الالزامية compulsory military service

خراطة swarf

خردة ، نُفَاية scrap

خرط ، ثقب ، شق bore out

خرطوشة ، طلقة cartridge

خرطوشة حارقة incendiary cartridge

خرطوشة خارقة piercing cartridge

خرطوشة دون إطار rimless cartridge

خرطوشة في الحجرة cartridge in chamber

خرطوشة بإطار rimmed cartridge

خرطوشة مذنبة ، خطّاطة tracer cartridge

خرطوشة مكتفية ذاتيا self-contained cartridge

خرق او ثَقْب غير نافذ blind hole

الخروج (من مركبة فضائية) egress

خريطة map

خريطة ادارية administrative map

خريطة التقرب من الهدف target approach chart

خريطة السابلة traffic map

خريطة الحالة الجوية weather map

خريطة المخابرة او الاشارة signal map

خريطة المدفعية artillery map

خريطة المعركة battle map

خريطة الملاحة navigational chart

خريطة الملاحة الجوية aeronautical chart

خريطة الموقف او situation map

خريطة الموقف العام general situation map
خريطة بارزة أو خريطة النجدة relief map
خريطة بحرية nautical map
خريطة مصغّرة small scale map
خريطة مكبّرة large scale map
خريطة تصويرية photo map
خريطة تعبوية tactical map
خريطة تعيين أو تحديد الاماكن spot map
خريطة تفصيلية cadastral map
خريطة دورة المرور traffic circulation map
خريطة استراتيجية strategic map
خريطة تحديد الخسائر damage control map
خريطة طبوغرافية topographic map
خريطة عمليات operations map
خريطة منحنيات contour map
خريطة وضع الاشعاع radiation situation map
خزان reservoir
خزان أساسي integral tank
خزان اسقاط drop tank
خزان اكسجين سائل lox storage
خزان خارجي pod, tank
خزان رئيسي main tank
خزان الزيت sump
خزان ماء water box
خزان مرفوع elevated tank
خزان مصرف hopper tank
خزان معلق hanging reservoir
خزان الوقود fuel tank
خزفيات ، فخاريات ceramics
خطأ اختلاف المنظر (الزيغان) parallax error
خطأ التسديد collimation error
الخطأ الدائري المحتمل circular error probable

خط line
خط الارسال transmission line
خط اسقاط القنابل bomb release line
خط اسقاط القنابل النهائي final bomb release line
خط الارتفاع line of elevation
خط الاساس base line
خط الاصابة line of impact
خط القطعات الأمامي forward line of troops
خط الامان safety line
خط الامان النووي nuclear safety line
خط الانفتاح المحتمل probable deployment line
خط البصر او الرؤية line of sight
خط التحميل load line
خط التراجع line of retreat
خط التنسيق co-ordination line
خط التنسيق النهائي final co-ordination line
خط التوجيه orienting line
خط الحماية النهائي final protective line
خط الخروج line of departure
خط الخطر danger line
خط الرصد observing line
خط السقوط line of fall
خط السير المنحرف rhumb line
خط الشاطىء او الساحل shore-line
خط الشروع او البدء start line
خط المرحلة phase line
خط الصولة ، الهجوم او الاقتحام assault line
خط الضوء light line
خط الطول longitude
خط الفتح open line
خط القصف bomb line
خط الماء water-line

خط المتخلفين ، او المتأخرين straggler line
خط المركز centre line
خط المعلومات data line
خط المقاومة الرئيسي main line of resistance
خط المناسيب contour line
خط النهر river line
خط الوصول line of arrival
خط تحميل الاعتدة ammunition loading line
خط تربيع او تصالب grid line
خط تقرير report line
خط تنسيق الاسناد الناري fire support co-ordination line
خط خدمة او صيانة service line
خط الدفاع الأول first line defence
خط دلالة او مراجعة reference line
خط رأس الجو airhead line
خط رأس الساحل beach-head line
خط راصد هدف observer-target line
خط مراقبة التلوث contamination control line
خط عرض latitude
خط عدم الرمي no-fire line
خط القتال battle line
خط ماجينو الدفاعي (فرنسا) Maginot line
خط مدفع ـ هدف gun-target line
خط نظر الكتروني electronic line of sight
خطة ادارية administrative plan
خط الاستخبارات intelligence plan
خطة استخدام المركبات البرمائية amphibious vehicle employment plan
خطة التحميل loading plan
خط التعليم instruction plan
خطة التعبئة العامة mobilization plan
خطة التنقل او التحرك movement plan
خطة التنقل الجوي air movement plan
خطة الحرب war plan
خطة الحرب الأساسية basic war plan
خطة الحملة campaign plan
خطة الطيران flight plan
خطة العمليات operation plan
خطة القيادة scheme of command
خطة المناورة scheme of manœuvre
خطة الموانع barrier plan
خطة الوقوف parking plan
خطة تعبوية tactical plan
خطة جمع المعلومات intelligence collection plan
خطة دفاع defence plan
خطة سوقية (استراتيجية) strategic plan
خطة طوارىء contingency plan
خطة مجملة او مختصرة outline plan
خطة المناورة plan of manœuvre
خطة نارية او خطة إشعال fire plan
خطة نارية تعرضية او هجومية offensive fire plan
خطة نارية دفاعية defense fire plan
خطة نارية سريعة quick fire plan
خطة نارية فورية immediate fire plan
خطة نارية مدبرة deliberate fire plan
خطاف التوقيف arrester hook
خط اسقاط القنابل bomb release line
خط امامي front line
خطوط جوية airlines
خطوط المجال lines of flux
خطوط المواصلات lines of communication
خطوط الوقود fuel lines
خطوط (المروحة) pitch
خفوت fading
خفة الحركة mobility

خلوص المكبس (المسافة بين المكبس والاسطوانة) piston clearance
خليط mixoalloy
خليط من الاسلحة mixture of weapons
خلية cell
خلية أولية primary cell
خلية ثانوية secondary cell
خلية ضوئية photo cell
خلية المصفاة (رقائق معدنية او ورقية داخل غلاف خاص لتصفية السوائل او الغازات) filter element
خلية وقود fuel cell
خمود ـ انطفاء burnout
خنادق اتصال connecting trenches
خنادق التزويد supply trenches
خندق آليات vehicle ditch
خندق الثعلب fox hole
خندق المراقبة look-out trench
خندق مضاد للدبابات anti tank trench
خواء ، فراغ vacuum
انبوب فراغي او خوائي vacuum tube
خصائص characteristics
خصائص البترول specifications of petroleum
خوذة helmet
خوذة الدبابة tank helmet
خيار option
الخيار الصفر (اقتراح ريغان للحد من نشر الاسلحة النووية في اوروبا) zero option
خياطة مائلة (للمظلة) bias construction

دائرة أو دورة (طيران) circuit

دائرة الاصابات المحتملة

circle of equal probabilities

دائرة الاضرار damage radius

دائرة الانعطاف turning circle

دائرة برمجة logic circuit

دائرة التحكم control circuit

دائرة تفاضلية differentiation circuit

(دائرة كهرباء ناتجها يتغير نسبيا مع الاشارة المعطاة لها)

دائرة تكاملية integrated circuit

دائرة تلفزيونية مغلقة closed-circuit TV

دائرة التوازي (كهرباء) parallel circuit

دائرة التوالي او المتسلسلة series circuit

دائرة خازنة tank circuit

(دائرة مؤلفة من ملف مكثف)

دائرة الخطأ المحتملة probable circle of error

الدائرة الخطرة lethal radius

دائرة الفرجة pitch circle

دائرة المقدرة او القوة power circuit

الدائرة المكافئة equalizer circuit

دائرة مكثف ومقاومة

resistance condenser circuit

دارعة armoured cruiser

داعم sustainer

دافع push

دافع (باعث) impulse, motive

دافع (ضد جاذب) expelling, repulsive

دافع غازي gaseous propellant

دافع متجانس العناصر

homogeneous propellant

دافع متغاير العناصر heterogeneous propellant

دافعة plunger

دبابة اقتحام assault tank

دبابة انقاذ recovery tank

دبابة حاملة جسور bridge layer tank

دبابة دقّاقة roller tank

(دبابة) كاسحة الغام

mine clearing tank or mine sweeper

الدخول الجوي atmospheric entry

دبابة مدرعة Dreadnought

درجات الموجّه sight grades

درجة أسلحة weapons grade fissile material

درجة الاشتعال الذاتي

auto-ignition temperature grade

درجة الاكتين (بنزين) octane rating

درجة الحرارة temperature

درجة الحرارة المطلقة absolute temperature

درجة الحساسية degree of sensitiveness

درجة عالية high degree

درجة عالية من السيطرة **high degree of control**
درجة مئوية **centigrade**
درجة المَيْل **slanting degree**
درع **armour**
الدروع الواقية **protective shieldings**
دسار التكليب ، محور ارتكاز رأسي **pintle**
دشمة خرسانية **pill box**
دعامة **strut**
دعاية استراتيجية **strategic propaganda**
الدعم المباشر بالنيران **direct fire support**
دفاع **defence**
دفاع ارضي **land defence**
دفاع اضافي **accessory defence**
دفاع اشعاعي **radiological defence**
دفاع الاقمار الاصطناعية **satellite defence**
دفاع الألغام **mine defence**
دفاع الحدود الساحلية **coastal frontier defence**
دفاع الساحل **beach defence**
دفاع السفوح الخلفية **reverse slope defence**
دفاع الفضاء **aerospace defence**
دفاع القاعدة **base defence**
دفاع المذوفات البالستية
ballistic missile defence
دفاع المقذوفات البالستية الفعال
active ballistic missile defence
دفاع المرفأ **harbour defence**
دفاع امامي **forward defence**
دفاع فعّال **active defence**
دفاع بالعمق **defence in depth**
دفاع تراجعي **retrograde defence**
دفاع تعرضي ، هجومي **offensive defence**
دفاع ثابت **fixed defence**
دفاع جوي **air defence**
دفاع جوي ايجابي **active air defence**

دفاع جوي سلبي **passive air defence**
دفاع جوي متكامل **integrated air defence**
دفاع شامل،كلي **all round defence**
دفاع دائري **perimeter defence**
دفاع داخلي **internal defence**
دفاع سريع **hasty defence**
دفاع سلبي ، هامد **passive defence**
دفاع استراتيجي **strategic defence**
دفاع (سيار) او متحرك **mobile defence**
دفاع ضد الدبابات **anti-tank defence**
دفاع عاجل **hasty defence**
دفاع في عرض البحر **seaward defence**
دفاع عسكري **military defence**
دفاع عن الوطن **home defence**
دفاع كيمياوي **chemical defence**
دفاع محلي **local defence**
دفاع محيطي **perimeter defence**
دفاع مدبر ، متعمَّد **deliberate defence**
دفاع مدني **civil defence**
دفاع مركب **composite defence**
دفاع ممتد **extended defence**
دفاع منسق **co-ordinated defence**
دفاع منطقة **area defence**
وضع دفاعي **position defence**
دفاع نقطوي **point defence**
دفاع نووي **nuclear defence**
دفاعات الميدان **field defences**
دفع **thrust, impulse, propulsion**
دفع الاقلاع **take off boost**
دفع الى الخلف **backward thrust**
دفع أيوني **ionic propulsion**
دفع رجعي **retro thrust**
دفع صاروخي تضاغطي **ram-rocket propulsion**

دفع صعودي ، قابلية الطفو buoyancy
دفع عكسي reverse thrust
دفع الغاز blow back
الدفع الفعّال effective thrust
دفع قذافي ballistic drive
(يقوم بنقل الحركة ما بين مقدرة المدى والجهاز الحاسب)
دفع مدعم thrust-augmented
دفع نفّاث ، معزز jet propulsion
الدفع النوعي specific impulse
دفع نووي nuclear propulsion
دفعة بدء trigger pulse
دفق الزيت oil flow
دفق مغناطيسي magnaflux
دفة steering gear
دفة الارتفاع ، دفة افقية elevator
دفة ، دفة التوجيه rudder
(لانعطاف الطائرة الى اليمين او الى اليسار في اثناء الطيران)
دقة اداء fidelity
دقة النيران accuracy of fire
لفّ ، غلّف ، دحرج roll, rolled
دليل الاتجاه bearing clock
دليل التغذية feed index
دليل الصمام valve guide
دليل مختصر handy hint
(كتاب صغير مختصر يحوي معلومات ضرورية يحتاج اليها الضابط في الميدان للتدريب وتعليم موضوع عسكري)
دليل الملء الشريطي belt feed guide
دليل موجي wave guide
دهان اساسي primary coat
دهان تأسيس under coat
دهني fatty

دوّار rotor, rotating engine combustion
دوار (جسر) swing (bridge)
دوّاسة pedal
دوامة vortex
الدورات في الدقيقة
revolutions per minute
دُوَرالُيومين duralumin
(مزيج من الومنيوم ونحاس ومنغنيز الخ)
دوران (١٨٠ درجة) turn about
دورة cycle, revolution, turn
دورة في الدقيقة revolution per minute
دورة مدارية orbital period
دورية patrol
دورية استطلاع reconnaissance patrol
دورية الاقتصاد بالقوة
economic of force patrol
دورية حماية protective patrol
دورية غارة raid patrol
دورية كمين ambush patrol
دورية آلية mechanized patrol
دورية بحرية offshore patrol
دورية بعيدة المدى long range patrol
دورية تعرضية offensive patrol
دورية تماس contact patrol
دورية ثابتة standing patrol
دورية حرة free lance patrol
دورية ساحلية inshore patrol
دورية صيد الدبابات الثابتة
standing tank killer patrol
دورية صيد الدبابات المتحركة
mobile tank killer patrol
دورية ضد الغواصات anti-submarine patrol
دورية قتال combat patrol
دورية قتال جوية air combat patrol

دورية قصيرة المدى **short range patrol**

دورية منقولة جوا **air transported patrol**

دول المحور **axis powers**

دون سرعة الصوت **subsonic**

دوني اختراقي **sonic boom**
(لاختراق حاجز الصوت)

ديزل **deisel**

دِسْكافَرَرْ (سلسلة قديمة **discoverer**
من الأقمار الصناعية)

ديسيبل (وحدة لقياس **decibel**
نسبة شدة الاصوات)

ديك الرياح **weather cock**

دينامو (مولد التيار الثابت) **dynamo**

ديناموميتر (جهاز فحص **dynamometer**
قدرة المحرك)

دينامي ـ حركي **dynamic**

الديناميكا الحيوية **biodynamics**

دينود (صمام مفرغ **dynode**
يعمل كمذبـذب او مضخم يصدر الكتـرونات ثانوية)

ديوتيريوم (وقود حراري / نووي) **deyterium**

ديو لاين (نظام **dew line**
رادارات للانذار المبكر)

ذ

ذاتي الاملاء او التحميل self loading
ذاتي الانسداد self-sealing
ذاتي الحركة self propelled
ذبذبات كهربائية electric oscillation
ذبذبة frequency
ذبذبة سمعية audio frequency
ذخيرة ammunition
ذخيرة الأسلحة الصغيرة
small arms ammunition

ذخيرة بتوجيه نهائي
terminally guided ammunition
ذخيرة التتبع tracer ammunition
ذخيرة خلبية (مراسم) blank ammunition
ذخيرة صاروخية rocket ammunition
ذخيرة خطاطة / مذنبة tracer ammunition
ذخيرة القوة الجوية air munitions
ذخيرة كيماوية chemical munition
ذخيرة مدفع aircraft cannon ammunition
الطائرة

ذخيرة مجزّأة الأجزاء
separate loading ammunition
ذراع armature
ذراع بتمان (عمود pitman arm
نقل الحركة بين مجموعة مدرعات التوجيه)
ذراع تدوير crank
ذراع التوجيه steering rod
ذراع الحُقّ ، المِقْبس socket wrench
ذراع دوارة motor arm
ذراع (الرافعة) boom
ذراع المحور axle arm
ذراع المساحة wiper arm
ذراع المكبس piston rod
ذراع الوصل connecting rod
ذرة atom
ذروة الصمام الخانق full throttle height
ذروة الفولتية العكسية peak, inverse voltage
ذريّ atomic
ذكية (قنبلة) smart (bomb)

ر

رائد major

رائد فضاء astronaut

رائد كوني cosmonaut

رابط binder

الرادار radar (radio detecting and ranging)

رادار اعتراض محمول جوا
air borne interceptor radar

رادار التقاط وتتبع
acquisition and tracking radar

رادار الانذار المبكر early warning radar

رادار باحث air search radar

رادار بعيد المدى long range radar

رادار بموجة مستقيمة continous wave radar

رادار تعقب tracking radar

رادار توجيه guidance radar

رادار ذو مقطع عرضي radar cross-section

رادار سنتمتري centimetric radar

رادار مراقبة نيران fire control radar

رادار كشف سفلي ، أو للرؤية التحتية
down look radar

رادار للمتابعة الجانبية side-locking radar

رادار over-the horizon radar
لما وراء الأفق

رادار متصل الموجات continuous wave radar

راداغ (جهاز رادار لتوجيه صاروخ بريشينغ ٢)
RADAG, radar area guidance system

رادع detterrent

رأس ، قمة ، ذورة ، أوج apex

الرأس الحراري thermonuclear warhead
النووي

الرأس الحربي المضلل decoy warhead

رأس الشاطىء او الساحل beach head

رأس المخرطة head stock, chuck

رأس المدك head of piston

رأس معزز milled head

رأس المكبس piston head

رأس مهروس squashed head

راسم الذبذبات oscillograph

راسم كهربائي ، مندسة scope, oscilloscope

رأسي vertical

رادار radar

رادار استمكان او كشف الاسلحة
weapon locating radar

رادار السيطرة التعبوية او التكتيكية
tactical control radar

رادار السيطرة القريب close control radar

رادار انواء جوية meteorological radar

رادار تعقّب المقذوفات missile tracking radar

رادار تنوع	diversity radar
رادار ثانوي	secondary radar
رادار حجمي (لقياس الحجم)	volumetric radar
رادار مراقبة الاقتراب	approach control radar
رادار مراقبة النار	fire control radar
رادار قصير المدى	short range radar
رادار متوسط المدى	medium range radar
رادار المراقبة الأرضية	ground surveillance radar
رادار مراقبة المعركة	combat surveillance radar
رادار مشع	illumunition radar
رأس انبوب	pipe head
رأس جسر	bridge-head
رأس جسر الملاحة	navigation head
رأس جو	air head
رأس ساحل	beach head
رأس سكة (التموين)	rail head
رأس سكة العتاد	ammunition rail head
رأس سهم	arrow head
رأس مدمر ، رأس الطوربيد	warhead
رأس مواصلات	communication head
راصد ارضي	ground observer
راصد امامي	forward observer
راصد جوي	air observer
راصد مجسم	stereoscopic observer
راصد مدفعية ميدان	field artillery observer
راصد أرضي	ground observer
رافع خلفي	elevon
رافع الصمام	valve filter
رافعة / حامل	jack /cylinder, crane
رئيس الاركان	chief of staff
رئيس الطهاة	head cook
رباط انزلاقي	faster interlocking slide
رباط الشد	pull-up cord
رباعي العجلات المتحركة	four wheel driver
ربعية ، اداة قياس	quadrant
رتل ترباس	bolt catch
رتل مفرد	single file
رتل ، صف	column
رتل الأمن الداخلي السيار (المتحرك)	mobile internal security column
رتل ، الأمن الداخلي المحلي	local internal security column
رتل التنقل الجوي	air movement column
الرتل الخامس (الطابور الخامس ، عملاء العدو)	fifth column
رتل السّير	route column
رتل مرصوص	close column
رجال الحدود	frontier men
رجل الغابات	backwoodsman
رجة	perk
رجوع ، تراجع ، ارتداد	recoil
ردع	deterrence
ردع ادنى	minimum deterrence
ردع متبادل	mutual deterrence
ردع متدرج	graduated deterrence
ردع محدد	finite deterrence
ردع مستقل	independent deterrence
ردع واسع	extended deterrence
رذاذ	venturi
رزم الارزاق	food packing
رسالة	message
رسالة اعتيادية	routine message
رسالة خدمة	service message
رسالة صورية او وهمية	dummy message
رسالة فورية	immediate message

رسالة مسقطة drop message
رسالة ملتقطة pick-up message
رسم الاستيراد import duty
رسم بياني graph diagram
رسم التخزين storage charge
رشاش machine gun
رشاش خفيف light machine gun
رشاش قصير submachine gun
رشاش متحد المحور coaxial machine gun
رشاش متعدد الاغراض
general purpose machine gun
رشاش متوسط medium machine gum
رشاشة ذاتية الاملاء auto mitrailleuse
الرشقة volley
رشيشة machine carbine
رصد متوسط medium observation
رصاصة bullet
رصاصة حارقة incendiary bullet
رصاصة خارقة piercing bullet
رصاصة ذات مئتي حبة bullet 200 grain
رصاصة مذنبة ، خطّاطه racing bullet
رصد النيران observation of fire
الرطوبة humidity
رغوة كيماوية chemical foam
رف ، طلعة ، طيران flight
رفع ، مدى الارتفاع ، حمولة lift
رقائق معدنية مسكوكة sheets
رقابة عسكرية military censorship
رقم الذيل tail number
رقمي (رادار او حاسب آلي) digital
رقيب sergant
رقيب أول staff sergean
رقيقة او شريحة chip
رقيقة ضغط ، (للعيار) shim

رقيقة نحاسية brass foil
ركام متوسط alto cumulus
ركّب على (تطابق) super position
ركن التزويد procurement adjutant
ركوب ، تحميل اركاب embarkation

ركيزة ثلاثية القوائم tripod
ركيزة ثنائية القوائم bipod
ركيزة دوارة trunnion-mounted
رماة مناوشون skirmishers
رماية تطبيقية application practice
رماية جو / أرض air to ground firing
رماية جو / جو air to air firing
رماية حقيقية على العدو
actual practice against/on enemy
رماية حية جو / ارض air to ground live firing
رماية حية جو / جو air to air live
رماية الصواريخ rocket firing
رماية كثيفة مكثفة mass fire
رمز الهوية على الشبكة
net identification sign
رموز عسكرية military symbols
رمي firing
رمي الانبطاح practice lying down
رمي آلي (تلقائي) automatic fire
رمي انتقائي selective fire
رمي بزاوية عالية high angle fire
رمي بزاوية منخفضة low angle fire
رمي بسبطانة تعاليم small bore practice
رمي بصري visual fire
رمي بطيء slow fire
رمي تجريبي trial fire
رمي التحقق verification fire
رمي تدمير destroying fire

رمي تحييد	neutralization fire
رمي تسجيل	registration fire
رمي تكهّن	predicted fire
رمي تماس	contact fire
رمي تنطط او ارتداد	ricochet fire
رمي جانبي	flanking fire
رمي جبهي	frontal fire
رمي جماعي	collective fire
رمي الحصد المتناوب	alternate traversing fire
رمي الخطف	smoke shooting
رمي خلفي	back firing
رمي دقيق او استكشافيّ	searching fire
رمي الرادار	radar fire
رمي الرش	hose pipe fire
رمي الرشق ، الاصلاء ، القاء جميع القنابل دفعة واحدة	salvo fire, volley fire
رمي السد المناري	barrage fire
رمي سرية المدفعية	battery fire
رمي سريع	quick fire
رمي غاطس او متساقط	plunging fire
رمي غير مرصود او مرئي	unobserved fire
رمي غير مباشر	indirect fire
رمي مباشر	direct fire
رمي متأرجح ، متمايل	swing traverse fire
رمي متوقع	predicted firing
رمي مدبر او ممهّد له	pre-arranged fire
رمي مركز	concentrated fire
رمي مستمر او متواصل	continuous fire
رمي مسف او عابر	grazing fire
رمي مقابل او مضاد	counter fire
رمي مقذوفات مصغرة	adjustement firing
رمي المدفعية	artillery fire
رمي المدفعية المضاد	counter battery fire
رمي المصادمة	percussion fire
رمي مضاد للهواوين	counter-mortar fire
رمي موقوت	time fire
رمي مفرد	shot by shot fire
رمي نصف آلي	semi automatic fire
الرمي والمناورة	fire and manœvers
رنين	versonance
رهط ، فرقة ، شرذمة	squad
رهط قف	squad halt!
الرؤية الليلية	night visibility
رياضة بدنية	physical training
ريح شمسية (بلازما) (مجرى خفيف من البلازما والذرات الكونية التي تسير بسرعة البروتونات حول الشمس)	solar wind
ريح معاكسة	head wind

زائدي المقطع في علم الهندسة hyperbolic
زارعة الغام minelayer
زاوية **angle**
زاوية الارتفاع angle of elevation
زاوية الاستقرار أو السكون angle of repose
زاوية اصطدام قدرها صفر
nil degree angle of incidence
زاوية الأمان angle of safety
زاوية الانخفاض angle of depression
زاوية التساقط angle of fall
زاوية الاثر track angle
زاوية التخلف (كهرباء) angle of lag
زاوية الاقتراب angle of approach
زاوية التأرجح angle of traverse
زاوية التوجيه orienting angle
زاوية الخروج angle of departure
زاوية الدفة rudder angle
زاوية الرصد observing angle
زاوية الرؤية aspect angle
زاوية الريح wind angle
زاوية الزوغان angle of yaw
زاوية الساعة المحلية local hour angle
زاوية السقوط او الورود angle of fall or incidence
زاوية القصف bombing angle

زاوية المحور quadrant elevation
زاوية المدى range angle
زاوية المنظر angle of view
زاوية الموجة wave angle
زاوية الموضع position angle
زاوية النظر angle of sight
زاوية الوصول angle of arrival
زاوية رأسية apex angle
زاوية رأسية حادة steep angle
زاوية زمنية hour angle
زاوية ساعة جرينتش Greenwich hour angle
زاوية سداسية sextant angle
زاوية سداسية افقية
horizontal sextant angle
زاوية سداسية عمودية
vertical sextant angle
زاوية السكون dwelling angle
زاوية القصف bombing angle
زاوية مغناطيسية تربيعية
grid magnetic angle
زاوية منخفضة low angle
زاوية الميل (للعجلات) caster angle
زاوية الانحراف الخلفي في الاسفل لعمود تثبيت العجل الأمامي مع المحور)
زاوية النزول angle of descent

زاوية الهبوب (للهواء) angle of attack
زاوية الهجوم المطلقة ، المؤكدة
absolute angle of attack
زاوية الورود incidence angle
الزجاج الأمامي (في السيارة) windscreen
زحل (نجم) Saturn
زخم (مقدار الحركة) momentum
الزخم الزاوي المطلق ، المؤكد
absolute angular momentum
زر انتقاء selection knob
زردية ، كمّاشة طويلة الفكين pliers
زر ذو رأس مصقول milled knob
زر الطارق striker knob
زر كباس stud
ز / شتوف Z/stoff
زعانف fins
زعانف التبريد cooling fins
زعانف السبطانة barrel finnings
زعانف نصف قطرية radial fins
زعيق (صوت يصدر screaming
من الصاروخ ذي الاختراق غير المتزن)
زلاقة slide
زلاقة او حوّامة مائية hydrofoil
زمرة هجومية wolf-pack

زمن التأخير (للرمانة) delay
زمن تفاعل reaction time
زناد trigger
زنجير ، سلسلة chain
زند مصون flintlock
الزُّهَرة (نجم) Venus
زورق boat
زورق استكشاف scan boat
زورق بخاري نساف
steam driven torpedo boat
زورق دوريات patrol boat
زورق طوربيد ، نسافة torpedo boat
زورق مسلح gun boat
زورق النجاة أو التجذيف dinghy
زيت سيارات automobile oil
زيت الكابحة brake fluid
زيت محرك motor oil
زيت محرك engine oil
زيت معدني fuel oil
زيت مقاوم للتجمد anti-freezing oil
زيغ aberration
زيغان yaw
زيوت معدنية mineral oils

سائق غر / سائق مبتدىء learner driver

سائق مدفعي driver-gunner

سائل ، مائل liquid, fluid

ساتر ، متراس parapet

سائل تبريد أو محول coolant

ساحب (محرك) pull (engine)

ساعات الدوام office hours

ساع راكب dispatch rider

ساعة الصفر zero hour

ساق التحريك operation rod

الساكن (جزء ساكن من محرك او آلة يدور فيه او حوله جزء آخر) stator

سالت ، محادثات الحد من الاسلحة الاستراتيجية بين الاتحاد السوفياتي والولايات المتحدة الاميركية

SALT, strategic arms limitation talks

ساموس (أقمار تجسس صناعية) Samos

ساند ، موآزر ، داعم sustainer

ساندة (توضع امام عجلات الطائرة ووراءها) chock

سبطانة barrel

سبطانة ذات جزئين split barrel

سبطانة ملساء smooth-bored barrel

ستائر الدخان smoke screen

ستار تعويم floatation screen

ستارة دخان smoke curtain

سترة مائية water racket

ستيلث (نوع من الطائرات يصعب اكتشافها بواسطة الرادار] stealth

سجل (الطيران) log book

سجلات الاستخبارات intelligence records

سجل الحمولة load record

سجل الحوادث log sheet

سجل عمل الضباط officers'record of service

سجل الضباط officers'record

سحاب طبقي متوسط alto stratus

سحابة نووية nuclear cloud

سَحْب ، جَرّ drawing

سحب متراكمة cumulonimbus

[نوع من الغيوم وهي خطر على الطيران من ١٥٠٠ - ٤٠,٠٠٠ قدم فيها عواصف رعدية وبرق ومطبات]

السحب من المستودعات draw from stores

سداد تفريغ drain plug

سداد تمدد obturation

سداد مركزي core plug

سدادة plug

سدادة امامية foreside plug

سدادة خلفية backside plug

سدادة ذات تصويب ليلي night sight

سدادة لولبية screw plug
سدادة النسج warp
سدادة وثيقة التوافق close fitting plug
سرام SRAM-short-range attack missile
[مقذوف هجومي قصير المدى]
سرب squadron
سرب جوي flying squadron
سرب قيادة ومراقبة جوي
air command and control squadron
سرعة speed, velocity
سرعة فوهة المدفع muzzle velocity
سرعة فوهة المدفع القياسية
standard muzzle velocity
سرعة الصوت speed of sound
سرعة الطائرات الأرضية ground speed
سرعة الطيران flying speed
سرعة القفز jump speed
سرعة الريح wind velocity
سرعة جوية air speed
سرعة جوية حقيقية true air speed
سرعة زائدة ، عالية speed
سرعة زاوية angular velocity
سرعة عالية high velocity
سرعة متبقية remaining velocity
سرعة مصححة للطائرة calibrated air speed
سرعة نهائية terminal velocity
السرعة الارضية ground speed
[السرعة المطلقة بالنسبة الى الارض]
السرعة الاقتصادية cruising speed
السرعة باتجاه خط النظر
speed, acoustic speed
السرعة البطيئة (المحرك) idle speed
سرعة التقدم advance speed
السرعة الجوية المصححة rectified air speed

سرعة دائرية circular velocity
سرعة الرحلة crusing speed
سرعة الرمي rate of fire
السرعة الصوتية sonic speed, transonic
[وتتراوح بين acoustic speed
٦٠٠ و٩٠٠ ميل في الساعة]
سرعة العادم الحقيقية exhaust velocity
سرعة العادم الفعالة effective exhaust velocity
السرعة في الهواء air speed
[سرعة الطائرة بالنسبة الى الهواء حولها]
السرعة القصوى maximum velocity
السرعة المبينة indicated air speed
سرعة متباطئة decelerating speed
سرعة مدارية orbital speed
سرعة منتظمة ، متماثلة uniform velocity
سرعة مسرفة / سرعة زائدة
very high speed
محور العجلة المسننة sprocket hub
سُري ، متعلق بالحبل السري umbilical
سريعاً سر quick march
سرية company
سرية امامية forward company
سرية دبابات tank company
سرية النقل transport company
سرية النقل العام general transport company
سرية مدفعية battery'
سطح deck
سطح الأقلاع flight deck
سطح بيني (السطح interface
الفاصل بين جسمين يتم وصلهما آليا ، او هي
كلمة معنوية لعملية تنظيم يتم بين نظامين فرعيين
آخرين)
سطح الذيل tail plane
سطح حامل bearing surface

سطح مشع radiating surface
سطح متماسك gripping surface
سطوع brightness
سطح مسطح flush deck
سطيح / مسطح المخزن magazine platform
سُعْر (وحدة قياس حرارية) calory
سِعْر التكلفة cost price
سعر السوق market price
سعة capacity
سعة الاسطوانة cylinder capacity
السعة الحرارية thermal capacity
سعة خزانات الوقود fuel capacity
سفح رملي sand blast
سفينة حربية warship
سفينة استخبارات المعركة
combat information ship
سفينة اسناد support craft
سفينة الدفاع الجوي air defence ship
سفينة هجومية assault ship
سفينة هجومية برمائية
amphibious assault ship
سفينة القيادة البرمائية
amphibious command ship
سفينة القيادة التعبوية tactical command ship
سفينة المفاوضات cartel ship
سفينة النقل البرمائية
amphibious transport vessel
سفينة انزال landing craft
سفينة انزال هجومي assault landing craft
سفينة انزال صغيرة minor landing craft
سفينة انزال كبيرة major landing craft
سفينة برمائية amphibious vessel
سفينة توجيه المقاتلات fighter direction ship
سفينة حراسة guard ship/escort vessel

سفينة حمولة الهجوم attack cargo ship
سفينة دلالة marker ship/marker vessel
سفينة مراقبة الاخلاء evacuation control ship
سفينة مستشفى hospital ship
سفينة مستودع depot ship
سفينة مظلمة darken ship
سقاطة ratchet
سقاطة امان safety catch
سقاطة الاخمص butt catch
سقاطة المخزن magazine catch
السقاطة الواقية الأمامية لليد
forehandguard catch
سقاطة وقف stop pawl
سكوتر ، درّاجة برجل واحدة scooter
سكة الاطلاق launching rail
سلاح arm, weapon
سلاح احيائي biological weapon
سلاح اسناد supporting weapon
سلاح اسناد قريب متعدد الأغراض
multi-purpose close support weapon
سلاح ثانوي secondary weapon
سلاح دفاع أولي first defence arm
سلاح دون الكيلوطن subkiloton weapon
سلاح ذري atomic weapon
سلاح رئيسي principal weapon
سلاح هجوم المحمولين جوا airborne assault weapon
سلاح هجوم المحمولين جوا
airborne assault weapon
سلاح كيلو طن kiloton weapon
سلاح كيمياوي chemical weapon
سلاح بقوة مليون طن megaton weapon
سلاح نووي nuclear weapon
سلاح نووي حراري thermonuclear weapon

سلاح انقطاعي ذاتي القذف
break down self-ejector weapon
السلاح الفائض excess armament
سلاح الفضاء space weapon
سلاح قذاف، او باليستي ballistic weapon
سلاح محلزن rifled arm
سلاح مضاد للدبابات anti tank weapon
سلاح جاهز ready arm
سلاح مفرد الفعل single action weapon
سلاح موجه guided weapon
سلاح موجه أرض / جو
surface to air guided weapon
سلاح يملأ من المؤخرة كتفاً breech loader
سلاح !
سلاما - قف arms up
سلبي passive
سلسلة التدوير/او timing chain
سلسلة توقيت
سلسلة القيادة chain of command
سلطة القيادة القومية
national command authority
سلفة ، قَرْض imprest
سلك wire
سلك التسليح (للمظلة) arming cable
سلك ربط او ارتباط data link
سلك شائك barbed wire
سلك شعري filament
سلك شمعة الاشعال spark plug lead
سلك ميدان field wire
سلكي (توجيه) wire (guidance)
سماوي celestial
السمت azimuth, zenith
سنتميتر- centimeter-gram-second
غرام - ثانية (س . غ . ت)

سندان الحداد anvil
سند ايراد (او تسليم) receipt voucher
سند شطب write-off voucher
سند صرف issue voucher
سن اللولب thread, screw thread
سن لولب مربعة square thread
سهل المنال accessible handy
السهم المشتعل flaming arrow
(اتصالات اميركية عبر الأقمار الصناعية)
سوار او رباط امامي front band
سوار او رباط خارجي outer band
سوء الاداء ، تقصير malfunction
سوبروك (مقذوف اميركي من الغواصات)
SUBROC
سوسوس (جهاز استكشاف صوتي)
sosus-sound surveillance system
سوخوي (مصمم سوفياتي انتج مقاتلة تحمل
اسمه) Sukhoi
سوق ، استراتيجية strategy
سونار ، جهاز لاكتشاف وجود sonar
(او موقع) الاشياء تحت الماء بوساطة موجات
صوتية تنعكس اليه منها .
سونار ايجابي active sonar
سونار سلبي passivc sonar
سونار غاطس dipping sonar
سونار للاعماق المتغيرة variable depth sonar
سويتل (تصغير ساتل) قمر صناعي satelloid
صغير
سيارة اطفاء fire tender
سيارة مدرعة خفيفة light armoured car
سيارة وقود tank car
سياسة الاطلاق عند التعرض لهجوم
launch under-attack policy
سياسة الحرمان deprivation policy

سياقة آلية power steering
سيء الضبط maladjusted
سيتين (زيت لا لون له يكون في البترول) cetane
سينز ، نظام توجيه ملاحي sins-ships inertial navigation systems
سير او عجل التدوير driven gear
السير او الاتجاه شمالا northing
سير طويل long distance march
سير نهاري diurnal march
سيطرة ، مراقبة ، ضبط ، توجيه control
سيطرة ادارية administrative control
سيطرة ارضية ground control
سيطرة افقية horizontal control
سيطرة الاسلحة arms control
سيطرة الانقاذ recovery control
سيطرة التكامل build-up control
سيطرة التموين supply control
سيطرة التنقل movement control
سيطرة التنقل الجوي air movement control
سيطرة الدفاع الجوي air defence control
سيطرة الرمي fire control
سيطرة العطب damage control
سيطرة الكوارث disaster control
سيطرة المرور circulation control
سيطرة الاشتباك engagement control
سيطرة النقل البحري shipping control

سيطرة تعبوية ، تكتيكية tactical control
سيطرة سابلة مرور المنطقة area traffic control
سيطرة سابلة ، مرور جوية air traffic control
سيطرة سفلى lower control
سيطرة عطب المنطقة area damage control
سيطرة عليا higher control
سيطرة عمليات operational control
سيطرة قطاع sector control
سيطرة مركزية centralized control
سيطرة مساحة survey control
سيطرة منطقة القاء مكتشفي الطريق pathfinder drop zone control
سيل السابلة ، المشاة traffic flow
سيطرة جوية air supremacy
سيطرة خارجية external control
السيطرة الرئيسية major control
السيطرة على الاطلاق ، الرمي launch control
السيطرة على الانتاج production control
سيطرة على الرمي fire control
السيطرة على الفضاء control of space
السيطرة على المرور traffic control
التحكّم من بعد remote control
سيف حربة sword bayonet
سيل (عدد المركبات في الساعة) flow
سينز ، نظام توجيه ملاحي S.I.N.S = ships inertial navigation systems
السيولة والمرونة fluidity and flexibility

شاخص prominent post
وتد الاتجاه direction stake
شارب moustache
شارة الاستحقاق insignia of merit
شارة الرتبة insignia of rank
شارة القيادة insignia of command
شاشة screen
شاطئا الأطلسي both sides of the Atlantic
شاف (اداة عاكسة للرادار) chaff
مهمتها اخفاء الهدف عن الرادار
شامل الرؤية ـ بانورامي او منظر شامل panoramic
شبح ، ظِل (المدفع) silhouette
شبكة grid, net
شبكة التحكم control grid
شبكة تمديدات network piping
شبكة حاجزة screen grid
شبكة خماسية pentagrid
شبكة رادار radar netting
شبكة كبت suppressor of grid
شبه تلقائي semi-automatic
شبه رسمي semi official
شبه الظل ، الظل الناقص penumbra
شبيكة التسديد sight reticule
شبيكة ومسنن back and pinion
شحم grease
شحن ، نقل shipment
شحن البطارية battery charging
شحنة charge
شحنة فراغ او مساحة space charge
(داخل الصمام)
شديد الانفجار high explosive
شديدة البرودة cryogenic
شرارة / عبوة spark, charge
شراعية ، او منزلقة glider
شراك الخداعية ، مصائد booby-traps
شرطة عسكرية military police
شروط الاتفاقية specifications of contract
شروط الاستسلام terms of surrender
شروط التسليم delivery terms
شريط ، شارة الرتبة العسكرية stripe
شريط أو رباط تقوية pocket band
شريط حزام ذخيرة قماشي belt
شريط ذخيرة معدني strip
شريط لاصق adhesive tape
شريط مغناطيسي magnetic tape
شريط موصل نابض spring-link belt
شطب من الملاك delete or stricken
شظايا fragments
شعاع ضيق narrow beam
شعاعي شعلة radial firing

شعبة ، قسْم section
شعبة ارتباط النقل الجوي
air transport liaison section
شعبة الارتباط الارضي
ground liaison section
شعبة الارتباط الارضي المحمولة
carrier borne ground liaison section
شعبة جو / ارض air ground section
شعبة المسح المائي hydrographic section
شعبة النقل الجوي
air movement traffic section
شعبة مراقبة التموين الجوي
air supply control section
شعبة مدفعية gun section
شعبة معلومات الملاحة الجوية
aeronautical information section
شعورية (وحدة) feel (unit)
شعيرة front sight
شعيرة خلفية (اسلحة) rear sight
شفرة المساحة wiper blade
شقة المخزن magazine lip
شقة الاطراف terminal strip
شقوق / فتحات slits
شكل انسيابي aerofoil, streamline
شكل بيضوي form of goose eggs
شكل ، هيئة ، صورة shape
شكل ـ هيكل ـ إطار frame
الشمال التربيعي grid north
الشمال الجغرافي geographic north
الشمال المغناطيسي magnetic north
شمس ناشئة او بدائية protosun
شمعة الاشعال spark plug

شن الهجوم launching of an attack
شهاب (نيزك) meteor
شواظ شمسي solar prominence
شوط stroke
شوط الامتصاص suction stroke
شوط الانضغاط compression stroke
شوط العادم exhaust stroke
شوط القدرة (الشوط الناتج عن احتراق الوقود داخل المحرك) power stroke
شوهد (نداء يدل على ان الغرض شوهد) tally ho
شبكة ادارية adminstrative net
شبكة استطلاع reconnaissance net
شبكة استطلاع المدفعية
artillery reconnaissance net
شبكة الاسناد الجوي air support net
شبكة الطرق road net
شبكة القيادة command net
شبكة انذار warning net
شبكة انذار جوي air warning net
شبكة تمويه camouflage net
شبكة توجيه الرمي fire directing net
شبكة حرّة free net
شبكة دفاع النواسف torpedo defence net
شبكة صعق detonation net
شبكة ضابط الارتباط الارضي
ground liaison officers'net
شبكة لاسلكية net/radio net
شبكة مباشرة direct net
شبكة مراقَبَة controlled net
شبكة مواصلات communications worknet

الصابورة ثقل يستخدم في سفينة او منطاد حفظا لتوازنها — ballast
صاروخ — missile, rocket
صاروخ بوني — stand off missile
(صاروخ يطلق من بعد معين عن الهدف)
صاروخ تمويه جوي — air-launched decoy missile
صاروخ تمويهي — missile decay
صاروخ جو / جو — air to air missile
صاروخ جو / جو قصير المدى — short range air-to-air missile
صاروخ جو / جو متوسط المدى — medium range air to-air missile
صاروخ سطح ـ جو — surface-to-air missile
صاروخ طوّاف — cruise missile
صاروخ كهربائي — electric rocket
صاروخ نفّاث — air-breathing rocket
(صاروخ يستعمل الهواء في الجو)
صاري المركب ، السارية — mast
صاعق — detonator
صاف (للقنابل) / انزلاق — glide
صالب (قطعة فولاذية تمتد على طول قعر المركب) — keel
صالب الجانب ، جوف المركب — bilge keel

صالحة للطيران — flight worthy
صامولة ، صَمّولة ، عَزَقَة — nut
صب ، سبك — casting
صدى ثابت ، دائم — permanent echo
صديق ، محب ، مؤيّد ، ودود — friendly
صرف الارزاق او الحصص — issue of rations
صعق ، تفجير — detonation
صعود — going up, ascent, ascending,
صفائح النابض — spring leaves
صف ، ترتيب ، تنظيم — array
صفير انذار — alarm blast
صفر — zero
الصفر المطلق — absolute zero
صفيحة الأخمص او عَقِب البندقية — butt plate
صفيحة الربط الوسطى — central bracing plate
صفيحة القاع او القعر — bottom plate
صلابة طولية — longitudinal strength
صلاحية الطرق (مدى السير) — limit of travel
كَبْس الفولاذ — steel stamping
صليبية الشكل — cruciform
صلية ، انفجار — burst
صلية رمي — burst of fire
صمام ، صهيرة — valve, fuze tube
صمام أشعة المهبط — cathode-ray tube
انبوب أشعة كـــاثـــود

صمام الكتروني electronic tube
صمام الأمان safety valve
صمام ثلاثي triode
صمام ثنائي diode
صمام التخفيف relief valve
صمام تزويد وتقاطع cross-feed valve
صمام تغير الكفاءة ، انبوبة الأشعة المقوى
variable tube, beam power tube
صمام خماسي pentode
صمام رباعي tetrode
صمام زينور zener diode
صمام سداسي hexode
صمام سريع الفتح quick release valve
صمام العادم exhaust valve
صمام علوي overhead valve
صمام غازي thyatron tube
صمام قفاز poppet, poppet valve
(لاقط يعمل بواسطة نابض)
صمام كليسترون klystron tube
[صمام ذبذبة سنتمترية]
صمام مجنترون صمام مفرغ magnetron tube
يخضع فيه تدفق الالكترونات لتأثير مجال مغنطيسي خارجي
صمام مفرغ vacum tube
صمام هواء air valve
صمامة / طابة fuse
صمامة تعمل بالتأثير الاحتكاكي
graze-action fuse
صمت لاسلكي wireless silence
صمولة اغلاق السبطانة barrel locking nut
صمولة التثبيت securing nut
صمولة السبطانة barrel nut
صمولة مخرشة او مصقولة milled nut
صندل (قارب مسطح) barge

الصندوق الاسود black box
(يوضع في الطائرات لتسجيل الملاحة)
صندوق تدمير demolition box
صندوق التوابع accessory case
(صندوق المسننات في صدر المحرك لتشغيل الاجهزة الاضافية)
صمام القاعدة base fuze
صمام أمان الجوف bore safe fuze
صمام تدمير ذاتي self destroying fuze
صمام تعويق delay fuze
صمام تقاربي proximity fuze
صمام تماس impact action fuze
صمام توقيت time fuze
صمام توقيت متغير variable time fuze
صمام ضد التشويش anti-disturbance fuze
صمام سائلي hydrostatic fuze
صمام سيطرة او مُقطِّع interrupter fuze
صمام عالي الحساسية super sentitive fuze
صمام عالي السرعة super quick fuze
صمام فوري direct action fuze
صمام قنبلة لاسلكية radio bomb fuze
صمام لاسلكي radio tube
صمام مصادمة percussion fuze
صندوق ، جذع trunk
صندوق السيارة الخلفي boot
صندوق او علبة التروس المسننة gear box
صندوق الموجِّه sight chest
صندوق أو علبة نقل الحركة transmission box
صندوق الوصل junction box
صهاريج نقل road tankers
صهريج tanker
صهيرة اللحم (مادة تساعد على صهر اللحم وتمنع تأكسده عند ارتفاع حرارته) . flux

صواريخ طائرة aircraft rockets

صوتي (سرعة) sonic (speed)

صورة بيانية للطيران flight diagram

صورة جوية مائلة oblique aerial photograph

الصومعة (قاعدة تحت الأرض تحفظ فيها المقذوفات) silo

صيانة maintenance

صيانة اضطرارية breakdown maintenance

صيانة تصحيحية (كالتآكل بسبب الصدأ) corrective maintenance

صيانة وقائية preventive maintenance

صينية سحب (صينية لسحب المقطورات) fifth wheel

ضابط — officer

ضابط اتصال جوي — air contact officer

ضابط ارتباط — liaison officer

ضابط ارتباط أرضي — ground liaison officer

ضابط ارتباط ارضي للحاملة

carrier borne ground liaison officer

ضابط ارتباط القوات ، المحمولة جوّا

airborne forces liaison officer

ضابط ارتباط ، النقل الجوي

air transport liaison officer

ضابط ارتباط بحري — naval liaison officer

ضابط ارتباط جوي — air liaison officer

ضابط ارسال الرسائل — releasing officer

ضابط إركاب — embarkation officer

ضابط استخبارات — intelligence officer

ضابط الاسناد الجوي للوحدة

unit air support officer

ضابط التنقل الجوي — air movement officer

ضابط التنقل والتمييز

movement and identification officer

ضابط الدفاع المدني — civil defence officer

ضابط السطح او الظهر — officer of the deck

ضابط السيطرة المركزي — central control officer

ضابط العتاد — ordnance officer

ضابط اليوم او المناوب — officer of the day

ضابط امن — safety officer

ضابط انزال الوحدة — unit landing officer

ضابط انشاء البحرية — naval built-up officer

ضابط توجيه — direction officer

ضابط توجيه القوة — force direction officer

ضابط مناوب — duty officer

ضابط رصد امامي

forward observation officer

ضابط مراقبة التنقل

movement control officer

ضابط مراقبة رئيسي

primary control officer

ضابط مراقبة سفن الانزال

landing craft control officer

ضابط إدارة — administrative officer

ضابط الارتباط للحركة

movement liasion officer

ضابط استخبارات القتال

combat intelligence officer

ضابط استخبارات الميدان

field intelligence officer

ضابط معلومات — information officer

ضابط أعلى أو أقدم — senior officer

ضابط امداد — chief provision officer

ضابط بيطري veterinary officer
ضابط التجنيد recruiting officer
ضابط تدريب الوحدة unit training master
ضابط المنطقة للتموين والنقل
district supply and transport officer
ضابط تمييز الحركة
movement indentification officer
ضابط منفذ مقاومة الطائرات
anti aircraft executive officer
ضابط الحركة في محطة القطار الحديدي
railway transportation officer
ضابط النوبة او الخدمة orderly officer
ضابط رصد أمامي forward observing officer
ضابط ركن staff officer
ضابط رواتب الوحدة unit paymaster, officer
ضابط سلامة الطيران flight safety officer
in charge of pay
ضابط صف non-commisioned officer
ضابط عمليات جوية متقدم
forward air controller
ضابط عمليات مدفعية الدفاع الجوي
air defence artillery operations officer
ضابط مراقبة الأمن security control officer
ضابط معتمد او مفوض accredited officer
ضابط ملاحة navigation officer
ضابط الامداد quartermaster
ضابط مُفَوّض authorized officer
ضابط مراقبة النقل او الحركة
movement control officer
ضابط موضع المدافع ، ضابط ميداني
gun position officer field officer
ضابط النقل الآلي motor transport officer

ضاغط او ضاغطة compressor
الضبط الاوتوماتيكي للتردد
automatic frequency control
ضبط بتوجيه الدفع **thrust vector control**
ضبط الجودة quality control
ضبط الدوران البطيء idling adjustment
ضبط الرمي fire control
ضبط ذاتي self-adjusting
ضبط السير march discipline
ضبط عسكري military discipline
ضبط الكسب تلقائيا automatic gain control
(المحافظة على نتائج أي نظام بطريقة تلقائية)
ضربة بالصواريخ missile strike
ضربة شمس sun stroke
ضربة مضادة / ضربة ثانية second strike
ضغط اشاع صوتي
acoustic radiation pressure
الضغط الجوي barometric pressure
الضغط الجوي (aerodromelevel pressure)
على المدرج
ضغط الزيت oil pressure
ضغط عال tension, high
ضغط مستقر ، حركي
pressure, static, dynamic
ضغط مباشر direct pressure
ضغط مترسب ، متخلف residual pressure
الضغط المطلق absolute pressure
ضغط معزز boost pressure
ضغط منخفض tension low
ضفدع بشري frogman
ضفة اسطوانات bank of cylinders
ضماد الميدان field dressing
ضمن / تضمين modulate, modulation

ضوء تحت الاحمر infrared light
ضوء القافلة convoy light
ضوء الكابح stop light
ضوء كشاف searchlight
ضيائية ، نورانية luminance

طائرة aircraft, airplane
طائرة احتياط reserve aircraft
طائرة اساسية basic aircraft
طائرة استطلاع reconnaissance plane
طائرة استطلاع عمودية او سميتة
scout helicopter
طائره اسناد supporting aircraft
طائرة الجيش army aircraft
طائرة الجناح الثابت fixed wing aircraft
طائرة الجناح الدوار rotary wing aircraft
طائرة اقتحامية او هجومية assault aircraft
طائرة القيادة lead aircraft
طائرة اقلاع وهبوط jump jet
من مدرجات قصيرة
طائرة انقضاض assault aircraft
طائرة بحرية maritime aircraft/
naval aircraft
طائرة بطيار manned aircraft
طائرة تدريب training aircraft
طائرة تعبوية ، تكتيكية tactical aircraft
طائرة توجيه المقاتلات
fighter direction aircraft
طائرة حوضية او صهريج tanker plane
طائرة دون طيار drone, pilotless aircraft
طائرة رأسية v-stol aircraft

طائرة سمتية ، عمودية ، مروحية helicopter
طائرة سمتية او عمودية ضد الدروع
anti-tank helicopter
طائرة شراعية او انزلاقية glider
طائرة عمودية او مروحية طائرة عاملة
helicopter active aircraft
طائرة غير عاملة inactive aircraft
طائرة قاصفة او قاذفة bomber
طائرة قتال fighter plane
طائرة كشافة pathfinders aircraft
طائرة مائية marine aircraft
طائرة متعددة المهام general purpose aircraft
طائرة متغيرة الشكل
variable geometry aircraft
طائرة محمولة على ظهر سفينة
ship board aircraft
طائرة مراقبة عمودية surveillance helicopter
طائرة مروحية propeller plane
طائرة مُسيَّرة عن بعد remotely piloted plane
طائرة معادية enemy aircraft
طائرة مقاتلة fighter aircraft
طائرة وقود tanker aicraft
طائرة نسافة torpedo aircraft
طائرة نفاثة jet plane
طائرة نقل transport aircraft

طائرة نقل تعبوية tactical transport aircraft
طائرة نقل استراتيجية strategic transport aircraft
طائرة نووية nuclear airplane
طائرة هجوم attack aircraft
طارد مركزي او نابذ centrifugal
طاردة (اداة للنزع او لتوزيع الثقوب في المعادن drift
طارق striker percussion hammer
طارق الزناد trigger box stop
طافية السونار sonar buoy
[خاصة باكتشاف الغواصات تحت الماء]
طاقم ، طاقم السفينة crew
طاقم الطائرة aircrew
طاقة اشعاعية radiant energy
الطاقة الالية mechanical energy
طاقة حركية kinetic energy
الطاقة الكامنة potential energy
الطب الحيوي biomedicine
طب الطيران aviation **medicine**
الطب الفَضَجَوّي ، aerostromedicine
طبعة ، قالب template (templet)
طبق (هوائي الرادار) dish, tray
طبق التغذية ، التزويد feed tray
الطبقة الانتقالية الأولى tropopause
(الجزء السفلي لطبقة الهواء التي تتزايد لديها الحرارة على ٩٧ فهرنهيت)
طبقة تشحيم lubricant film
طبقة رقيقة ، غشاء film
الطبقة السفلى من الغلاف troposphere
الطبقة العليا من الغلاف الجوي
طبقة متاخمة boundary layer
طبلة drum
طبلة الكابح brake drum

طبيعة ، جوهر nature
طبيعة الارض nature of land
طحين cornflour
طراد cruiser
طراد ثقيل heavy cruiser
طراد خفيف light cruiser
طراد زارع للالغام minelaying cruiser
طراد مدرع armoured cruiser
طراد بسطح متسع through deck-cruiser
طراد قتال battle cruiser
طراد حراسة escort cruiser
طراد نووي مزود بمقذوفات موجهة
guided missile nuclear cruiser
تقاطع طرق roads intersection
طرق الشحن routing-shipment
طرق مطهرة او سالكة او خالية cleared routes
طرق الملاحة الجوية flight routes
طريق التقدم route of advance
طريق الذهاب او الخروج route out
طريق طوارىء emergency road
طريق عسكري military road
طريق العودة route back
طريق القافلة convoy route
طريق أمامي forward road
طريق بحري sea way
طريق تموين رئيسي principal supply route
طريق تموين اساسي main supply route
طريق ثانوي secondary road
طريق جانبي lateral route
طريق خاص reserved road
طريق خلفي reverse road
طريق مائي water way
طريق محوري axial road
طريق مطهر cleared route / moped up road

طريق معبّد	metalled road
طريق مفتوح	open route
طريق منظَّم السير	supervised route
طريقة الاذاعة	broadcasting method
طريق التصنيف	classification method
طريقة الحصر	bracketing method
طريقة الساعة او اسلوب الساعة	clock method
طريقة السرعة الخطية	linear speed method
طريقة اللانهاية	infinity method
طريقة المحطة المفردة	single station method
طلاء بالقصدير	tinning
طلاء تمويه	camouflage cream
طلاقية / تعدد الاستعمال متعدد الجوانب	versatility
طلب المساندة الجوية	air support request
طلب نقل	transportation request
طلب نيران	call for fire
طلبات ، متطلبات ، مطالب	demands
طلب ارزاق	ration indent
طلعة	sortie
طلقة	round
طلقة تجربة	proof shot
طلقة تمرين	practice shot
طلمة ، محدلة ، مدحاة	roller
طليقة (قنبلة)	free fall (bomb)
الطلي بالكهرباء (طلي المعدن بالكهرباء)	electro-plating
طنان (جهاز طنان يستعمل لتوقيت الشرارة)	buzzer
طواف (صاروخ)	cruise (missile)
طوبوغرافيا	topography
طوق	yoke
طوق التبريد	cooling ring
الطوف ما دون الصوتي	subsonic cruise
طوق	annulus
طوق دفع	driving band
طوق الكابح	brake band
طوق المكبس	piston ring
طوق الرتل	lengh of column
طول التجويف	bore length
طول السبطانة	barrel length
طول الموجة	wavelength
طولي	longitudiral
طويل المدى	long range
طيات الارض	folds of the ground
طيار آلي	autopilot
طيار اوتوماتي	automatic pilot
ضبط اوتوماتي للصوت	automatic volume control
الطيران (علم)	aeronautics
طيران اختباري	test flight
طيران آلي	instrument flying
طيران انسيابي	coasting flight
طيران تشكيلي	formation flight
طيران عالٍ عبر البلاد	high level cross country
طيران منخفض عبر البلاد	low level cross country
طيران عضوي	organic air
طيران ليلي	night flying
طيران معزز	boosted flight
طيف	spectrum
طيف مرئي	visible spectrum
طي الجناح	wing fold
طي المظلة (طريقة لطي المظلة)	accordion folding

ظاهرة الاتجاه شمالا **north seeking effect**

ظاهرة اديسون (خاصة اشعــاع الكتـــروني من سلك اذا شحن وهـــو موضوع في مكان مفرغ من الهواء) **Edison effect**

ظاهرة دوبلر (اتحاد موجات صادرة مع موجـات مرتـدة عن جسم معين) **Doppler's effect**

ظاهرة كهربائية الاجهاد **piezoelectric effect**

ظرف ، قابض **chuck, case**

ظرف الطلقة **cartridge**

ظرف فارغ **empty cartridge**

ظرف ممزق **ruptured case**

ظفر **sear**

ع

عائق من اسلاك شائكة	barbed wire obstacle
عائق ضد الدبابات	anti tank obstacle
عائق مائي	water obstacle
عادم	exhaust
عادم النفاث	jet pipe
عارضة	yard
عازل	insulator
عازل كهربائي (وسط كهربائي عازل)	dielectric
عاصفة ريح (رياح شديدة مصحوبة بمطر)	squall
عاكس	reflector, inverter
عاكس الدفع	thrust reverser
عاكس خداع ، تمويه	confusion reflecter
عاكس اللهب	flame deflector
عاكس منطادي	balloon reflecter
عالي النفاذية المغناطيسية	ferromagnetic
عامل التضخيم	amplification factor
عامل الحمل (هو نسبة معدل الحمل الى الحمل الأكبر)	load factor
عامل شل القدرة	incapacitating agent
عامل القدرة	power factor
عامل لحام ، لاحم	welder
عامل ماكينة ، عامل آلة	machinist
عامل المفاجأة	surprise factor
عامل مولد النبضات	pulse generator factor
عامل الوقت والمسافة	time and space factor
عبّارة ، جسر	bridge
عبارة جزيرة	island bridge
العبوات الدافعة	propelling charges
عبور الانهار	river crossing
عَتْل (فعل العتلة او الرافعة)	leverage
عتلة ، رافعة ، مُخْل ، ذراع	lever
عتلة او طبلة الاملاء	feed drum
عتلة تأرجح	rocker
عتلة او مُخْل او رافعة او ذراع الترباس	bolt lever
عتلة التشغيل	operating lever
عتلة او مُخْل او رافعة او ذراع الحدبة	cam lever
عتلة الغيارات	gear shift lever
عتلة مفصلية	toggle lever
عتيق ، قديم ، تجاوزه الزمن	obsolete
عجلات تروس الهبوط	landing gear
	gear down and locked
عجلات ، درجات	bogies
عجلات ، درجات ثنائية او مزدوجة	twin bogies
عجلات دليل الجنزير (مجنزرة)	guide rollers
عجلات طريق	road wheels

عجلة ، او مِقود التوازن **flywheel**
عجلة او مِقْود ارجاع **idler wheel**
عجلة او مِقْود اضافي **belly wheel**
العجلة او المِقْود الأمامي **nose wheel**
عجلة ، ترس الامتداد **outrigger gear**
عجلة ، أو مقود الذيل **tail wheel**
عجلة رئيسية او مقود **main wheel**
عجلة قيادة او مقود **steering wheel sprocket**
العجلة الوسيطة او مقود **idler wheel**
عجلة يدوية او مقود **hand wheel**
عدَّاء (جندي يخصص لنقل رسائل وأوامر شفوية من القائد الى وحداتـه في اثناء المعركة وخلال سير الجنود على الاقدام) **runner**
عداد جايجر (عداد للمواد المشعة) **Geiger counter**
عداد الدورات **angular velocity meter**
عداد او مقياس السرعة **speedometer**
عداد الومضات **scintillation counter**
عداد ماخ **Machmeter**
عداد المسافة **odometer**
عداد المسافة الهوائية **airlog**
العدد السيتاني للزيت **cetane number**
عدد سكك الاطلاق **number of launch rails**
عدد الطلقات بالدقيقة **round per minute**
عدسة **eye lens, lens**
عدسة محدبة مستوية **plano-convex lens**
عدم اشتعال **misfire**
عدة الحلاق **barber kit**
عدة الطهو **cooking kit**
عديم الارتداد **recoilless**
عربة اطفاء **fire tender**
عربة الدفع **limber**
عربة الفضاء **space craft**
عربة قتال مدرعة **armoured fighting vehicle**
عرض (عسكري) **parade mil**
عرض الحزمة او الرباط **bandwidth**
عرض الطائرة ، باعٌ ، امتداد ، اتساع **span**
عرض احتفالي ، او طقسي **ceremonial parade**
عرض الموقف **presentation of situation**
عرض النبضة **pulse width**
عرض المطرقة **comb of the hammer**
عروة معدنية **grommet**
عريف **corporal**
عزقة مجنحة **wingnut**
عزم (القوة × المسافة العمودية لمركز الدوران) **moment**
عزم او قوة الخطران **pitching moment**
عزم او قوة الدوران واللَّيّ **torque**
عصا القيادة **joystick**
عصر الفضاء **space age**
عصفة او هبَّة (ريح) **blast**
العصف الخلفي **back-blast**
عصف المدفع **blast of a gun**
عطاء ، عرْض ، تقديم سعر **tender**
عطاء ، عرض ، تقديم سعر اجنبي **foreign tender**
العفو العام **amnesty**
عفن فطري **mildew**
عقب الأخمص **heel of the butt**
عقب القذيفة مؤخرة الزورق او المركب **boat tail**
عقدة **knot**
عقدة او رباط او تمتين حزم **binder knot**
عقدة منفرجة **bowline knot**
عقدة مربعة **square knot**
عقيد ، زعيم ، كولونيل **colonel**
عقيدة او مبدأ ، او تعاليم تعبوية او تكتيكية **tactical doctrine**

عكس عقارب الساعة anti-clockwise
على اهبة الاطلاق hot configuration
علامة توقيت timing mark
علاوة اضافية additional allowance
علبة الترباس جهاز الاستقبال ، المُستقْبِلة receiver
علبة ذراع التدوير (حوض المحرك) crank case
علبة التروس او السرعة gear box
علم الاحياء الفضائي bioastronautics
علم الارصاد الجوية meteorology
علم البصريات optics
علم حركية السوائل hydrodynamics
علم السوائل hydraulic
علم الشيفرة او الترميز cryptography
علم الفضاء space science
علم القمر selenology
علم الاحصاء مطبقا على المشاهدات البيولوجية biometrics
علم المقذوفات او المقذافية ballistics
علو او ارتفاع الطائرة height
مستوى الطيران flight level
علو نقطة التحول break off height
عمى الوان colour blindness
عمى مؤقت ، اغماء ، تعتيم blackout
عمارة (أسطول صغير) flotilla
عمال اللاسلكي wireless operators
عمل او واجب اضافي extra duty
العمل عند التوقف action at halts
عمليات هجومية او تعرضية offensive operations
عمليات جامدة ، ساكنة static operations
عمليات القتال عن قرب او عن كثب close quarters operations
عمليات مقاومة العصيان counter insurgency operations
عملياتي / قتالي operational
عملية operation
عملية تأخير holding operation
عملية تغطية covering operation
عملية تفادي evasive action
عملية جبلية mountain operation
عملية رئيسية او عظيمة او هامة major operation
عملية صحراوية desert operation
عملية عسكرية military operation
عملية قتالية combat operation
عملية ليلية night operation
عملية محمولة جوا / عملية انزال جوي airborne operation
عمود الالتواء torsion bar
عمود توازن stabilizing bar
عمود الحدبات camshaft
عمود أو برج الارشاد او الاسلاك الكهربائية pylon
عمود الدفع propeller shaft
عمود الدوار (في الدينامو) armature
عمود الدوران النهائي put out shaft
عمود ذراع التدوير crankshaft
عمود السحب tow bar
عمود عتلات التأرجح rocker shaft
عمود عرض او اعتراضي (مقود معترض) steering cross shaft
عمود مرفعي crankshaft
عميد brigadier general
عنصر القيادة command element
عنفة او تُرْبينة محرك يدار بقوة الماء او الهواء او البخار turbine

عنفة او تُرْبينة تجارية	gas turbine
عنفي او تُرْبيني التركيب	turbo compound
عنق الخانق	venturi
عنق الفتحة او خرطوم الفوّهة	nozzle throat
عنقود	cluster
عنقود رمانات	bunches of grenades
عنقودية (قنبلة)	cluster (bomb)
العهدة (معدات)	ordnance
العودة ، او الرجوع	re-entry
العودة او الرجوع الى جو الارض	
العودة الى القاعدة	re-home
عودة مباشرة	active homing
عودة الوقود	fuel return
العيار	calibre
عيار الصمام	valve adjustment
عينات ، نماذج	samples
عيني ، متعلق بالعين	opthalmic
العينية : عدسة المجهر	eyepiece

غ

غارة جوية air raid
غازات الدفع propulsion gases
غاز أكّال corrosive gas
غاز ، ضار ، مؤذ noxious gas
غاز مسيل للدموع tear gas
غازولين ، بنزين gasoline
غاطس السفينة draught
غدارة رُشَيْش submachine gun
غدة gland
غرز متباعدة baseball stitch
غرزة اغلاق lock stitch
غرزة تسريج basting stitch
غرفة chamber
غرفة الاحتراق او الاشتعال
combustion chamber
غرفة الضغط barochamber
غرفة العمليات operational room
غشاء membrane diaphram, skin
غشاء او طلاء زيتي oil film
الغطاء (مقدمة المقذوف) shroud
غطاء أو رأس الاسطوانة cylinder head
غطاء جوي air cover
غطاء خلفي rear cover
غطاء علوي top cover
غطاء ، غشاء overlay

غطاء المحرك bonnet
غطاء الموجّه sight cover
غطاء هوائي الرادار radome
غلاف housing, jacket
غلاف حبل الفتح او التنفيس rip-cord housing
غلاف خارجي مثقب perforated outer casing
غلاف السبطانة barrel casing
غلاف او علبة قعود الطيران flywheel housing
غلاف الغواصة casings
غلاف التشظّي fragmentation sleeve
الغلاف المضطرب (الجزء السفلي لطبقة الهواء التي تتناقص بعدها درجة الحرارة مع الارتفاع) troposphere
غلالة من النيران / سد من النيران
barrage of fire
غوارز أو مجارف قابلة للطي Folding squads
غواصة U-boat
غواصة جيب midget submarine
غواصة زارعة للالغام minelaying submarine
غواصة صوتية sonobuoy
غواصة باليستية ، سوقية
ballistic missile submarine
غواصة مطاردة cruiser submarine
غواصة صغيرة midget submarine

غواصة نووية	nuclear submarine
غواصة نووية هجومية	nuclear attack submarine
غيار يدوي	manual shift
غير قابل للاصلاح	beyond repair
غير وامض	flashless

فائدة او منفعة آلية mechanical advantage

فارس knight

فاشي ، ينتمي الى حركة تمجد القوة وتدعو الى اقامة حكم دكتاتوري على رأسه زعيم fascist

فاصل زمني time interval

فاصل زمني لرد الفعل reaction time

فاعلية ، قدرة ، مقدرة efficiency

فاعلية آلية mechanical eficiency

فاعلية حرارية thermal efficiency

فاعلية الفتحة او السدادة nozzle efficiency

فتحات مقدرة المدى range finder end windows

فتح النار opening of fire

فتحة ، خرطوم ، hatch, nozzle, vent

فتحة التسديد الخلفية open rear sight

فتحة الخانق (فتحة مدخل الهواء للمازج) throttle

فتحة رئيسية main nozzle

فتحة شمعة الاشعال spark plug gap

فراغ المقدمة او الرأس head space

فتحة القذف ejection opening, discharge nozzle

فتحة المحقن injector nozzle

فترة الطيران endurance

فتل ، أدار ، نَسَجَ spin

فحص ، اختبار ، امتحان test

فحص ارضي ground test

فحص بالمنضدة الزجاجية shake-table test

فحص تشبيهي mock test

فحص الطيران flight test

فحص قبل الطيران pre-flight check

فحص مخبري laboratory test

فحص المعلبات examination of canned food

فحص واصلاح حسب الضرورة inspection and repair as necessary

فراغ ، خَواء vacuum

المِسْمَاك : اداة لقياس سماكة الأشياء calipers

فرجة ، تطهير ، إخلاء (مسموح فيها) clearance

فرجة التسنين (المسافة بين سِنَّين متتاليتين) pitch

فرجة او فسحة ارضية (للمركبة) ground clearance

فرشاة brush

افتراض فتح opening assumption

افتراض جديد new assumption

فرضة أو فرجة التسديد الخلفية u-type backsight

فرضة او فرجة التسديد الأمامية open front sight

فرط إحماء او تسخين overheating

فرط صوتي : متعلق بالسرعة البالغة خمسة اضعاف سرعة الصوت في الهواء او اكثر hypersonic

فرقاطة (بارجة بين الطرادة والمدمرة) frigate

فرق محتمل او ممكن potential difference

فرقة division

فرقة مدرعة armoured division

فرن كهربائي electric oven

فروغ (صارخ ليس له جهاز توجيه متخصص) FROG

فروسية chivalry

فريق انقاذ recovery team

فريق الانقاذ من الحريق fire salvage party

فريق تصليح امامي forward repair team

فريق ثان (رتبة عسكرية) lieutenant-general

فريق الحماية او الوقاية من الحريق fire piquet party

فريق قتال combat team

فريق مكافحة الحريق fire fighting party

فساد طلقة ، اخفاق او اختلال السلاح misfire

فسحة الطريق road space

فصل او فسخ decoupling

فصل ، قطع (تيار كهربائي) cut off

الفصيل platoon

فصيل تموين supply platoon

فصيل نقل transport platoon

فضاء space

فضاء جوي air space

الفضاء الخارجي outer space

فعالية او قدرة الوقود fuel efficiency

فقدان او انقطاع الاتصال contact lost

فقرة او حلقة الزنجير track link

فواصل اكداس الذخيرة (المسافات التي تفصل بين مخازن الذخيرة لأجل الامان من التفجير) intermagazine distance

فوبوس (احد اقطار المريخ) phobos

فوت ، ارتجاج ، حركة عنيفة مفاجئة backlash

فرجة او فسحة الصمام valve clearance

الفرجة المسموح بها ما بين الصمام وعتلة التأرجح

فوتون (وحدة الكمّ الضوئي) photon

ماء أوكسجيني hydrogen peroxide

فوق التردد المتباين superheterodyne

فوق سرعة الصوت supersonic

فوق السمعي ، موجات صوتية بتردد عالي ultrasonic

فولاذ مُصنَّع آليا machined steel

فولاذ قابل للطرق mild steel

فولاذ منغنيزي manganese steel

فولاذ من النيكل والكروم chrome nickel steel

فولت ، فولط (وحدة الجهد الكهربي) volt

فولط امبير volt ampere

فولطية عالية voltage, high

فوهة ، خرطوم muzzle, nozzle

فيض ، زيادة ، غمْر overflew, flush

في الطريق ، متعلق بالطريق en route

فيلا هوتيل vela hotel

[اقمار صناعية اميركية تطلق من اجل رصد التجارب النووية]

فيلق دبابات tank corps

ق

قائد	commander, commanding officer
قائد حضيرة	section commander
قائد الدفاع الجوي	air defence commander (ADC)
قائد رف او سرب (طائرات)	flight commander
قائد سرب أو سرية	squadron leader
القائد العام	commander in chief
قائد اللواء	brigade commander
قائد مجموعة	group leader
قائد مخول ، مفوض	authorized commander
قائد او مقتفي أثر نجوم (جهاز توجيه يعمل على رصد النجـوم لتوجيـه الصاروخ) .	star tracker
قائما الحاضن	trail legs
دعامة اضافية	jury strut
قائمة القوات المقاتلة وضباطها	lineal list
قائمة امامية	fore foot
قابض مقدمة المركب او الطائرة	nose cop
قابض منزلق (قابض يعمل بعد سرعة دوران محددة)	overruning clutch
قابل للاستهلاك	consumable, expendable
قابل للاشتعال	inflammable
قابل للانكماش	retractable
قابل للحمل	portable
قابل للتعديل	adjustable
قابل للطي	foldable
قابلية الاستخدام	serviceability
قابلية الانضغاط	compressibility
قابلية التطريق ، المط	ductility
قابلية التمرير (كهرباء)	permittivity
قابلية الطعن	vulnerability
قابلية المناورة	manœuvrability
قابلية النمو	growth potential
قادح (مغناط) جهاز لتوليد الشرارة في بعض المحركات	magneto, exploder
قاذف	launcher
قاذف الالكترون	electron gun
قاذف صاروخي	rocket launcher
قاذفة قنابل	bomber
قاذفة خفيفة	light bomber
قاذفة الزيت	oil thrower
قاذفة سوقية ، استراتيجية	strategic bomber
قاذفة للنقل	discarding sabot
قاذفة لهب	flame thrower
قاذفة متوسطة	medium bomber
قاذفة منقضة	dive bomber
صاروخ موجّه	guided missile
قاذفة نووية	nuclear bomber
قارنة او رابطة انابيب	pipe coupling

قارورة الزيت oil bottle
قاصر عن المدى out of range
(عدم تمكن السلاح من ضرب هدف معين لكون الهدف خارجا عن مدى السلاح)
قاطع التماس (البلاتين) contact breaker
قاطع الدائرة الكهربائية circuit breaker
قاطع واصل (كهرباء) cut-out
قاعدة (جسر الالية) chassis
قاعدة اطلاق الصواريخ launching site
قاعدة التدريب drill hall
قاعدة جوية air base
قاعدة العمليات الرئيسية main operating base
قاعدة قوات جوية air force base
قاعدة المحرك engine mounting
قاعدة المخزن base of magazine
قاعدة الهاون mortar base plate
قافلة ، موكب convoy
قالب mould
قابطة ، مَلْزَمة ، آلة شد واحكام clamp
قانصة hunter- killer
قانون اوم Ohm's law
قانون السير على الطريق high way code
قانون الطيران المرئي visual flight rule
قانون العمل labour law
قبضة الزناد trigger handle
قبضة مسدس pistol grip
قبل الانتاج pre production
قبة (المظلة) canopy
قتال تعرضي offensive combat
قتال جوي air to air combat
قتال جوي على ارتفاع عال high leval air combat

قتال جوي قريب (تهارُش) dog fight
قتال الشوارع street fight
قتال قريب dog fight
قتال قريب أو متلاحم dog fight, combat quarter fighting
القدرات التدميرية destructive properties
قدرة power
قدرة التَشْتيت dispersive power
قدرة التشغيل الأولية initial operational capability
قدرة الحصان البخاري horsepower
(تساوي ٥٥٠ ليبرة قدم في الثانية)
القدرة الحصانية للكابح brake horsepower
قدرة دافعة motive power
القدرة العسكرية المضادة [ميزان لقدرة الاسلحة النووية] counter military potential
القدرة على التحمل power of endurance
قدرة الجذع shaft horsepower
القدرة المبينة indicated horsepower
قدرة الكابحة brake horsepower
قدرة الإيقاف او الكبح stopping power
قدم / ثانية (ft / sec)
قذائف او قنابل مضيئة ، منيرة illumination bombs
قذائف او ذخيرة قياسية او عادية standard ammunition
قذائف مدفعية نووية nuclear artillery pieces
قذافة جوية (بالستية) aeroballistics
قذف ejection
القذف البارد cold launch
قذف او هبوط بالمظلة bail out
قذيفة / اطلاقة projectile, shell, round
قذيفة او صاروخ استراتيجي strategic missile

قذيفة أو قنبلة مضيئة illuminating shell
قذيفة تحت مائية under water missile
قذيفة تطلق من تحت الماء الى الجو underwater-to-air missile
قذيفة تشظية ، قنبلة انشطارية fragmentation shell
قذيفة تضاغطية او صاروخ نفاث ram-jet missile
قذيفة تمرين ، تدريب practice shell
قذيفة تمييز ، تعيين marker bomb
قذيفة بزعنفة ثابتة او مستقرة fin stabilised projectile
قذيفة برأس مهروس squash-head shell
قذيفة بصمامات تقاربية proximily-fused shells
قذيفة عابرة للقارات intercontinental ballistic missile
قذيفة عمياء عشوائية blind shell
قذيفة غازية gas shell
قذيفة غير دوارة unrotated projectile
قذيفة أو صاروخ غير موجه unguided missile
(مقذوف او صاروخ غير موجه)
قذيفة متوسطة المدى intermediate range missile
قذيفة معترضة interceptor missile
قذيفة او ذخيرة مفككة تلقم مجزأة separate loading ammunition
قذيفة موجهة guided missile
قذيفة نووية nuclear missile
قراءة الخارطة map reading
قراب قماشي لحفظ المسدس canvas holster
قرار تعبوي ، تكتيكي tactical decision
قراري / ساكن static
قران ، ربط ، مزاوجة coupling
قرص disc

قرص الأخمص butt disc
قرص التسديد spotting disc
قرص جلخ دوار rotary arm sander
قرص صنفرة أو تنعيم emery disc
قرص عسل honeycomb
قرص فتحة الخانق throttle butterfly
(قرص تحديد كمية الهواء الداخل في فتحة الخانق)
قرص مغناطيسي magnetic disc
قرن (وصل) coupling
قرن أمن القبضة horn on the grip safety
القسم الاختباري للاسلحة الخفيفة small arms experimental section
قسم الارتباط للحركة movement liaison section
قسم الاطفاء fire section
قسم امامي advanced section
(اسلحة الاسناد)
قسم تخطيط الطيران flight planning section
قسم جوي air division
قسم موقع (مدفعية) section post
قشاطة ، مهبط طائرات stripper
قصف اعمى ، عشوائي blind bombing
قصف بوساطة الرادار radar bombing
قصف كثيف heavy bombardment
قصف مساحي ، عنيف carpet bombing
قصف معاكس counter bombardment
قصف من ارتفاع عال high altitude bombing
قصف من مستوى ارتفاع متوسط medium altitude level bombing
القصور الذاتي inertia
القضاء العسكري military justice
القضاء على الدفاعات defense supression

قنبلة bomb
قنبلة اسقاط حر free falling bomb
قنبلة أعماق depth charge
قنبلة انزلاقية glide bomb
قنبلة تدريب رُمّانية drill grenade
قنبلة تمرين practice bomb
قنبلة تنوير او اضاءة illuminating round
قنبلة دخان يدوية smoke hand grenade
قنبلة ذرية تقليدية nominal bomb
(طاقتها ٢٠ ك طن ت . ن . ت)
قنبلة صغيرة أو قُنَيبلة bomblet
قنبلة طائرة flying bomb
قنبلة لاصقة stick grenade
قنبلة مقذوفة عن بعد stand-off bomb
قنبلة موجهة guided bomb
قنبلة نووية nuclear round
قنبلة يدوية ضد الافراد personnel grenade
قنبلة يدوية للتمرين practice grenade
قنبلة يدوية انشطارية fragmentation grenade
قنبلة يدوية وهمية dummy grenade
قنص جوي air sniping
قنص الدبابات tank sniping
قوائم او لوائح الواجبات duty rosters
القوات الارضية ground forces
قوات شعبية ، ميليشا militia
قوات ميدان field forces
قواعد للطيران flight rules
قواعد الطيران الآلي instrument flying rules
قوانين الحركة laws of motion
قوى الارتداد recoil forces
قوس الرمي fire arch
موقعة حلزون snail drum
قوة الاختراق penetrative power

القوة [القوة التي يتميز بها سلاح نووي معين] yield
قوة برتقالية اللون orange yield
قوة حماية من المقاتلات fighter escort
قوة حاملات carrier task force
القوة الدافعة الكهربية electromotive force
قوة دافعة مغناطيسية magnetomotive force
قوة الدفع القرارية static thrust
قوة رفع lift force
قوة الصدمة shock strength
قوة ضاربة striking force
قوة طاردة مركزية centrifugal force
قوة عسكرية military power
قوة القصم ، القوة التدميرية لمتفجرة brisance
قوة القصور الذاتي inertial force
قوة محمولة جوا airborne force
قوة مختلطة mixed force
قوة مضادة للاختراق anti penetration force
قوة النار fire strength, power
قوة هجوم strike force
قوة واجب معين او وحدة مهمات خاصة
task force
قيادات جنبية أو جانبية flanking headquarters
قيادة command
قيادة جوية متوسطة
intermediate air command
قيادة الدفاع الجوي
air defence headquarters
السيطرة على القيادة command control
قيادة عامة general headquarter
قيادة عسكرية military leadership
قيادة العمليات operational command
قيادة لا مركزية decentralized control

قضيب او عمود تثبيت مانعة الوميض
flash hider
قضيب او عمود النصب **cocking rod**
قضيب او عمود نابض الارجاع
return spring rod
قضيب التنظيف **cleaning rod**
قضيب التوصيل **bus bar**
قضيب الدفع **push rod**
قضيب الدليل **guide rod**
قضيب لحام **welding rod**
قضيب لحام ذو صهيرة **flux-cored folder**
قضيب المدك (اسلحة) **operating rod**
قطاع التمييز في الدفاع الجوي
air defence identification zone
قطاع الدفاع **sector of defence**
قطاع دفاع جوي **air defense sector**
قطاع الفرقة **division sector**
قطاع الفيلق **corps sector**
قطاع الهجوم **sector of attack**
قطب **pole**
قطب بينيّ تبادليّ **intropole**
القطب الشمالي **north pole**
قطب كهربائي **electrode**
قطبية متعلّق بالقطب **polarity**
قطر **towing**
قطر الاسطوانة **cylinder-bore**
قطعات أو فِرَق الاقتحام **assaulting troops**
قطعات أو فِرَق تغطية **covering troops**
قطع احتياطية **spare parts**
قطع متحركة **working parts**
قطع زائدة **hyperbola**
قطع مخروطي **conic section**
قطع مكافىء **parabolic**

قطع ناقص **ellipse**
قطعات او فرق راجلة **foot troops**
قطعات او فرق صديقة **friendly troops**
قطعات او فرق قتالية **combat troops**
قطعات او فرق منقولة جوا **airborne troops**
قطعة النصب **cocking piece**
قطعة او خريطة قماشية **cloth table**
يرسم عليها منطقة التمرين او المعركة
قطعة الملء او التغذية **feed piece**
قفازات الجناح **fixed wing gloves**
قفاز اسبستوس **asbestos mitten**
قفل الشعاع الرئيسي **main beam killing**
قفل علوي **top latch**
قلاب (جناح مساعد) دفة **flap**
في مؤخرة الجناح تساعد على زيادة الرفع في السرعة المنخفضة للطائرة .
قمر اتصالات **communications satellite**
قمر استطلاع **reconnaissance satellite**
قمر انذار مبكر **early warning satellite**
قمر الجو **weather satellite**
قمر صناعي او اصطناعي **satellite**
قمر صناعي للملاحة الجوية
aeronautical satellite
قمرة او غلاف القذف **ejection capsule**
قميص الاسطوانة **cylinder liner**
قنابل إنارة او متوهجة **flare**
قنابل التفجر الهوائي **air burst bombs**
قنابل صوتية **thunder-flashes**
قنابل عنقودية **cluster bombs**
قنابل فراغية **vacuum bombs**
قنابل فوسفورية **phosphorus bombs**
قنابل منشارية **fragmentation bomb**
قنابل يدوية **grenades**
قناة اتصال ثانوية **secondary channel**

ك

كابح ، مانع	inhibiter, arrester
كابح الفوهة	muzzle brake
كابح فوهة مزدوج الفتحات	double-baffle muzzle brake
كابح قرصي	disc brake
كابح هوائي	air brake
كابحة ، مكبح	brake
كاتم الصوت	silencer
كات هاوس (رادار سوفييتي)	cat house
كادين (شبكة من الرادارات)	cadin pintree
كاز ، كيروسين	kerosine
كاسر الأمواج	break water
كاشفة الاشعة تحت الحمراء	IR detector
كاشف زاوية الاقتراب	angle of approach indicator
كاشف الكهرباء	electric indicator instrument
كالّ ، كليل غير حادّ	blunt
كامل التمركز حول محور الالية	full floating
كاندو (مفاعل الديونيريوم اليورانيوم الكندي)	CANDU
كباس	thumbpiece
كبح مكبسي	piston braking
كبح بالحركة الهوائية	aerodynamic braking
كبس	pressing
كبسولة (غطاء المصادمة)	percussion cap
كبسولة انقاذ الطاقم	crew escape module
كبسولة لا هوائي أو لا سائلي (كبسولة مفرغة من الهواء او السائل تستعمل لقياس التأثر بالضغط الجوي) .	aneroid
كبير المراقبين	chief controller
كتاب التدريب	drill book
كتلة ، ضخامة ، مقدار	mass
كتلة او مجموعة الاسطوانات	cylinder block
الكتلة الحرجة او الحاسمة	critical mass
كتلة المغلاق (مدافع)	breech block
كتيب الميدان الأساسي	basic field manual
كتيبة ، فوج	battalion, regiment
كتيبة التبديل او النجدة	relief-battalion
كتيبة التدريب	instruction battalion
كتيبة التطبيق	demonstration battalion
كتيبة نقل وتموين	transport and supply battalion
كتيبة دفاع جوي مختلطة او مركّبة	composite air defense batallion
كتيبة مهمات (الكتيبة الداخلة)	duty battalion
كتيبة مقاومة الدبابات	anti tank regiment
كتيم محكم الاغلاق (وصلة)	tight (joint)
كثافة	density
كثبان ، تلال رملية	sand dunes

قياس بالغمس	measuring by dipping
قياس ضوئي	photometry
قياس عن بعد	telemetering
قياسي قاعدي ، معياري	standard
القيمة التعبوية او العملياتية	operational value
القيمة السعرية او الحرارية	calorifice value

ل

لاقط قضيب المدك	catch operating rod
لسان التثبيت	retaining lug
لامبس (معدات للطائرات المضادة للغواصات)	lamps
لايزر اشعة	laser
لتر	litre
لجنة العطاءات	tender board
لجنة المسح	survey board
اللحظة الحرجة او الخطيرة	critical moment
لحم	welding
لحم بالنحاس الأصفر	briss welding
لحم تنقيطيّ او موضعي	spot welding
لحم	brazing
اللحم بالاوكسجين والاستيلين	oxy-acytelene welding
لحم بالقصدير	tin soldering
لحم بالكهرباء	soldering
لحم بالكهرباء	electric welding
لحم بالنحاس الأصفر	brazing
لحم مجمد	frozen meat
لدائن	plastics
لزج	viscous
لزوجة	viscosity
لسان الغطاء العلوي	top cover catch
لسان القفل	locking lug
لسان توقيف او مسك	catch
اسفين ، وتد	wedge
لعبة خدعة الحرب	war game
لغم تأثير	influence mine
لغم تدريب	instructional mine
لغم تزحلق	ski mine
لغم معوَّق الفعل	delayed action mine
لغم تماس	contact mine
لغم ثلجي او جليدي	ice mine
لغم جوي	air mine
لغم حث او تشغيل	actuating mine
لغم خامل او هامد	.ert mine
لغم صوتي	acoustic mine
لغم صوري او زائف	phoney mine
لغم ضد الاشخاص	anti-personnel mine
لغم ضد الدبابات	anti-tank mine
لغم عائم او طافٍ	floating mine
لغم قافز أو وثّاب	bounding mine
لغم كيمياوي	chemical mine
لغم متذبذب او متأرجح	oscillating mine
لغم مجرد او معطّل	disarmed mine
لغم مهيأ للانفجار	activated mine
لغم مسلح	armed mine
لغم مسيطر عليه	controlled mine
لغم ممارسة	practice mine

كغم kgm
كراسات ، كتيّبات pamphlets
كراسة تقنية technical manual
كرسي النجاة ejection seat
الكرة السماوية celestial sphere
كرة نارية fireball
كروم chromium
كسب ، ربح بواسطة دائرة كهربية gain
كسوف ، خسوف eclipse
كشاطة او مكشطة scraper
كشاف التزامن synchroscope
كشف دائري visual omnirange
كشوف الادارة records of administration
كفالة ضمانة ، تفويض warranty
الكفاية الحجمية volumetric efficiency
كلّاب او مقبض المخزن magazine catch
الكلفة متضمنة الثمن والتأمين والشحن cost, insurance and freight
الكلفة والشحن cost and freight
كلمة السر password
كليبربو [برنامج للبحرية الأميركية خاص بالاقمار الصناعية] clipper bow
كم (قميص اسطواني) sleeve-cylinder
كمّام او قِناع الغاز gas mask
كم او غلاف التبريد water jacket
كم الريح (لمعرفة اتجاهه) streamer
كم الطارق striker sleeve
كم قماشي webbing sleeve
غطاء الفوهة muzzle cap
كمين او مكمن ambush
كمية موجهة ، شعاع متجه vector
الكهربائية الساكنة electrostatics
كهرو مغناطيسي electromagntic
كهرومغنطيسية electromagnetism
كوازار (مجموعة المجرات على ٢ ـ ١٠ بليون سنة ضوئية من درب التبانة وتظهر كأنها نجم) quasar
كير (زمر ينفخ به الحداد) forge
كوردَامِتٌ(نوع من المتفجرات) cordite
كوزموس (أقمار صناعية سوفياتية) cosmos
كوكب planet
كوكب الجبار Orion
كوكب خارجي outer planet
كوكب ناشيء protoplanet
كولومب (وحدة قياس الشحنة) coulomb
الكون Universe
كوني cosmic
كوّة السائق driver's hatch
كوّة النجاة escape hatch
كويكب asteroid
كويكب طروادة (كوكب متزامن مع كوكب المشتري) Trojan asteroid
كيس للنوم slanting bag
كيلوجرام kilogram
كيلوطن kiloton
كيلومتر kilometer

الماء الثقيل	heavy water
ماخ (وحدة قياس سرعة جسم متحرك بالنسبة الى سرعة الصوت)	Mach
مأخذ أو أنبوب صاعد	uptake
المادة الانشطارية (النووية)	fissile material
مادة لدائنية	plastic
مادة لدنة	elastomer
المرنين : بروتين يشكل المادة الاساسية للالياف المرنة	elastic
المازج (اداة لمزج الهواء بالبترول بغية احداث مزيج متفجر)	carburator
ماسح راداري	scanner
مأمور او أمين المستودع	store keeper
مانع رأسي	vertical obstacle
مانع ، معيق	prohibitory obstacle
مانعة تمزق	rip-stop nylon
مانعة الوميض	flash hider
مأوى المغلاق	lock frame
مبادل	exchanger
مبادل حراري	heat exchanger
مباراة رمي	record firing
مباعد ، مقذوف ، قنبلة	stand off (missile, bomb)
مبحث الحالة الباردة	cryogenics
مبخر	carburator
مبدأ الميلان	tilting principle
مبدأ عدم الارتداد	recoilless principle
مبدل (كهرباء)	commutator
مبدل تيار عكسي	reverse-current relay
مبدلة إبدال	relay
مبدلة الرمي	firing relay
مبدلة محرك الابتداء	starter relay
مبرد	coolant, refrigerant
مبرد بالهواء	air cooled
مبرد بالوقود	fuel cooled
مِبْرَد الخشب	rasp
مبرّد الزيت	oil cooler
مبرّد سائل	liquid coolant
مِبْرَد مبروم	file round
مِبْرَد متوسط الخشونة	bastard file
مِبْرَد مثلث	three quarter file
مُبَرْشم	rivetted
مِخْلب ، صنبور ، حنفية	spigot
مبيت عجلة التوجيه	wheel house
مبيد للحشرات	insecticide
متأخر	lagging
متباعد	divergent
متحد المحور	coaxial
متحد المركز	concentric
متراجع ، تراجعي	retrograde